KB142758

김성수의 영국 이야기

한국인이 본 영국, 영국인이 본 한국

영국 이야기

한국인이 본 영국, 영국인이 본 한국

초판 1쇄 발행 2022년 9월 15일

지은이 김성수
펴낸이 구주모

편집책임 김훤주
디자인 구민재page9
유통·마케팅 정원한

펴낸곳 도서출판 피플파워
주소 (우)51320 경상남도 창원시 마산회원구 삼호로38(양덕동)
전화 (055)250-0190

홈페이지 www.idomin.com
블로그 peoplesbooks.tistory.com
페이스북 www.facebook.com/pepobook

ISBN 979-11-86351-48-2 03300

김성수의 영국 이야기

한국인이 본 영국, 영국인이 본 한국

김성수 지음

도서출판
피플파워

차례

책머리에

나의 스승 이야기

영국의 정치인

국가폭력과 과거청산

영국에서 본 세월호

장례식과 물대포

한국인이 본 영국,
영국인이 본 한국

1998년 가을 어느 날, 영국 셰필드 대학교 박사과정 학생 연구실에서 나를 포함 몇 명의 대학원생들이 대화를 나누고 있었다.

한 영국학생은 우리에게 이렇게 하소연했다.

"와, 내가 부모님을 못 뵌 지가 벌써 1년이나 되었네!"

그 말을 듣고 나는 그 영국학생에게 이렇게 일침을 놓았다.

"1년 갖고 뭘 그러나? 나는 지금까지 부모님, 형제, 한국친구들을 못 만난 지가 벌써 5년이 넘었다."

영국에 처음 유학 온 것은 지난 1990년 4월이었다. 그리고 1993년 여름 한국에 다녀오고 1998년 가을까지 5년이 넘게 부모님을 못 뵌 것이다. 군대에 있을 때도 최소 1년에 한 번 이상을 뵈었었는데….

5년여 동안 부모님을 못 뵌 이유는 간단했다. 첫째는 돈이 없었고 둘째는 공부 때문에 시간이 없었다.

그런데 우리의 대화를 듣고 있던 한 중국학생이 이렇게 말했다.

"아니, 너희들 지금 무슨 말을 하고 있니? 나는 지금 부모님을 못 뵌 지가 10년이 넘었다."

그의 사연은 이랬다. 그 중국학생은 지난 1988년 천안문사태 때 천안문에서 시위를 하던 반체제학생이었다. 그 일로 그는 중국정부로부터 탄압받고 그 후 어떤 사연을 거쳐서 영국으로 건너왔고 영국정부에서 주는 장학금으로 공부를 하고 있었다. 하지만 10년이 넘도록 중국정부에서 여전히 '지명수배' 되었기에 중국을 갈 수 없다는 기가 막힌 사연이었다.

그 중국학생의 이야기를 들은 영국학생과 나는 "사부님, 미안합니다. Master, I am sorry!"라고 머리 숙여 사과했다. 그 친구들은 지금 어느 하늘아래서 무엇을 하고 있을지….

금의환향(錦衣還鄉)?

1997년 봄 나는 같은 대학교 대학원생이었던 한 영국여성과 사랑에 빠졌다. 그리고 그 다음해인 1998년 1월 영국에서 결혼했다.(당시 IMF 경제위기로 부모님은 한국에서 결혼식에 오실 수 없었다) 케임브리지대에서 그리스와 라틴고전문학을 공부한 막 결혼한 아내는 내 박사논문의 초고를 꼼꼼하게 교정, 감수해 주었다.

그리고 그해 9월 16일 영국에서 아들이 태어났다. 이틀 후인 9월 18일, 나의 박사논문은, 아내가 밤낮없이 꼼꼼하게 감수해 준 덕에 수정 없이 '통과'되었다. 그리고 그해 12월 나는 박사학위를 받았다.

1999년 봄, 6년 만에 한국을 찾았을 때 부모님은 나를 막 끌어안고 "이제 내가 죽어도 원이 없다"라며 닭똥 같은 눈물을 줄줄 흘리셨다. 그때가 엊그제 같은데….

2000년 봄 나는 한국으로 돌아왔다. 그리고 2001년 2월 영국에 살던 아내는 두 돌이 넘은 아들과 8개월 된 딸을 데리고 한국으로 들어와 나와 합류했다.

한국과 영국, 무엇이 같고 다를까?

그 후 나는 한국에서 과거사정리기관인 대통령 소속 의문사진상규명위원회와 진실화해위원회 그리고 반부패기관인 투명사회협약실천협의회와 한국투명성기구에서 일했다. 가족은 한국생활 8년만인 지난 2008년 12월 영국으로 돌아왔다. 그 후 5년 동안의 '이산가족' 생활을 끝내고 지난 2014년 1월, 나도 영국으로 돌아와 가족과 합류했다.

내가 처음 영국에 온 지가 1990년 4월이니 어느덧 영국생활이 30년이 넘었다. 이 책에 실린 글들은 내가 지난 30여 년간 영국에서 공부하고 일하고 살면서 느끼고 생각한 이야기들이다. 대부분은 오마이뉴스와 프레시안에 기사로 쓴 글들을 보완 수정한 것이다. 오마이뉴스의 경우는 요청해서 쓴 글도 있고 프레시안에 쓴 글은 전부 나의 기고문이다.

내가 영국에서 역사학을 공부했기 때문에 글의 주제는 주로 영국의 역사, 정치, 사회, 문화에 관한 글이다. 그러나 이 책은 단순히 영국에 관한 글이 아니다. 내 모국인 한국의 역사, 정치, 사회, 문화와의 긴밀한 관계를 연상하고 생각하며 쓴 글들이다.

독자들도 이 책을 읽으며 한국과 영국의 역사, 정치, 사회, 문화에 대해 차분하게 음미하고 사색하는 즐거움을 누릴 수 있다면 나는 더 큰 원이 없겠다.

　한국과 영국에서 비슷한 세월을 살아온 나로서 마지막으로 한 마디만 덧붙이자면, 동양과 서양을 떠나서 인간이 추구하는 가치는 비슷하다고 확신한다. 그것은 타인에 대한 친절과 배려, 사회정의의 추구, 그리고 남과 내가 다 같이 행복한 사회를 이루는 것이다.

2022년 8월 영국의 조용한 시골에서

김성수 적음

나의
스승 이야기

◆ 나는 함석헌·김동길에 '미친놈'이었습니다
◆ 베개 속 죽은 쥐...영국여의사는 왜 한국에 왔나
◆ 어느 '대박' 만화가의 말 못 할 고민
◆ '퀘이커 평화주의자' 이행우 선생을 보내며

'인생은 선생을 만나는 것'이라는 말이 있다.
'거인의 어깨 위에서 세상을 바라본다'는 말도 결국 제자들은
스승이 평생 이룩한 업적과 그 열매를 먹고 산다는 말일 것이다.

나는 함석헌·김동길에
'미친놈'이었습니다

오마이뉴스 2011.05.13.

'인생은 선생을 만나는 것'이라는 말이 있다. '거인의 어깨 위에서 세상을 바라본다'는 말도 결국 제자들은 스승이 평생 이룩한 업적과 그 열매를 먹고 산다는 말일 것이다.

나에겐 스승이 두 분 있다. 한 분은 함석헌 선생님이고, 또 한 분은 김동길 선생님이다. 인간은 사상적 존재이지만 세상살이를 하다 보면 조직을 벗어나서 살기는 어려운 것 같다. 함석헌 선생님을 통해서 나는 '조직을 넘어서' 일하는 법을 배웠고, 김동길 선생님을 통해서 나는 '조직과 더불어' 일하는 법을 배웠다.

나의 십대는 그저 '조용한 아이'였다. 과외나 학원도 안 다니고 학교수업만 열심히 들었지만 공부는 그저 그랬다. 1979년 나는 신진공업고등학교를 졸업함과 동시에 한국철도대에 입학했다. 철도대는 국립으로 당시 거의 무료였다. 그래서 나는 학비가 거의 없고 취업이 보장된 철도대에 입학하게 된 것을 정말 기쁘게 생각했다. 그래서 그런지 철도대 생활을 열심히 했고 후회 없는 시간을 보내고자 노력했

1988년 함 선생님 댁에서 내가 찍은 함석헌·김동길 선생님

1990년 4월 12일 영국 유학 가기 전날 김동길 선생님 댁에서

다. 그러나 내 생활의 반경은 집, 학교, 교회로 지나칠 정도로 단순했고 당시 박정희 군사독재 하의 사회문제에도 전혀 무관심했다.

사회문제에 눈을 뜨게 해준 선생님

철도대를 한참 다니던 1979년 10월 26일 박정희가 총에 맞아 죽었다. 박정희가 죽은 직후 내가 다니던 교회에서 우연히 김동길 선생님의 강연을 들을 기회가 있었다. 나는 당시 어수선한 시국을 '그저 바라만 보고' 있는 둔감한 청년에 불과했다.

이런 철없던 청년에게 선생님의 해학과 기지를 섞어서 하는 강의는 큰 감동을 주었다. 선생님은 당시 박정희가 "자기 머리보다 훨씬 큰 감투를 쓰고 있으니 그 감투에 눈과 귀가 가려 듣지도 보지도 못하

1988년 1월 2일 함석헌 선생님 댁에서

다가 결국 '탕탕탕!' 소리와 함께 목숨을 잃은 것"이라는 내용의 강연을 하셨다. 무서운 이야기를 쉽고 재미있게 하는 선생님의 강의에 나는 큰 충격을 받았다.

그날 밤 집에 돌아와서 나는 벅차오르는 감격 때문에 잠을 이룰 수가 없었다. '함석헌'이란 친숙하지 않은 이름 석 자를 처음 접한 것도 이날 김동길 선생님의 강연을 통해서였다.

그로부터 멀지 않아, 나는 함석헌 선생님의 공개강연을 직접 들을 기회를 얻었다. 그때 나는 20대 초반의 청년이었고, 그의 조용한 열변에 나는 마치 온몸에 전기가 통하는 것 같은 주체할 수 없는 충격을 받았다.

그때부터 함석헌, 김동길 선생님 두 분은 내게 이상적인 종교인,

사회인, 그리고 역사가의 모습을 보여 주었다. 1980년대 초반의 어수선한 시국을 놓고 두 분은 종교인의 사회참여가 얼마나 소중하고 귀중한 것인지 삶으로 보여 주셨다. 두 분의 말과 글을 접하며 비로소 늦게나마 나의 자아의식이 눈뜨기 시작했다.

그 후 나는 밥을 먹어도, 잠을 자도, 친구를 만나도, 길을 걸어도 매 순간 어디서나 그분들을 생각했다. 이것이 나의 취미였고 나의 에너지였고 나의 궁극적 관심이었고 나의 전부였다. 그분들의 글을 닥치는 대로 읽었고, 강연을 미친 듯이 쫓아다녔고 내 방을 아예 그분들의 사진으로 도배했다. 당시의 나를 '미친놈'이라 해도 결코 지나친 말이 아닐 것이다.

주경야독(晝耕夜讀)

1984년 봄 내가 제대하던 해, 김동길 선생님은 10년간 해직교수 생활을 마치고 연세대학에 복권되셨다. 같은 시기 나는 철도청에 제대 후 복직했다. 경의선, 경원선, 경부선, 경춘선, 장항선 열차로 전국을 누비며 틈틈이 군대생활 중 입학한 방송대 영어과 공부를 계속했다. 그리고 퇴근 후 매주, 월, 수, 금요일엔 연세대학교로 가서 김동길 선생님의 '서양문화사', '미국사', '전체주의 제국주의' 강의를 도강했다. 매주 화, 목, 일요일엔 명동과 봉원동에서 함석헌 선생님의 '노자', '장자', '퀘이커리즘', '성경'에 대한 강의를 들었다.

두 분의 말씀은 아주 재미있었고, 나에게 말로 표현할 수 없는 감격을 주었다. 두 분을 생각할 때마다 밀물져 오는 감동과 설렘이 있었지만 그 설렘을 꾹 눌러 가슴에 담고, 나는 먹고살기 위해 8년 동안 철도청에서 일했다. 몸은 그렇게 기차를 타고 전국 방방곡곡을 누볐지만, 마음은 늘 그분들한테로 다가가 있었다.

그러던 중 1989년 2월 4일 오전 5시 40분, 전화벨이 요란히 울렸다. 전화 저쪽의 박 선생은 "함 선생님 돌아가셨어요!"라고 말했다. 나는 즉시 택시를 타고 서울대학병원으로 향했다. 택시 안의 라디오 뉴스에선 벌써 '함석헌의 죽음'을 보도하고 있었다. 비록 이른 새벽이었지만, 서울대병원 영안실엔 벌써 몇 사람의 조문객이 서성거리고 있었다. 그의 관을 보고, 그의 시신을 보고 나는 마치 나 자신이 그 관속에 누워있는 듯한 이상한 느낌을 받았다. 그의 시신 앞에 예를 올린 후, 나는 많은 생각을 했다(그의 삶, 그의 죽음, 그리고 나의 인생…). 3시간 후, 나는 8년간 공무원으로 일하던 철도청에 사직서를 제출했다. 그 후 나는 곧 퇴직금을 털어 무작정 영국유학길에 올랐다.

1990년 나는 김동길 선생님의 추천서와 더불어 영국 에섹스 대학교 역사학과에 합격했다. 그러나 학비와 생활비가 없었다. 그때 우연히 만난 두 영국 여성이 내게 평생 은인이 되기 시작했다. 한 분은 의사인 잉글 라이트였고, 또 한 분은 케임브리지 대학에서 문학을 강의하던 안띠아 리(Anthea Lee)라는 중년 여성이었다.

나는 안띠아를 1990년 8월 영국 북부 셰필드에서 열린 한 컨퍼런스에서 만났다. 안띠아는 보기 드문 미인이었고 불어는 물론 독어도 유창했다.

전생의 '어머니'를 만나다

컨퍼런스 중 아침 세션이 끝나고 한 여인이 다정한 미소를 지으며 내게 다가와서 인사했는데 그 여인이 바로 안띠아였다. 그녀의 첫인상이 상당히 좋았다는 생각이 들었고 우리는 금방 마치 오래 사귄 친구처럼 가까워졌다.

나중에 안 일이지만 안띠아는 대학에서 조기은퇴를 하고 '영적치료사(spiritual healer)'로 일을 하고 있었다. 나는 지금도 영적치료사가 무엇인지 잘 모른다. 안띠아가 훗날 나에게 이야기한 것은 이렇다.

나를 처음 본 순간 안띠아는 내가 전생에 자신의 아들이었다는 것을 '봤다'고 한다. 그리고 그 전생에 자기의 실수로 내가 희생이 되어서 이생에서 자기는 나에게 빚을 갚아야 한다고 했다. 안띠아는 사람들의 전생을 볼 수 있다고 한다, 그러나 그녀는 내가 자신을 '이상한' 사람으로 생각할까 봐 먼 훗날 우리가 아주 막역한 사이가 될 때까지 그 이야기를 내게 전혀 하지 않았다.

하여간 안띠아의 적극적이고 애정 어린 도움으로 나는 영국의 한 교육재단으로부터 4천여 만 원의 장학금을 받고 에섹스 대학교 역사학부를 무사히 졸업할 수 있었다. 잉글이 상당히 지성적인 여성이었다면 안띠아는 상당히 감성적인 여성이었다. 안띠아는 나와 띠동갑이었고 같은 왼손잡이였으며, 그 외에도 동서 문화와 나이를 뛰어넘어 여러모로 통하는 점이 많았다.

학기 중에도 주말에 우리는 종종 런던에서 만났다. 안띠아는 틈만 나면 나를 런던에 있는 여러 미술관 등지에 데리고 다니며 유명한 예술품과 그 배경에 대해 친절하게 설명해주었다. 내가 예술에 대해 좀 더 좋은 감각이 있었다면 그녀에게 들은 귀동냥만으로도 아마 지금쯤 유명한 예술비평가가 되었을 것이다. 젊어서 프랑스 파리로 유

1992년 런던에서 내가 찍은 안띠아
안띠아는 내가 전생에 자신의 아들이었다고 한다

학을 다녀와서 그런지 나는 안띠아가 종종 영국 여성보다는 세련된 불란서 여성 같다는 느낌을 받았다.

그러던 중 에섹스 대학교를 졸업하고 나는 동대학 대학원 역사학과에 입학했다. 그러나 이번에도 학비와 생활비가 없었다. 그때 한국에 계신 김동길 선생님께서 내 석사과정의 전 학비와 생활비를 지급

김동길 선생님 안띠아 나
1991년 2월 런던에서

해 주셨다. 아마 선생님은 만학도인 나를 친아들처럼 대견하게 생각
하신 것 같다(훗날 한국에 가족들과 귀국하고 나서도 나는 직장생활을 하며 월
급을 못 받는 경우가 종종 있었다. 이때마다 김동길 선생님은 아내 손에 나 몰래
몇백만 원씩의 봉투를 쥐여주셨다).

　　1994년 나는 에섹스 대학교에서 무사히 석사를 마치고 셰필드
대학교 박사과정에 합격했지만 이번에도 또 학비와 생활비가 없었다.
등록일을 앞두고 2500여 군데가 되는 영국 장학 단체 중 250군데에
장학금 지원서를 보냈다. 그 중 10여 곳에서 크고 작은 장학금을 받았
다. 그리고 셰필드 대학교에서도 얼마간의 장학금을 받았다. 그래도
역시 학비와 생활비가 부족했다. 학업을 포기하느냐 마느냐의 귀로에

있었다. 이때 잉글이 나의 박사과정 학비와 생활비를 선뜻 지원해 준 것이다.

돌이켜 보니 1990년 무작정 영국 유학을 와서 1998년 박사학위를 받을 때까지 여러 분이나 단체로부터 도움받은 액수가 1억 원이 훨씬 넘었다. 그저 놀라울 뿐이다, 그리고 나 자신도 이 사랑의 빚을 언젠가는 후진들에게 꼭 갚아야겠다고 다짐한다.

스승은 역사, 역사는 이어지는 것

함석헌 선생님은 1989년 2월 4일 돌아가셨다. 그리고 그로부터 3년 반 후인 1992년, 역사학도로서 나는 영국 에섹스 대학교에서 학사 논문으로 〈함석헌과 한국의 민주주의〉를 썼다. 5년 반 후인 1994년, 동 대학교 대학원 사학과 석사논문으로 나는 〈함석헌의 노장사상과 퀘이커리즘 이해〉를 제출했다. 9년 반 후인 1998년, 나는 영국 셰필드대학교 대학원 박사논문으로 〈한국인 퀘이커 함석헌의 생애와 사상에 관한 연구〉를 집필했다. 이러한 논문들은 함석헌의 거대한 삶과 생각을 서구의 대학에서 학문적으로 정리해 보려는 나의 작은 몸부림이었다.

내가 만약 함석헌, 김동길 선생님을 만나지 못했다면 나는 철도 공무원으로 내 인생을 마감했을 것이다. 그리고 또 나는 우리와는 너무 다른 서구사회를 체험하지 못했을 것이다. 무엇보다도, 내가 함석헌, 김동길, 잉글, 안띠아를 만나지 못했다면 나는 〈함석헌 평전〉을 집필하는 영광을 누려보지 못했을 것이고, 그것은 내 삶에 가장 큰 손실이었을 것이다. 태평양 한가운데에 빗방울 한 방울이 더해지듯이, 지금껏 내가 썼고 앞으로 쓸 책들이 함석헌의 거대한 사상적 유산을 더

하는 데 하나의 작은 빗방울이라도 될 수 있다면 나는 그에 더 큰 바람이 없다.

살아갈수록 나는 함석헌 선생님으로부터 얼마나 많은 영향을 받으며 살아왔는지 의식하게 된다. 특별히 선생님의 영향으로 나는 철도공무원에서 역사가, 근본주의자에서 관용주의자, 복음주의자에서 인본주의자, 교조주의자에서 낭만주의자가 되었다. 내게 역사와 철학의 '맛'을 알게 해 준 분도 선생님이고, 무엇이 인생과 인간에게 가장 중요한 가치인지를 깨우쳐준 분도 선생님이다.

성공의 길보다는, 비록 실패할지라도, 옳은 길이 무엇인지 몸으로 친히 보여주신 분이 함석헌 선생님이다. 선생님은 내게 진리, 도(道), 하느님을 보여준 마음의 창문과 같은 존재다. 그가 살아서 그의 가르침과 영감(inspiration)이 내 인생에 어떤 열매를 거두게 했나 보셨으면 하는 염원도 감히 해본다. 그가 남겨준 따스한 사랑과 들사람얼(野人精神)은 내가 살아가는 동안 항상 나와 함께하리라 확신하며, 이번 스승의 날을 맞아 함석헌 선생님을 다시금 생각해본다.

베개 속 죽은 쥐…
영국 여의사는 왜 한국에 왔나

오마이뉴스 2011.05.07

내가 잉글(Ingle Wright: 1923-1997)을 처음 만난 것은 1990년 5월, 영국 런던의 한 컨퍼런스에서였다.

쉬는 시간에 차를 마시고 있었는데 60대 후반의 나이 지긋한 한 영국여성이 내게 다가와 한국말로 다정하게 "안녕하세요?"라고 인사했다. 나는 반가우면서도 놀라왔다. 잉글은 내 이름표에 한국 국적이 적혀있는 것을 본 것 같았다.

그 다음 그녀의 말이 더 놀라웠는데 "함석헌 아세요?"라고 묻는 것이다. 이국에서 만난 너무 반가운 질문에 우리는 시간 지나가는 줄 모르고 이야기를 나누었고 나는 잉글에 대해 이런 사연을 알게 되었다.

그녀는 동시대 영국여성들로서는 드물게 케임브리지대에서 공부한 병리학 박사였다. 2차 세계 대전 중과 전후에 그녀는 의학을 공부하여 50년대 초반 의학박사학위를 받았다. 그 후 의학연구원으로 일하다가 1953년, 한국전쟁 직후 폐허가 된 한국에 갈 의료팀을 모집한다는 광고를 보고 그녀는 선뜻 지원했다.

1954년 군산의료원에서 잉글의 모습

"당시 나는 30세에 불과했는데 내 지도교수님은 내게 왜 연구를 더하지 전쟁 후 폐허밖에 안 남은 나라에 가서 세월을 낭비하려고 하나?라고 핀잔을 주더라고요."

그래서 내가 잉글에게 물었다.

"왜 지도교수 말씀대로 연구를 더 안 하고 한국행을 지원했나요?"

"글쎄, 2차대전 중 공부만 하고 사회를 위해 한 것이 거의 없어서 항상 뭔가 부채의식이 있었지요. 그래서 그런 광고를 보자 두 생각 하지 않고 얼른 지원한 것이지요."

그 길로 잉글은 1953년부터 1955년까지 2년 동안 당시 군산도립의원(현 원광대병원)에서 한국전쟁의 폐허 위에 버려진 이 땅의 과부와 고아들을 위해 지도교수의 만류에도 불구하고 의료봉사를 했다.

당시 한국의 상황은 아주 열악했다. 한번은 잉글이 자다가 베개 속에서 하도 냄새가 나서 자세히 들여다보니 죽은 쥐가 들어있더란다. 또 당시 영국에서와는 달리 샤워도 제대로 할 수 없었고 온수도 없었지만 그녀는 보람과 부채의식으로 열심히 기쁘게 일했다고 한다.

함석헌을 만난 한 영국여성

당시 잉글은 30세였는데 50대 초반의 한국 기독교 사상가 함석헌(1901-1989)을 만나고 강렬한 인상을 받았다. 그녀는 전쟁 후 척박한 폐허 위에서 만난 함석헌의 단아한 모습이 마치 '동양의 신비스러운 현자(sage)'와 같았다고 표현했다.

함석헌도 훗날 그가 처음 만난 영국과 미국의 퀘이커들에 대한 강렬한 인상을 이렇게 이야기했다.

"6·25 직후 우리나라 복구사업을 하는데 퀘이커교에서 영·미 합작으로 수십 명의 사람을 보내왔었지요. 그들이 군산에서 파괴된 도립병원 복구공사를 했는데 거기에 우리나라 젊은이들도 참가해서 처음으로 퀘이커를 알게 되었어요. 나는 그들의 신앙에 참 감동했어요.

그들 때문에 나는 퀘이커리즘에 흥미를 느끼게 됐어요."

함석헌도 당시 잉글 박사와 그 동료들을 만났던 것 같다. 다만 그녀의 이름을 기억 못했던 것으로 보인다.

내가 영국에 살면서 알게 된 것인데 잉글처럼 1920년대에 태어난 영국여성들 중엔 결혼을 아예 못한 여성들이 많았다. 많은 영국 남성들이 2차세계대전 중에 전사했기 때문에 1945년 전후 남자의 수가 절대적으로 모자랐다.

잉글도 그 때문이었는지 50세가 다 된 1973년 선배 동료의사와 만혼했고 당시 신혼여행을 한국으로 왔다. 그러나 만혼 때문인지 그녀는 평생 자식을 갖지 못했다. 그래서 그런지 그녀는 그 짧은 대화 중에도 나를 아주 다정하게 마치 친자식처럼 대해 주었다. 휴식시간이 끝나갈 즈음에 우리는 서로 연락처를 교환했다,

그로부터 3개월 후인 1990년 8월, 나는 영국 중부도시 맨체스터에 있는 잉글의 집을 찾았다. 9월에 영국 대학교에 입학하기 전 약 3주 동안을 나는 그녀 집에 머물렀다. 내가 잉글 집에 도착 했을 때 큰 정원에서 그녀의 남편 존 로렌스 박사는 일광욕을 하고 있었다. 나중에 존은 자기는 퀘이커교도가 아니라 태양신을 숭배한다고 말했다. 그 말은 햇볕이 귀한 영국에서 그가 일광욕을 교회 가는 것보다 좋아한다는 말이었다.

잉글의 집은 영국 빅토리아 여왕 때인 19세기 말 붉은 벽돌로 지은 큰 3층집 저택이었다. 잘 다듬은 푸른 정원은 아주 커서 테니스도 칠 수 있을 정도였다. 거실은 아주 컸지만 무척 어두웠고 여러 가지

책, 서류, 잡동사니가 여기저기 혼돈스럽게 널려 있었다. 이 어둡고 혼란한 거실에 들어가며 나는 〈창세기〉 1장이 떠올랐다.

"땅이 혼돈하고 공허하며 흑암이 깊음 위에 있고 하나님의 신은 수면에 운행하시니라."

잉글은 영국인으로서는 아주 드물게 상당히 다혈질이었고 그래서 본의 아니게 남편 존과 다른 친구분들에게도 마음에 상처를 주는 일이 있었다. 그럼에도 그 세대로서는 드문 '커리어 우먼'으로서 상당히 통이 크고 선이 굵은 분이었다. 1923년생 여성으로서 의학박사 학위를 받고 남편을 포함한 다른 남성들과 의료분야에서 어깨를 겨루는 세월을 오랫동안 살아오셔서 그런지 독립심과 지적 욕구도 상당히 강하셨다.

영국 '어머니'를 만나다

잉글과 약 3주를 머무르는 동안 나는 거의 매일과 매주말 그녀와 여러 종류의 세미나와 컨퍼런스에 참여하고 많은 다양한 사람들을 만날 기회를 가졌다. 잉글은 나를 위해 모든 컨퍼런스와 세미나 참가비, 숙박비, 교재비 등을 전부 지불해 주었다. 그러고는 내게 이렇게 말했다.

"성수에게 이런 세미나는 아주 가치 있고 소중한 경험이 될 거예요. 훗날 공부 끝나고 한국에 돌아가면 성수가 다른 한국 사람들을 위해 이런 세미나를 기획하고 개최하세요."

나는 점차 잉글이 나를 마치 자기 아들처럼 아끼고 돌봐준다는 것을 느꼈다. 아마 지금 생각해보면 그녀는 자기 자식이 없어서 나를 친자식처럼 생각하고 그 사랑을 내게 주었던 것 같다. 그때부터 나는 내가 타국에서 타향살이를 하는 것이 아닌 것처럼 느꼈고 잉글의 집이 마치 나의 친부모님 집처럼 편안하게 여겨졌다.

나는 방학이나 명절 때마다 잉글의 집을 방문했고 그 후 잉글은 내게 어머니와 같은 사랑과 애정뿐 아니라 장학금 추천 등 재정적으로도 내 유학생활을 적극 지원해 주셨다. 그래서 나는 무작정 영국에 유학 온 이래 잉글의 열렬한 도움과 지원 덕에 결국 박사 학위까지 받게 된다.

잉글의 이웃집 친구가 북아일랜드의 신구교 간 분쟁을 해결하기 위해 북아일랜드로 떠나는 날, 나는 그녀와 함께 떠나는 친구 집에 갔다. 잉글이 선물을 갖고 작별인사를 하러 안에 들어간 동안 나는 차에서 한동안을 기다렸다. 몇 분 후 잉글은 무거운 표정을 지으며 차로 돌아왔다. 그리고 그는 갑자기 뜨거운 눈물을 쏟기 시작했다. 난 약간 당황했다. 하지만 곧 잉글이 인간에 대해 상당한 애정을 갖고 있구나 하는 생각이 들었고 동시에 이분이 상당히 외로운 분이구나 하는 것을 느꼈다.

그러던 중 1996년 5월 잉글보다 15살 연상의 남편 존이 88세의 나이로 돌아가셨다. 존은 에든버러 의과대학을 나온 스코틀랜드 분으로 류머티즘에 의학적 공헌을 남겼다. 존의 사후에 맨체스터 대학교 의학대학 도서관은 존의 이름을 따서 '존 스튜어트 로렌스 라이브러리'로 그 명패를 짓기도 했을 정도였고 일간신문에 존의 생애에 대한 기사도 나왔다.

나는 아들처럼 존의 관을 어깨에 메고 장례를 치렀다. 존의 죽음 후에 잉글은 점점 더 외로움을 느끼는 것 같았다. 얼굴도 전보다 더 어두워져 갔다. 그래서 나도 한 달에 한 번 잉글을 방문하던 것을 격주에 한 번씩 방문하기 시작했다.

남몰래 흘리던 눈물

존의 죽음 후에 나는 더 자주 잉글의 눈물을 볼 기회가 있었다. 어떤 날 잉글은 동네에 혼자 사는 메이라는 할머니에 대한 이야기를 혼자서 독백으로 하며 "우리 불쌍한 메이, 우리 불쌍한…" 하고 말을 잇지 못했다. 얼마 후에 알았는데 잉글은 주변의 어려운 노인들이나 생활이 곤란한 사람들에게 수시로 경제적 지원을 해주었다.

때때로 나는 잉글이 남몰래 혼자 우는 것을 본 적도 있다. 그녀는 자신이 여러 사람들을 도와줌에도 불구하고 가끔 자신의 통제되지 않은 다혈질적 성격으로 인해 다른 사람들이 상처받는 것을 아는 것 같았다. "모두가 나를 미워해, 모두가 나를 미워해!" 하고 그녀가 독백을 하며 눈물을 펑펑 쏟는 것을 나는 종종 보았다.

그러던 어느 금요일 밤 잉글이 내 하숙집에 전화했다. 내일 토요일은 내가 잉글 집에 가는 날이다. 잉글은 "성수, 내가 몸이 안 좋아서 일찍 자야겠어요. 내일 우리 집 오기 전 내 대신 친구 집에 가서 책 좀 가져다주세요." 그래서 나는 다음 날인 토요일 친구 집에서 책을 찾은 후 잉글 집으로 갔다.

그런데 도착하자 잉글 집 문 앞에 사람들이 서성거렸다. 나를 보

나와 잉글
1993년 영국 멘체스터 퀘이커모임집 앞에서

더니 한 이웃여성이 내 손을 잡고 막 운다. 나에게 전화를 하고 곧 잠들은 잉글은 수면 중 급성심장마비로 돌아가셨단다. 나는 뜻밖의 충격에 할 말을 잃었다. 어젯밤에 전화로 듣던 목소리가 잉글의 마지막 목소리가 될 줄이야! 그때가 1997년 3월 8일이었다.

"모두가 당신을 미워하진 않아요!"

잉글이 갑자기 돌아가신 때가 내 유학 생활 중 가장 힘들었던 때인 것 같다. 잉글이 돌아가시고 나자 나도 때도 없이 눈물이 났다. 그동안 7년간 영국에서 타향살이를 해도 '어머니' 같은 잉글이 있어서 나는 비교적 안정된 마음으로 공부할 수 있었다. 잉글은 나를 우연히 만난 1990년부터 갑자기 돌아가신 1997년까지 7년간 온 정성과 사랑으로 나를 마치 친어머니처럼 아끼고 도와주었다.

상당히 지성적인 분이었기 때문에 내가 쓴 박사 논문 초안(한국인 퀘이커 함석헌의 생애와 사상)에 대해서도 많은 유용한 비평을 해주셨다. 잉글이 없었다면 나는 중도에 학위를 포기하고 한국에 돌아왔을 것이다. 그녀의 물심양면의 애정 어린 지원이 없었다면 나의 영국 유학생활은 '실패담'이 되었을 것이다.

나는 1980년대 중반 함석헌 선생님 때문에 한국 퀘이커모임에 나가게 되었고 1996년 잉글 때문에 영국 퀘이커모임 회원이 되었다. 내가 영국 퀘이커회 회원이 되었을 때 잉글은 마치 내가 올림픽 선수라도 되어서 무슨 금상을 받은 것처럼 기쁨의 눈물을 흘렸다.

나는 영국 퀘이커회에서 '젊은 피'에 속했다. 잉글과 내가 다니던 한 퀘이커 모임은 연로한 분들이 대부분이었다. 그래서 그 모임을 폐쇄하느냐 마느냐 논의 하던 중 어떤 이가 잉글에게 물었다. "잉글, 당신이 나가는 모임에 70세 이하의 퀘이커 교도가 있나요?" 잉글은 큰소리로 당당하게 외쳤다. "물론이지요, 성수가 70세 이하요!"

잉글이 갑자기 돌아가시지 않았다면 나는 그녀에게 이 말을 꼭 하고 싶었다. "잉글, 모두가 당신을 미워하진 않아요!" 그러나 나는 결국 잉글이 생존해 계셨을 때는 전혀 이 말을 못했다. 나는 지금도 이 말을 잉글에게 못하고 그녀를 저 세상에 보내게 된 것을 깊이 후회한다.

잉글은 1950년대는 한국전쟁 후 폐허 속에 있던 군산도립의료원에서 인생의 황금기를 보내며 한국을 도왔고 1990년대는 무작정 유학온 한 한국의 젊은이를 친자식처럼 도왔다. 나는 지금도 잉글이 한국과 한국인을 돕기 위해 이 세상에 온 것이 아닌가 하는 생각이 든다.

잉글이 1953년부터 1955년까지 한국 군산에서 의료봉사를 하고 떠날 당시 〈군산일보〉 1955년 5월 24일자는 이렇게 보도했다.

여러 업적 뒤로 하고 영국인 여성의사 잉글 라이트 박사 출국

영국인 여성의사 잉글 라이트 박사는 자신의 나라로 돌아간다. 잉글 박사는 31세의 미혼으로 영국 퀘이커 봉사단에 의해 군산도립의료원으로 2년 전에 왔다. 잉글 박사는 한국 간호원들을 교육하는 등 군산도립의료원을 향상시키기 위해 그동안 활발한 활동을 전개하였다.

잉글 박사는 내과, 외과, 산부인과를 망라하며 오래된 군산의료원의 시설물들을 새것으로 교체했고 의료원 도서관에 새로운 외국의학 서적을 들여오도록 많은 노력을 기울였다. 잉글 박사가 2년 동안의 의료봉사를 마치고 이제 6월 초에 한국을 떠난다는 소식은 한국인들을 아주 슬프게 한다.

잉글의 인도주의적인 활동은 그녀는 몰랐지만 1950년대 당시 함

MAY 1955

1955년 군산의료원에서 잉글

석헌에게도 커다란 영향을 미쳤고 그래서 함석헌은 결국 퀘이커 교도
가 된다. 나 역시 마찬가지다. 잉글의 애정 어린 물심양면의 지원이 없
었다면 나는 〈함석헌 평전〉을 집필하지 못했을 것이다. 잉글은 한국
에 퀘이커리즘의 씨앗을 뿌렸고 1953년부터 1955년까지 2만여 명의
한국전쟁 피난민들을 도와주었다.

당시 한국은 세계에서 가장 빈곤한 나라중의 하나로 소말리아나
에티오피아보다도 못살고 들쥐와 병균이 득실거리는 혼돈하고 어둠
에 뒤덮인 나라였다. 나는 창세기 1장이 다시 떠오른다.

10여 년 전 가족 사진
나는 자녀들의 중간 이름을 '잉글'로 지었다

"땅이 혼돈하고 공허하며 흑암이 깊음 위에 있고 하나님의 신은 수면에 운행하시니라."

나는 잉글이 돌아가시고 난 2개월 후인 1997년 5월, 한 영국여성을 만나 사랑에 빠졌고 그 후 8개월 만인 1998년 1월 우리는 영국에서 결혼했다. 아내와 나 사이엔 1남 1녀가 있고 우리는 아이들의 중간 이름을 '잉글'로 지었다.

잉글, 한국에 대한 변치 않는 사랑에 감사합니다.

어느 '대박' 만화가의
말 못 할 고민

오마이뉴스 2015.07.26.

돌아가신 지 3년, 이젠 아버지의 넋두리를 이해할 수 있습니다.

아버지는 1922년 함경남도 북청에서 태어나셨고 지난 2012년 여름, 서울에서 돌아가신 실향민입니다. 아버지는 1955년부터 서울신문에 〈도토리군〉과 〈신판 봉이 김선달〉을 연재한 시사만화가였습니다.

그러나 정작 자유가 없는 자유당 정권 치하에서 시사만화를 통한 정치풍자에 한계를 느낀 아버지는 그 후 아동만화로 진로를 바꾸셨습니다. 그래서 제가 태어난 해인 1960년 아버지의 직업은 아동만화가였습니다. 덕분에 저는 아버지가 그린 만화는 물론 아버지 지인 만화가들이 그린 다른 수많은 만화를 보며 꿈 많은 어린 시절을 보냈습니다.

그 시절 우리 집엔 항상 만화책이 많았습니다. 그래서 친구들은 물론 친척 집 아이들도 무료만화책을 보려고 하루가 멀다고 우리 집을 찾아왔습니다. 한마디로 우리 집은 아버지 만화 덕에 동네에서 인기가 많았습니다.

아버지는 주로 집에서 만화를 그리셨습니다. 창작이 필수인 만화

생전의 아버지 김기율

가라는 직업은 발랄한 생각과 신선한 아이디어가 생명입니다. 그래서 좋은 아이디어가 떠오르지 않을 때 아버지는 줄담배를 피우셨고 술도 많이 드셨습니다.

아버지는 동시대 세대들과 달리 아들인 저에게도 권위적인 모습을 보이지 않으셨습니다. 항상 친구처럼 다정다감하게 대해주셨습니다. 그래서 저는 아버지를 무서워하거나 어려워한 적이 한 번도 없었습니다. 직업이 '아동만화가'였던 아버지는 아마도 아이들의 동심을 몹시도 좋아하셨던 것 같습니다. 오죽하면 제 딸도 어렸을 때 친할아버지를 '늙은 오빠'라고 격의 없이 부를 정도였습니다.

또한 아버지는 동시대 월남한 다수 실향민과 달리 〈조선일보〉를 싫어하시고 〈한겨레신문〉을 구독하셨습니다. 더구나 박정희, 전두환,

이명박 전 대통령을 싫어하시고 권위의식이 없는 노무현 전 대통령을 너무도 좋아한 '친노파'였습니다. 제가 박정희 독재정권 시절 '재야인 사' 함석헌 선생을 알게 된 것도 다 아버지 덕분이었습니다.

분단의 아픔을 평생 가슴에 안고 사신 아버지

그러나 항상 다정다감하고 명랑해 보이시던 아버지도 가끔은 어 두운 면을 보이셨습니다. 연말연시에 술을 많이 드시면 아버지는 "다 필요 없어…" 하고 혼자 넋두리를 하시며 괴로워하셨습니다. 당시 저 는 그런 아버지의 넋두리를 이해할 수 없었습니다. 그러다가 머리가 좀 크고 나서 알게 되었습니다. 아버지는 북한에 사랑하는 가족이 있 는 민족분단의 아픔을 평생 가슴에 안고 사신 실향민이라는 것을.

아버지 고향은 함경남도 북청입니다. 어려서부터 그림과 음악을 잘하셨고 일제강점기인 어린 시절 일본 만화잡지 〈소년구락부(少年俱 樂部)〉를 보며 어린 시절을 보내셨습니다. 북청 공립보통학교를 졸업하 고 읍내 잡화가게에서 점원으로 첫 사회생활에 발을 내딛으셨습니다.

그 후 북청도립병원에서 서무직으로, 또 청진의 제철병원에서 관 리직으로 근무하셨습니다. 1942년 20세였던 아버지는 북한에서 결혼 도 하셨습니다. 그래서 1950년 한국전쟁이 일어났을 땐 7살 먹은 큰 딸과 5살 아들, 그리고 어린 딸을 두셨습니다. 이분들은 저의 이복 누 님들과 형인 셈입니다.

1945년 해방 후 북한에 입성한 소련군과 김일성의 만행을 목격 한 아버지는 고향 북청에서 반공단체인 대한청년단원으로도 활동하 셨습니다. 평소 그림을 잘 그리던 아버지는 대한청년단에서 반공 전단과 책을 만드는 일을 맡으셨습니다.

한국전쟁이 시작되고 압록강까지 후퇴했던 북한군의 대공세가 시작되기 전날인 1951년 1월 4일, 반공청년 아버지는 부모님과 처자를 남겨두고 '눈보라가 몰아치는 바람 찬 홍남부두'에서 단신으로 유엔군의 LST(상륙전용함선)에 몸을 실었습니다.

20대 검은 머리 청년이 90대 백발노인이 될 때까지

당시 세계 제일의 '슈퍼 파워' 미군이 참전했기에, 아버지는 길어야 서너 달 안에 전쟁이 끝나고 북한으로 돌아가 사랑하는 가족과 곧 재회할 것으로 생각하셨습니다. 집안 어른들도 아버지에게 "걱정하지 말고 가! 다시 곧 볼 텐데"라고 말씀하셨답니다.

그러나 20대 검은 머리 청년은 90대 백발노인이 될 때까지 사랑하는 가족을 다시 만날 수 없었습니다. 서너 달이면 재회 할 수 있을 것으로 기대했던 가족을 3~4년 아니 30~40년을 넘어 70년이 되도록 만날 수 없었습니다. 남북한 정권의 한심한 '이념놀이'는 이렇게 500만 명의 비극적 이산가족을 만들었습니다.

아버지가 LST에서 내린 곳이 거제도였습니다. 그곳에서 참 고생이 많으셨답니다. 북한에 있는 가족이 너무 보고 싶어 객지에서 남몰래 이불을 적시며 잠든 밤이 수도 없이 많다고 하셨습니다. 피난시절 부산의 국제시장에서 미군 초상화를 그려주며 간신히 생계를 유지하다가, 우연히 박기당(1922~1979) 화백을 만나 두 분은 평생지기 '절친'이 되셨습니다.

전쟁이 길어지자 북한에 가족이 너무 걱정되고 그립기도 해서 아버지는 어떻게든 북한에 가 볼 심정으로 '켈로부대'(미국 극동군사령부가 북한지역 출신으로 조직한 북파 공작 첩보부대)에 지원하셨답니다. 우연히 심사위원 중에 아버지 고향선배가 있어서 아버지는 '합격'을 의심하지 않았답니다.

그러나 아버지는 면접에 떨어졌습니다. 나중에 들으니 몸 성히 살아 돌아오는 북파공작원이 거의 없어서 그 고향 선배가 아버지를 아껴서 면접에 탈락시켰답니다. 그때 아버지가 돌아가셨으면 저는 오늘 여기에 없을 것입니다. 살다가 실패하는 것도 그리 나쁜 것만은 아닌 것 같습니다.

그 후 아버지는 부산에서 전투경찰에 지원하셨습니다. 이번에는 합격해 경북 상주에 있던 태백산지구 전투경찰사령부에 배속돼 기관지나 문서를 만들고 평소 그림 솜씨를 발휘해 군사용 지도책을 만드셨습니다.

전쟁 후, 아버지는 대전경찰국 작전상황실에서 경사로 근무하셨습니다. 그러던 중 1954년 여름 〈서울신문〉에 독자만화를 2~3개 투고하셨습니다. 그 후 얼마 안 지나 서울신문사 문화부장이 아버지에게 전화했답니다. 용건은 "당장 서울 올라와서 우리 신문에 만화를 연재하는 게 어떠냐?"고 제안했던 것입니다.

아버지의 평생직업 '만화'는 그렇게 우연히 시작되었습니다. 상경하기 직전 아버지는 서울 옥인동이 고향인 10년 연하 어머니를 만나 재혼하셨습니다. 그리고 상경한 33살 '신혼부부'인 아버지는 〈서울신문〉 편집실에서 매일 시사만화를 그리기 시작하셨습니다.

아버지는 〈코주부〉 김용환 화백의 후임으로 서울신문에 〈도토리군〉, 나중에는 〈신판 봉이 김선달〉 시사만화를 연재하셨습니다. 지금 장·노년층들은 1950년대 중반 아버지 만화 주인공들인 개구쟁이 소년 '도토리군'과 익살맞은 노인네 '봉이 김선달'을 기억할 것입니다.

　아버지의 만화 주인공 '도토리'는 곧 아버지가 북한에 두고 온 둘째아들, 제 이복형이었습니다. 1.4 후퇴 때 남겨두고 온 어린 아들의

서울신문, 1955.8.28

아버지의 만화책

영국 이야기

귀엽고 그리운 모습을 아버지는 매일 만화로 그리신 겁니다.

〈서울신문〉에 연재했던 아버지의 〈도토리〉는 큰 인기를 끌었습니다. 10여 년간 아버지는 인기 절정 아동만화가로 제 친구들은 물론 우리나라 어린이 독자들의 큰사랑을 받았습니다. 동네마다 만홧가게가 들어섰던 시절이었지만 만화가 아버지를 둔 덕에 저는 만홧가게 한 번 가지 않고 서울 장안의 유명하다는 만화들을 전부 다 섭렵할 수 있었습니다.

비록 남한에 있는 가족에게 맘 놓고 이야기할 수 없었지만, 아버지는 북한에 두고 온 가족을 항상 마음에 걸려 하셨습니다. 아무리 세월이 흘러도 사랑하는 가족과의 생이별이라는 말 못 할 고통은 아버지 가슴 속에 지울 수 없는 아픔이었습니다. 온갖 방법으로, 아버지는 북한에 있는 가족들 생사를 알아봤지만 아무 소식이 없었습니다.

김영삼 정부 시절인 1993년 어느 날, 아버지는 영국에서 유학 중인 제게 편지를 보내셨습니다. 편지를 보니 1951년 1.4후퇴 당시 아버지가 북한의 가족들과 살던 북청의 집 주소가 적혀 있었습니다. 북한에 살아 있을지도 모르는 가족들에게 전해 달라는 아버지의 애절함이 묻어있는 편지였습니다.

저는 북한에 있는 '어머니'와 이복형님 그리고 누님들에게 제 소개와 인사말을 추가하여 등기우편으로 편지를 부쳤습니다. 그러나 1951년 당시 아버지가 사시던 북한 집의 주소가 바뀌어서인지 아니면 아버지의 가족들이 한국전쟁 중 사망했는지, 아무런 답장을 받지 못했습니다.

부모님 생전에 가족들과

북한의 가족을 평생 그리워하시던 아버지

아버지는 한국전쟁 이후 우리나라 대중만화시대의 1세대 만화작가였습니다. 아버지와 동시대를 풍미했던 박기당, 김정파, 신동우, 임창, 이재화 화백 등을 비롯한 대부분 화백들이 지금은 작고하셨습니다. 어린 시절 이분들을 '아저씨'라고 부르며 아장아장 따라 다니던 기억이 지금도 새롭습니다.

한때 인기 만화가였으나 아버지는 돈과는 거리가 먼 삶을 사셨습니다. 제가 어려서 기억하는 아버지는 돈에 대하여 아무것도 모르시는 철저한 바보였고 항상 '정직'을 강조하셨습니다. 그래서 그런지 저도 지금 돈과는 거리가 먼 삶을 살고 있습니다.

만화창작 이외에도 아버지는 만화잡지와 서적 편집자 일을 하셨

어린 시절 아버지와 즐거운 한때

어린 시절 어머니와 즐거운 한때

습니다. 또 어려서부터 치시던 클래식 기타 연주에서도 남다른 소질이 있으셨습니다. 아버지의 피를 받은 탓인지 저도 10대 때는 클래식 기타를 꽤 쳤고 초상화를 무척 잘 그렸습니다. 그래서 한때는 제 그림을 보신 박기당 아저씨가 아버지에게 "성수 미술가 시키지요?"라고 제안도 하셨습니다. 또 제 조카도 아버지의 피 탓인지 서울예고와 한예종을 나와 현재 클래식기타 연주가로 활동하고 있습니다.

요즘 저는 3년 전 여름 이맘때 돌아가신 아버지 생각을 많이 합니다. 두 아이의 아버지가 된 저는 분단의 희생자였던 실향민 아버지의 가슴에 남아있던 피멍을 생각하면 너무도 가슴이 저립니다. 가족은 세상에 무엇보다도, 어떤 이념보다도 소중한 것이 아닌가요?

분단 70년, 북한의 가족을 평생 그리워하던 실향민 아버지가 그립습니다.

만화가 김기율

- 1922년 함경남도 북청 출생
- 소년 시절 〈소년구락부〉라는 잡지 속의 그림을 따라 그림
- 대한청년단에서 반공 전단과 책을 만드는 일을 맡아 그림을 그림
- '고바우' 김성환의 도움으로 신문만화 연재와 잡지만화를 할 수 있게 되었다
- 서울신문 연재 〈도토리군〉(1955년 8월 17일~1956년 3월 7일, 160회 연재)
  -〈신판 봉이 김선달〉(1956년 4월 13일~8월 24일)
- 아동만화 〈도토리〉 시리즈와 〈무쇠돌〉 시리즈를 광문당에서 발행
- 1961년 한국만화자율회 심의부장
- 1972년 한국만화가협회 제4대 회장
- 1978년 한국일보에서 '두더쥐 두루뭉'이란 작품을 마지막으로 만화 창작에서 손을 뗌.
저서에 〈두고 온 이야기〉, 〈잃어버린 동산〉, 〈중국괴이담〉이 있다.

영국 이야기

'퀘이커 평화주의자'
이행우 선생을 보내며

프레시안 2021.10.26.

나는 1980년대 초반 함석헌(1901-1989)을 처음 만나며 금방 '함석헌에 미친 사람'이 되었다.

1984년 5월 군대에서 제대하고 철도청에 복직한 나는 서울 명동 전진상교육관과 향린교회에서 매주 함석헌이 강의하는 노자와 장자 공부모임을 참석했다. 한 번은 노자 공부모임에서 바로 옆자리에 앉은 분이 퀘이커교도인 것을 알게 되었다. 그리고 1985년 어느 날 그의 손에 이끌려 서울 신촌 봉원동에 있는 퀘이커모임을 처음 찾았다. 그곳에서 나는 예배 후 함석헌이 강의하는 성경과 퀘이커 공부모임에 참석할 수 있었다.

퀘이커 모임에 참석하고 얼마 지나지 않아 한 중년의 재미동포가 미국에서 한국 퀘이커 모임을 방문했다. 그는 예배 후 그의 생생한 '북한방문기'를 들려주었다. 그 재미동포가 이행우 선생(1931-2021)이었다. 그 후에도 이행우 선생님은 매년 한국을 방문해서 당시 '철없는' 나에게 세상 돌아가는 이야기를 해주셨다. 나는 아버지가 한국전

서울 퀘이커 모임에서 이행우 선생(오른쪽 두 번째)

쟁 중 함경남도 북청에서 '혈혈단신'으로 월남한 '전쟁피난민' 출신이
라 이행우 선생의 북한방문기에 온 시각을 곤두세우고 깊은 관심을
갖고 들었다.

　　당시는 광주학살로 손에 피를 묻히고 정권을 잡은 전두환 군사독
재정권기라 북한에 대해 이야기하는 것은 국가보안법 위반사항이었
다. 그래서 이행우 선생은 전두환 정권에서 '블랙리스트'에 올라 있었
다. 하지만 그가 재미동포라 전두환 정권은 그를 철저히 감시는 하되
국가보안법 위반으로 구속하지는 못했다. 이행우 선생은 그 후에도
거의 매년 평생 40번 이상 북한을 방문했고 방한할 때마다 퀘이커모
임에서 북한에 관한 이야기를 해주었다.

이행우 선생(오른쪽)과 필자의 즐거운 한때

1950년대 후반부터 이행우 선생은 그의 스승 함석헌을 모시고 서울퀘이커모임에 참석했고 1960년엔 함석헌과 함께 서울퀘이커모임을 창립했다. 그리고 1968년 그는 미국 필라델피아에 있는 퀘이커 연구소 펜들힐로 유학을 갔고 그 후 가족과 함께 미국에 정착했다. 전주고등학교와 서울대 수학과 출신이었던 그는 미국에서 공부를 마치고 곧 컴퓨터 전문가로 직장을 잡아 지난 2003년 73세의 나이로 현업에서 은퇴했다. 컴퓨터 전문가 1세대로 수입도 좋았지만 그는 그와 가족이 평생 살 집 하나 마련할 수 없었다. 왜냐하면 그가 평생 번 돈을 한반도 평화통일운동과 민주화운동에 썼기 때문이었다.

가족들과 함께 단란하게 휴가나 여행을 가기 보다는 그는 자비를

이행우 선생(왼쪽)과 필자의 즐거운 한때

털어 미국, 북한. 일본, 중국, 유럽을 방문해 정치인, 관리, 시민활동가, 학자, 언론인들을 만나며 한반도 평화통일의 중요성을 이야기했고 국제회의를 개최했으며 그들이 한반도 평화를 위해 노력해 달라고 설득했다. 그 외에도 그는 자비를 털어 한반도 평화통일에 대한 영어논문집을 제작해 이들에게 배포했고 민주화운동으로 고난을 받고 있는 한국의 재야인사나 정치범들을 위해 미국에서 모금을 해 한국으로 돈을 송금해주었다.

1974년 한국민주화운동인사들과 그 가족들을 돕기 위해 '한국수난자가족돕기회'를 미국에 결성하면서 그는 한국의 민주화운동과 통일운동에 본격적으로 뛰어들었다. 그는 한국의 민주화운동인사들이 거의 수입이 없는 실업 상태였기 때문에 재미동포들에게 모금활동을 하여 국내에 돈을 보냈던 것이다.

1982년에는 미국 퀘이커(AFSC) 대표단을 이끌고 북한을 방문해 북한 관리들을 만나 한반도 평화통일문제, 조미관계 개선문제, 북조선대표단을 미국에 초청하는 문제 등을 협의했다.

1986년 그는 한겨레 미주홍보원을 설립, 'Korea Report'라는 영문보고서를 발간해 대미홍보와 국제연대 활동을 전개했다. 그가 이 보고서를 발간하기 전에는, 인터넷도 없던 시절이라, 미국에서 한국문제를 분석한 영문 자료가 거의 없었다. 그래서 미국 고위관리, 정치인, 학자. 언론인들이 그가 낸 보고서에 큰 관심을 보였고 미국사회에 한반도평화통일의 중요성에 대해 대단히 큰 영향을 미쳤다.

1987년엔 그는 미국의 지인들과 한국지원연대(Korea Support Network)를 결성, 한국 민주화운동을 지원하고 국제사회에 알렸다.

1989년엔 전국대학생협의회를 대표해 방북한 대학생 임수경이 문규현 신부와 함께 군사분계선을 넘어온 일이 있었다. 그때 이행우 선생은 대학생 임수경을 무사히 한국으로 데려오기 위해 미리 문규현 신부와 함께 방북해 '임수경의 안전한 귀환을 위해' 북한당국의 협조를 구했다.

1994년에는 대기근으로 북한에서 수많은 사람들이 아사했다. 그러자 이행우 선생은 기근으로 고통받는 북한동포들을 인도적으로 돕기 위해 미국 퀘이커들과 함께 방북해 북한의 농업을 지원하고 인적교류를 추진했다.

1995년 그는 미주평화통일연구소, 1998년에는 자주민주통일미주연합을 설립했다. 이런 단체들을 통해 이행우 선생은 한반도 평화통일문제에 대한 논문을 발간했다. 그리고 그가 발간한 논문들은 남북과 해외동포들 사이에서 좋은 반응을 얻었다. 그는 그런 긍정적 반응을 바탕으로 다른 한반도 평화통일운동단체들과 적극적 연대활동을 벌였다.

이행우 선생의 이런 물밑 작업과 각고의 노력은 마침내 지난 2000년 6월 남북정상회담을 가능하게 했고 한반도 평화분위기를 조성하는 데 큰 영향을 미쳤다. 그리고 이행우 선생의 한반도평화통일을 위한 보이지 않는 헌신적 봉사와 희생 덕에 마침내 지난 2000년 10월 김대중 대통령은 노벨평화상을 받기도 했다.

그리고 늦게나마 그의 한국 민주화운동, 남북한 긴장완화, 한반도 평화통일 노력에 대한 공헌을 인정받아 지난 2011년 이행우 선생은 한겨레 통일문화상을 받았다.

그로부터 2년이 흐른 지난 2013년, 45년의 미국생활을 마치고 그는 한국으로 영구 귀국했고 곧 한국국적 회복을 신청했다. 하지만 당시 이명박 정권과 그 뒤를 이은 박근혜 정권은 블랙리스트에 오른 이행우 선생의 국적회복 신청을 받아들여 주지 않았다.

한편 지난 2012년 8월 나는 북한 실향민 아버지가 돌아가셔서 실의에 빠져 있었다. 그러던 중 그 다음해인 2013년 귀국한 이행우 선생을 나는 매주 서울퀘이커모임에서 만나며 마치 아버지가 죽음에서 돌아온 것처럼 느꼈다. 그는 내가 이명박 대통령이 임명한 극우 인사 이영조 진실화해위원장을 상대로 고소한 법적 소송에서도 큰 위로와 힘이 되어 주었다. 그리고 그런 이행우 선생의 따스한 격려에 힘입어 나는 지난 2016년 마침내 이영조를 상대로 한 소송에서 승소하는 결실을 맺기도 했다.

지난 2020년 8월 그는 광복회로부터 "한반도 분단극복과 통일운동에 기여한 공로"를 인정받아 '광복평화상'을 받았다.

올해 9월 나는 암으로 병상에 누워계신 이행우 선생께 문안인사차 영국에서 국제전화를 드렸다. 올해 3월 어머니를 보내고 코로나 때문에 어머니 장례도 참석 못해 힘들어 하던 내게 선생은, "성수, 힘내야지! 그리고 오래 살자!"라며 오히려 격려의 말씀을 주셨다. 그런 선생이 2021년 10월 16일, 투병 생활 끝에 돌아가셨다. 그의 부인과 두 아들은 고인의 유언에 따라 비공개 가족장으로 장례를 진행한 뒤 그를 경기도 마석 모란공원에 모셨다.

함석헌 선생이 내게 정신적 할아버지와 같은 분이었다면 이행우 선생은 내게 정신적 아버지와 같은 분이었다.

이행우 선생은 달변가가 아니었지만 그 말씀의 내용은 늘 놀라웠다. 그의 가장 큰 무기가 '진실함'이었기 때문이다. 그는 평생 '이름 없이 빛도 없이' 화려한 무대 뒤에서 남을 위해 조용히 일만 하셨다. 그는 아름다운 '진주목걸이를 이어주는 실' 같은 분이었다. 진주목걸이가 그 아름다움을 뽐내고 한 여인의 목에 당당하게 걸릴 수 있는 것은 그 진주 하나하나 속을 관통하여 이어주는 가느다란 '보이지 않는 실' 때문이다. 내가 보는 이행우 선생은 그런 분이었다. 그는 입이 아니라 삶의 모습을 통해 인간이 어떻게 남을 위해 살아야 하는지 몸소 본을 보여 주셨다. 그런 이행우 선생이 너무 그립다. 내년에 모국에 가면 반드시 어머니와 그의 묘지를 찾아가 머리 숙이고 목 놓아 마음껏 울고 싶다. 선생님, 너무나 그립습니다.

이행우 선생

1931년 1월 3일 전북 익산 생. 1955년 서울대 문리과대학 수학과 졸업, 그 해에 해군장교에 임관, 해군사관학교에서 수학 교수. 1957년 군복무를 마치고 이리 남성고등학교, 서울 동북고등학교, 숭문고등학교에서 수학 교사, 한양대학교 출강. 종교는 퀘이커교. 1968년 미국퀘이커교단 초청으로 유학, 퀘이커교육기관인 펜들힐(Pendle Hill)에서 1년간 퀘이커교에 대하여 공부. 공부를 마치고 미국 필라델피아에 정착, American Bank(1969-1979), Burroughs Corp.(1979-1980), Polymer Corp.(1980-1986), Delaware Investments(1986-2003) 등에서 Systems Analyst로 근무. 2011년 한겨레통일문화상, 2020년 '광복평화상' 수상. 2021년 10월 16일 하늘나라로 가심.

2

영국의
정치인

◆ 전봉준과 크롬웰을 관통하는 '키워드'
◆ "이승만 위해 속옷 벗어던지고 논개가 됐다"
◆ 박근혜가 존경한 여인, 그 여인을 공격한 남성
◆ 전 세계가 주목하는 이 남자의 '무릎'

하루는 아내가 "왜, 한국영화는 해피엔딩이 아닌가요?"라고 뜬금없이 물었다. 난 그 순간 뭐라고 답해야 할지 생각나지 않았다. 그러고 보니, 대다수의 영국-미국 영화는 행복한 결말을 맺은 것 같았다. 그 후 며칠 동안 아내의 질문을 생각했다. '왜 한국 영화는 해피엔딩이 적을까?'

전봉준과 크롬웰을 관통하는 '키워드'

오마이뉴스 2014.03.24.

영국인 아내에게 한국어와 한국의 역사를 알려주기 위해 한국 근현대사 영화를 몇 편 보여준 적이 있다. 〈박하사탕〉〈실미도〉〈아름다운 청년 전태일〉〈그때 그 사람들〉 등이었다. 하루는 아내가 "왜, 한국 영화는 해피엔딩이 아닌가요?"라고 뜬금없이 물었다. 난 그 순간 뭐라고 답해야 할지 생각나지 않았다. 그러고 보니, 대다수의 영국-미국 영화는 행복한 결말을 맺는 것 같았다. 그 후 며칠 동안 아내의 질문을 생각했다. '왜 한국 영화는 해피엔딩이 적을까?'

그러던 어느 날 불현듯 '한국과 영국의 역사 때문이 아닐까?'라는 생각이 들었다. 두 나라 역사서를 읽으면서 개인적으로 다른 느낌이 들었다. 대체로 한국 역사는 읽으면 답답했고 영국 역사는 읽으면 통쾌했다. 〈뜻으로 본 한국역사〉의 저자 함석헌은 우리나라 역사를 이렇게 표현했다.

"쓰다가 말고 붓을 놓고 눈물을 닦지 않으면 안 되는 이 역사, 눈물을 닦으면서도 그래도 또 쓰지 않으면 안 되는 이 역사, 써놓고 나면 찢어버리고 싶어 못 견디는 이 역사…."

그런데 영국역사에서 1628년 선포된 〈권리청원〉을 읽은 뒤엔 통쾌하면서 전율이 느껴졌다.

"국민은 누구도 함부로 체포·구금될 수 없다. 군법에 의해 국민을 재판할 수 없다. 군대가 민가에 강제 투숙할 수 없다. 왕은 의회의 동의 없이 어떠한 과세·증여 등을 부과할 수 없다."

영국의 〈권리청원〉이 선포된 지 300여 년이 지난 1970년대 한국에선 장준하 선생 같은 민주화운동가들이 민간인 신분임에도 군사법정에서 군사재판을 받아야 했다.

한국엔 전봉준이, 영국엔 크롬웰이 있었다

한국역사와 영국역사를 공부하다 보면 시간과 공간을 떠나 비슷한 인물들이 역사의 무대에 등장한다. 그 중 하나가 전봉준(1854~1895)과 올리버 크롬웰(1599~1658)이다. 전봉준과 크롬웰은 둘 다 불의한 권력에 저항하며 혁명을 주도했다.

전봉준은 외세(청나라와 일본)를 등에 업은 관군에 패하여 비극적으로 생을 마감했다. 반면 크롬웰은 오히려 외세(스코틀랜드와 아일랜드)를 불러들인 국왕 찰스1세를 반역죄로 체포, 사형시키고 정권을 잡는다.

실패한 혁명가 전봉준과 성공한 혁명가 크롬웰이 과연 한국 역사와 영국 역사에 미친 영향과 교훈은 무엇일까?

전봉준과 크롬웰이 불의한 권력에 저항한 무용담에는 몇 가지 '키워드'가 있다. 그것은 세금과 종교, 외세였다. 전봉준은 동학에 심취했고 크롬웰은 열렬한 청교도(개혁파 개신교)였다.

전봉준은 고종이 불러들인 외세 때문에 혁명가의 꿈을 이루지 못한 채 비참하게 효수되었다. 하지만 크롬웰은 외세를 끌어들인 국왕 찰스1세의 목을 단두대에서 자르고 의회민주주의의 뿌리를 유감없이 다져나갔다.

물세 징수에 항의하다 곤장 맞고 쫓겨난 전봉준

전봉준은 1854년 전북 고창 부근의 몰락한 양반 집안에서 태어났다. 그가 38세가 되던 해인 1892년 전북 고부 군수로 부임한 조병갑은 농민들로부터 가혹하게 세금을 거둬들이고, 재산을 수탈했다. 조병갑은 세금 낼 여력이 없는 백성들을 잡아다가 고문하는 등 갖은 악행을 이어갔다. 전봉준의 아버지 전창혁도 그에게 곤장을 맞아 목숨을 잃었다.

1893년 전봉준 역시 불법으로 물세를 징수하는 조병갑에게 항의하다가 곤장을 맞고 쫓겨났다. 이런 상황이 부당하다고 생각한 전봉준은 40세가 된 1894년 1월 10일, 1000명의 동학농민군을 이끌고 불의한 권력에 대항하기 위해 봉기한다. 이것이 동학농민혁명의 시작이었다.

크롬웰은 전봉준이 태어나기 250여 년 전 1599년 영국 케임브리

전봉준 영정 ©한국학디지털아카이브

지셔 헌팅턴의 청교도이자 젠트리(귀족 다음 계급)의 지주 아들로 태어
났다. 그는 케임브리지대학에서 공부하고 29세인 1628년 하원의원이
된다. 그러나 1년 후인 1629년, 의회는 국왕 찰스1세에 의해 무려 11년
간 해산된다.

올리버 크롬웰 ©위키피디아

찰스1세는 일부 귀족과 대상(요즘 말로 재벌)에게 상업독점권을 주
었고 강제로 국교를 믿게 했다. 이에 대해 크롬웰을 비롯한 다수 국민
은 강한 불만을 가졌다. 전쟁으로 돈이 필요했던 찰스1세는 1640년
의회를 소집해 필요한 세금징수 동의만 얻고 해산해 버릴 계획을 세
웠다. 그러나 의회가 징세와 전쟁을 반대하자 찰스1세는 의회를 아예
해산시켰다. 그로부터 2년 후인 1642년, 43세가 된 크롬웰 등이 왕의
폭정에 대항해 일어난 것이 청교도혁명의 시작이었다.

신분제의 전면 폐기를 주장한 전봉준

전봉준은 1894년 1월, 조병갑을 몰아내고 1차 봉기를 주도했다. 고종은 조병갑 등 부패관리를 처벌하고, 장흥 부사 이용태에게 사태를 수습하라 했다. 그러나 이용태는 오히려 동학교도에 대한 체포와 살해를 자행하였다. 이에 격분한 전봉준과 동학농민군 1만여 명이 재차 봉기를 일으키고 1894년 4월 전주를 점령한다. 이러자 당황한 고종은 청나라에 구원병을 요청했고, 일본도 텐진조약을 구실로 조선을 침략한다.

나라가 위태롭게 되자 전봉준은 조정에 12개 폐정개혁안 실시를 약속받고 관군과 휴전을 맺었다. 당시 전봉준이 주장한 개혁안의 일부 내용을 보면 참 혁신적이다.

● 탐관오리의 죄목을 조사하여 하나하나 엄징할 것

● 노비문서는 태워버릴 것

● 청춘과부의 재혼을 허락할 것

● 관리 채용은 지벌을 타파하고 인재 위주로 할 것

● 왜와 내통하는 자는 엄징할 것

● 토지는 평균으로 분작하게 할 것 등등.

신분제의 전면적 폐기를 제기했다는 점에서 전봉준이 주장한 내용은 혁명성을 지니고 있다. 또한 토지의 평균분작은 궁극적으로 농민의 토지소유를 지향하는 것이다. 젊은 과부의 재혼을 허락하라는 주장은 참 따뜻한 인간적 호소다.

고문으로 다리가 부러져 걸을 수 없었던 전봉준 장군이 가마에 실려 끌려가는 모습

그러나 조정은 결국 약속을 지키지 않았고, 청일전쟁에서 승리한 일본이 차츰 침략야욕을 드러내자, 동학농민군은 다시 봉기한다. 20만여 명의 동학농민군이 논산에 집결했지만, 죽창을 든 농민군은 기관총을 든 일본군을 이길 수 없었다.

결국 1894년 12월 28일 전봉준은 붙잡혔다. 외세인 일본군에게 모진 고문을 받은 후 그 다음해인 1895년 4월 24일 41세의 나이에 교수형에 처해졌다. 전봉준은 법정에서 사형선고를 받고 "나는 바른길을 걷다가 죽는 사람이다. 그런데 '반역죄'를 적용한다면 천고에 유감이다."라고 한탄했다. 그의 형제들도 연좌제로 사형을 당했고, 그의 후처 송씨는 끌려가 죽을 때까지 노비가 되었다. 한 혁명가의 가계가 공중분해가 된 것이다.

외세로 인해 실패한 혁명가 전봉준은 역사에 이런 시를 남기고 목이 잘렸다.

時來天地皆同力(때가 오니 천하가 모두 힘을 같이 했건만)

運去英雄不自謀(운이 다하니 영웅도 스스로 할 바를 모를래라)

愛民正義我無失(백성을 사랑하는 정의일 뿐 나에게는 과실이 없나니)

爲國丹心誰有知(나라를 위하는 오직 한 마음 그 누가 알리)

국왕을 반역죄로 단두대에 올린 크롬웰

크롬웰은 1642년 국왕 찰스1세와 의회가 충돌, 청교도혁명이 일어나자 사재를 털어 철기병대(Ironside)를 조직하면서 군사적으로 밀리던 의회파에서 활약한다. 결국 크롬웰은 1645년 찰스1세를 체포하고 의회파 측을 승리로 이끌었다. 전쟁에서 왕에게 대항한 의회파가 승리를 했지만 그들은 찰스1세를 죽이려고 하지는 않았다.

그러나 찰스1세는 의회파가 혼란한 틈을 타 탈출하여 외세인 스코틀랜드 군을 불러들이고 의회파에 대항해 또 전쟁을 일으킨다. 그러나 찰스1세는 또 다시 크롬웰의 군대에 패하였다. 이후 크롬웰은 국왕 찰스1세를 '반역죄'로 단두대에 올려 사형을 시키고, 1649년 영국 역사상 최초이자 최후의 공화국을 수립하였다.

정권을 잡은 크롬웰은 귀족과 교회로부터 토지를 몰수하여 농민들에게 재분배한다. 그리고 1649년부터 51년까지 2년 동안 전 국왕 찰스1세를 지지했던 외세, 아일랜드와 스코틀랜드를 침공하여 학살로 복수한다.

크롬웰 측근들은 찰스1세의 목을 벤 뒤 그에게 왕위에 앉으라고 권유했으나, 크롬웰은 단호히 거절했다. 그리고 1658년 호국경의 직위로 59세에 생을 마감한다. 크롬웰은 왕정복고로 돌아온 찰스2세에게 부관참시를 당하는 모욕을 당하기도 한다. 그러나 19세기 이후부터 지금까지 대부분의 영국인들은 크롬웰이 찰스1세의 전제주의를 파괴한 헌정개혁가이자 내란 후 정치적 안정을 통해 의회민주주의의 발전과 종교적 관용에 공헌한 위대한 지도자로 평가하고 있다.

실패한 혁명가, 성공한 혁명가

종종 이런 생각을 해본다. 전봉준이 크롬웰처럼 혁명에 성공하여 정권을 잡았다면 우리나라는 지금쯤 어떻게 되었을까? 그가 내세운 폐정개혁안 일부라도 1895년에 실현할 수 있었다면 우리 사회는 지금 얼마나 앞서 있을까.

- 탐관오리의 죄목을 조사하여 하나하나 엄징할 것.(오늘의 국정원 사태)
- 노비문서는 태워버릴 것.(오늘의 갑을간 노예계약서)
- 청춘과부의 재혼을 허락할 것.(2013년 여성성평등지수 세계 136개국 중 한국 111위)
- 관리채용은 지벌을 타파하고 인재 위주로 할 것.(지역감정)
- 왜와 내통하는 자는 엄징할 것.(친일파와 친일역사교과서가 지금도 판치는 우리나라)
- 토지는 평균으로 분작하게 할 것.(심화되는 사회양극화 현상)

전봉준은 외세를 끌어들인 왕 때문에 혁명에 실패했고 반역죄로 효수되었다. 크롬웰은 외세를 끌어들인 왕의 목을 반역죄로 자르고 혁명에 성공했다. 지금 전봉준의 동상은 쓸쓸하게 전북 정읍에 서 있다. 지금 크롬웰의 동상은 영국 런던 웨스트민스터 국회의사당 정문 앞에 당당하게 서 있다. 그리고 크롬웰 동상 건너편엔 목이 잘린 국왕 찰스1세의 동상이 있다. 만약 전봉준이 크롬웰처럼 혁명에 성공했다면, 그리고 그 역사가 우리에게 잘 계승되었다면, 이 땅에 3·15부정선거, 5·16군사반란, 2012년 12·19 부정선거는 결코 일어나지 않았을 것이다.

역사를 잊어버린 민족은 그 잊어버린 역사를 반복하게 된다.

이승만 위해
속옷 벗어던지고 논개가 됐다

오마이뉴스 2014.04.05.

1981년, 군대에 있을 당시 내무반 구석에서 〈서부전선 이상 없다〉(1929)를 읽은 적이 있다. 이 책은 제1차 세계대전에 참전했던 독일인 에리히 레마르크가 쓴 책이다. 레마르크는 이 책에서 전쟁의 참상과 무의미, 전쟁의 광기와 일상사의 문제를 한 미숙한 젊은 독일군인의 심리를 통해 묘사했다.

나 역시 전두환 군사독재 하에서 군 생활을 한 '미숙한 젊은 군인'이었기 때문인지 〈서부전선 이상 없다〉에서 저자가 주인공인 한 군인의 독백을 통해 말한 아래 구절은 33년이 지난 지금도 내 머릿속에 뚜렷하게 남아있다.

"내가 이 곳(군대)에서 배운 것은 쇼펜하우어의 4권의 저서보다도 잘 손질된 단추 하나가 더 중요하다는 것이다. 처음엔 놀랐다. 그 다음엔 분개하였다. 마지막엔 방관적인 태도에서 인간의 정신이란 것은 결국 결정적인 것이 아닌 것 같다고 체념해 버렸다. 즉 중요한 것은 정신이 아니고 구둣솔이며, 사상이 아니고 조직이며, 자유가 아니고 훈련인 것이다.”

나 역시 군복무 당시 상관들의 군화를 빛나게 못 닦았고 민첩하지 못하다고 밤낮 폭력에 시달린 미숙한 젊은 군인이었다. 그래서 레마르크가 막강한 폭력적인 조직의 힘 앞에서 비참하게 무너져 가는 한 젊은 군인의 생각을 묘사한 것이 가슴에 와 닿았던 것 같다.

하여간 이런 탄식을 했던 그 젊은 군인이 어느 날 전투에서 사망한다. 그러나 전쟁터에 끌려온 이 주인공이 전사한 날 독일군 상황보고는 ‘서부 전선 이상 없다’였다. 소우주와 같은 한 젊은이, 어느 집 귀한 아들이 전투에서 소중한 생명을 잃었지만 군 보고에는 ‘이상 없다’로 기록되는 이 비정상을 통해 레마르크는 전쟁의 비인간성과 광기를 고발한 것이다.

국정원은 ‘조작의 대가’인 이승만의 정신적 후손

20세기 이승만, 박정희, 전두환 독재 정권기를 살아온 우리 삶도 마치 레마르크가 묘사한 광기어린 ‘군대’와 같이 사상과 자유보다는 훈련과 조직이 우선시되는 사회였다. 지금 조작과 위조로 한국사회를 뒤흔드는 국정원 감싸기에 총력을 기울이고 있는 박근혜 정권 역시 ‘광기에 둘러싸인 정권’이라는 비판에서 자유로울 수 없을 것이다.

레마르크가 이 책을 쓴 지 100년이 다 돼 가지만, 지금도 우리 사회는 증거조작으로 멀쩡한 사람을 간첩으로 만들고도 관계자들에 대한 처벌이 미비한 비정상이 판친다. 그 원인이 어디에 있을까? 나는 우리나라 초대대통령 이승만에서 그 뿌리를 찾는다. 오늘의 국정원은 '조작의 대가', 이승만의 정신적 후손들인 것이다.

이승만(1875~1965)은 해방 후 남한만의 단독정부를 세우기 위해 모윤숙(1910~1990)과 미인계를 이용한다. 모윤숙은 해방공간 미군정 치하에서부터 이승만과 밀착하여 단독정부 수립에 협력한다. 모윤숙은 남한단독선거에 반대하던 인도의 메논 유엔한국위원장에게 자신의 몸을 던져, 그가 1948년 3월 12일 표결에서 남한 단독선거안에 찬성표를 던지게 만든다.

훗날 메논은 이때를 회상하며 자신의 일생에서 유일하게 "머리가 아닌 가슴에 따라 한 결정"이라며 후회했다. 모윤숙 역시 단독정부 수립과 이승만을 위해 인도인 메논에게 "속옷을 벗어던지고 논개가 되었다"고 술회했다.

분열과 대립을 책동하는 언론의 희생양 김수임

해방공간에서 미인계 정치를 거론할 때 빠질 수 없는 인물이 김수임(1911~1950)이다. 김수임은 이승만 정권 아래서 간첩혐의로 사형당한 여성이다. 가장 큰 죄목은 1949년의 미군 철수 정보를 북한에 넘겨주었다는 것이었다. 그래서 1950년 6월 15일 그녀는 모진 고문 끝에, 민간인 신분임에도 육군본부 고등군법회의에서 사형선고를 받았고 한국전쟁이 발발하자 급히 총살되었다.

김수임은 모윤숙과 단짝친구였다. 그래서인지 재판 당시 모윤숙은 김수임을 적극 변호하였다. 하지만 소용없었다. 이유는 당시 좌익에 대한 두려움과 증오심을 부추겨 분열과 대립을 책동하는 언론 때문이었다. 김수임은 한국전쟁 직전 정치적 혼란기에 빚어진 사회적 집단 히스테리의 희생양이 되었다.

AP통신은 지난 2008년 8월 16일 미국 국립문서보관소에서 기밀이 해제된 김수임 관련 미국측 심문기록을 바탕으로 조사를 벌였다. 그 결과 이승만 정권이 김수임의 연인이라고 지목한 인물인 존 베어드 당시 미 헌병사령관은 주요기밀에 접근할 수 없었던 인물이었던 것으로 밝혀졌다. 결국 김수임 사건은 이승만 정권이 조작한 것이라는 결론이 났다. 당시 윌리엄 라이트 미 군사고문단장도 김수임의 자백이 '물고문에 의한 것'임을 증언했다고 문서는 밝히고 있다.

그런데 문제는 그때부터 무려 60년이 지난 지금도 이런 '종북좌파' 여론몰이와 집단 히스테리가 작동하는 우리의 비정상적인 현실이다. 그래서 자유를 찾아 탈북한 사람들이 졸지에 국정원과 같은 국가기관의 조작에 의해 간첩으로 둔갑되는 믿을 수 없는 비정상이 횡행하고 있는 것이다.

영국수상이었던 윈스턴 처칠(1874~1965)은 이승만(1875~1965)과 1살 차이로 같은 해 세상을 떠났다. 처칠은 1933년 독일의 히틀러가 집권하자 나치 독일이 조만간 영국을 공습할 것이라며 영국공군을 강화해야 한다는 의견을 내지만 당시 평화를 바라던 영국 정계에 의해 무시된다. 하지만 히틀러가 영국을 공격하여 처칠의 예견이 옳다는 것이 입증되고 결국 그는 영국수상에 임명된다.

1940년 5월 13일 처칠은 의회에서 "나에게는 피와 수고와 눈물과 땀 이외에는 내놓을 것이 아무것도 없다"라는 연설을 한 뒤 수상에 취임한다. 그리고 6월 4일 다음과 같은 유명한 대국민 연설로 독일 폭

윈스턴 처칠 ©위키피디아

격에 연일 시달리는 영국민들의 사기를 북돋아준다.

"대가가 어떤 것이든 간에 우리들은 바닷가에서 싸울 것이다. 상륙
지점에서 싸울 것이다. 들판과 시가지에서도 싸울 것이다. 구릉지에
서도 싸울 것이다. 우리들은 결코 항복하지 않을 것이다. 어떤 대가
를 치르더라도 승리요, 어떤 공포에서도 승리요, 그 길이 아무리 멀
고 험해도 승리해야 한다. 승리 없이는 생존이 없기 때문이다."

영국 이야기

그러나 1941년, 처칠은 미국의 참전 없이는 도저히 나치독일에게 이길 수 없다는 결론을 내린다. 그러나 당시 미국은 참전의사가 전혀 없었다. 그래서 고민에 빠진 처칠이 고안해 낸 것이 '미인계'였다.

미인계에 며느리를 이용한 처칠 영국 수상

1941년 처칠은 미국의 참전을 유도하고자 루스벨트 대통령 측근이자 미국의 유럽 특사 에브럴 해리만(1891~1986)에게 자신의 며느리 파멜라 처칠(1920~1997)을 접근시킨다. 처칠은 해리만을 런던 도체스터 호텔의 만찬에 초대하면서 며느리 파멜라와 동행한다. 만찬 진행 중 갑자기 독일공습이 시작되었다. 파멜라에게 한눈에 반한 해리만은 지하벙커로 피난 가는 대신 자신의 방으로 그녀를 초대한다. 처칠의 계산대로 된 것이다. 결국 해리만과 파멜라는 런던 공습 중에 사랑을 나누고 연인으로 발전한다.

그 후 처칠은 며느리 파멜라를 이용해 수시로 미국에 대한 고급 정보를 빼내고 결국 미국이 2차 세계대전에 참전하도록 유도하는 데 성공한다.

한편 1942년 봄, 2차 대전에 참전했다가 휴가차 집에 돌아온 처칠 수상의 아들 란돌프(1911~1968)는 아내의 불륜과 그 불륜을 아버지 처칠 수상이 사주했다는 사실을 알게 된다. 란돌프는 결국 아내와 이혼하고 아버지 처칠과도 평생 소원해진다.

이후 파멜라 처칠은 당시 영국 특파원이었던 미국 언론인 애드워드 머로(1908~1965)와도 가깝게 지내기 시작해 1943년에는 연인관계로 발전한다. 머로는 미국의 방송기자로 2차대전 당시 현장 라디오 뉴스를 진행해 수백만 명의 청취자를 거느렸던 앵커다.

제2차 세계대전 초기 독일의 영국 본토 항공전을 중계한 그의 방송은 실로 대단했다. 머로는 2차 대전 초기 독일공군의 야간공습이 진행되는 와중에도 마이크를 들고 건물 옥상 위에 올라가 공습상황을 라디오로 생중계했다. 이 현장중계는 2차 대전 참전에 부정적이던 미국 내 여론을 긍정적으로 바꾸는 데 결정적 기여를 한다.

한편 파멜라 처칠은 1952년 민주당 대통령 후보였고 2차 대전 당시 연인이었던 에브럴 해리만과 1970년 결혼한다. 1971년 미국시민으로 귀화한 그녀는 민주당에서 정치적 대모로 활약한다. 그녀는 1981년 무명의 빌 클린턴을 만나 그의 잠재성을 알아보고 이후 클린턴을 대통령에 당선시키는 데 큰 공적을 세운다.

그래서 파멜라는 '빌 클린턴의 엄마'라고 불리기도 했다. 파멜라 덕에 대통령에 당선된 클린턴은 파멜라를 프랑스 대사로 임명한다. 1997년 파멜라가 급작스레 사망하자 클린턴은 대통령 전용기를 프랑스로 보내 파멜라의 시신을 미국으로 모셔온 후 국장으로 예우를 갖춘다. 1997년 장례식장에서 클린턴 대통령은 "그녀(파멜라)가 없었다면 오늘의 저는 없었을 것입니다"라고 그녀의 역할에 찬사를 표했다.

'조작의 대가' 이승만과 '가장 위대한 영국인' 처칠

나라가 전쟁의 광기에 빠지고 사회가 극심한 혼란에 빠졌을 때 이승만과 처칠은 둘 다 미인계를 이용해 난국을 극복하고자 했다. 그 와중에 이승만은 자신을 위해 몸 바쳐 일하던 김수임을 냉혹하게 처형했다.

반면 처칠은 자기 며느리를 도구로 삼아 2차 대전의 참전을 꺼리던 미국의 참전을 유도하는 데 성공했고 결국 히틀러를 패망시키고 2차 대전을 연합국의 승리로 이끌었다. 국가의 존망과 안녕을 위해 며느리를 이용하고 자기 아들의 가정을 파괴한 처칠을 어떻게 평가해야 할까?

참고로 지난 2002년 10월 영국 방송은 영국인 100만 명을 대상으로 한 달간 여론조사를 벌여 '위대한 영국인 Great Britons' 100명을 선정했다. 그 중 윈스턴 처칠은 전체 응답자의 28.1%의 지지를 얻으며 '가장 위대한 영국인' 1위에 올랐다.

박근혜가 존경한 여인,
그 여인을 공격한 남성

오마이뉴스 2014.04.15.

영국 노동당의 원로 하원의원이었던 토니 벤과 보수당의 마가렛 대처 전 수상은 둘 다 1925년생이다. 토니 벤 전 의원은 지난 3월 세상을 떠났고 대처 전 수상은 지난해 4월 세상을 떠났으니 문자 그대로 둘은 동시대를 살다간 인물들이다.

토니 벤(1925~2014)은 1950년 25세 나이에 부유한 귀족이었던 부친의 상원의원 세습 작위를 버리고 선거로 하원에 진출하여 노동당 의원에 당선된다. 그 후 1950년부터 2001년, 정계에서 은퇴하기까지 무려 47년간 노동당 의원을 지냈다. 1966년부터 1970년까지 그는 노동당정부에서 체신부장관과 과학기술부장관을 지냈고 1974년부터 1979년까지는 산업부장관과 에너지부 장관을 맡았다.

마가렛 대처(1925~2013)는 부유한 토니 벤 가문과는 다르게 소박한 구멍가게 주인집 딸로 태어났다. 그녀는 토니 벤이 노동당 하원의원에 출마하여 당선된 같은 해인 1950년 보수당 하원의원 선거에 출마하지만 낙선한다. 낙심한 그녀는 그 이듬해인 1951년 10세 연상 사

마가렛 대처 ©위키피디아

업가 데니스 대처와 결혼하면서 법률공부를 시작하고 3년 만인 1954년 변호사 시험에 합격한다.

정치에 재도전한 대처는 토니 벤보다 9년 늦은 1959년, 마침내 보수당 하원의원에 당선된다. 1970년 선거에 노동당이 패하고 보수당이 정권을 잡자 대처는 교육과학부 장관직을 맡는다. 이때 대처는 교육부장관으로서 학교 우유 무상급식폐지를 결정하면서 여론에서 "마가렛 대처, 우유 강탈자"라는 불명예스런 별명을 얻는다. 하지만 그는 그런 반대 여론에 개의치 않고 학교의 우유 무상급식을 철폐시킨다.

토니 벤 ©위키피디아

아마 이때부터 '철의 여인' 대처리즘의 싹이 보였다고 할까.

한편 토니 벤은 1966년 체신부장관 시절 엘리자베스여왕의 초상을 우표에서 폐지하겠다고 발표한다. 하지만 벤의 그런 결정은 여왕을 지지하는 강력한 여론의 반대에 부딪히고 결국 그 계획을 곧 철회한다. 대처와는 달리 벤은 여론에 귀를 기울인 것으로 보인다.

1974년 선거에 노동당이 승리하자 벤은 다시 내각으로 돌아와 산업부장관을 맡는다. 당시 노동당 정부는 대불황에 직면하며 우리나라가 지난 1997년 재정위기를 맞았을 때처럼, IMF의 요구를 수용하

여 정리해고에 들어가고 사회복지를 줄이는 긴축정책을 시행했다. 그
러나 이때 산업부장관이었던 토니 벤은 자기가 속한 노동당정부에 항
의하고 수상과 논쟁을 벌인다. 그리고 그 논쟁 덕에 산업부장관에서
에너지부장관으로 좌천된다.

대처리즘, 기업들은 좋아졌지만 실업자는 더욱 증가

한편 1979년, 보수당이 집권하고 1974년부터 5년째 당대표를 한
마가렛 대처가 수상으로 취임한다. 이때부터 대처는 그동안 노동당정
부가 고수해 왔던 국유화를 민영화(사유화)로 바꾸고 복지예산을 대폭
삭감하는 '대처리즘'을 도입한다. 대처리즘의 주요내용을 살펴보면
이렇다.

- 복지 삭감과 세금 인하
- 국영기업 민영화
- 노동조합 활동 규제
- 기업의 자유로운 활동 보장
- 부가 기업에 최소한만 간섭하는 '작은 정부'

이런 대처리즘 때문에 기업들의 경제활동은 좋아졌지만 실업자
는 더욱 증가했다. 그러자 국민들의 불만이 커지고 대처리즘을 비판
하는 목소리가 더욱 높아지기 시작했다.

대처리즘이 횡행하던 시절 토니 벤은 '사회민주주의'를 더욱 추
진하면서 대처리즘에 맞섰다. '벤 좌파'라고 불린 노동당 급진좌파가

형성되면서 벤은 그 구심점에 있었다. 벤은 1982년 대처 수상이 포클랜드전쟁을 일으키자 반전운동을 주도하면서 영국제국주의 전쟁의 반대자로 두각을 나타낸다.

1984~1985년 광부들이 대처리즘에 대항해 대파업을 일으키는데 이때 벤은 앞장서서 광부들의 파업을 지원한다. 그러나 광부들의 파업이 강력한 공권력을 앞세운 대처 정권 앞에서 무력하게 무너지자 노동당도 오른쪽으로 방향을 틀기 시작한다. 그러나 벤은 소속당의 우회전에 동참하지 않고 파업에 관여한 모든 광부들을 사면해주자는 '광부사면법'을 하원에 발의한다.

1987년 총선에서 노동당이 보수당에 패배하고 그 다음해인 1988년 벤은 노동당 당수에 도전하지만 실패한다. 그 후 벤은 1990년 이라크 전쟁을 반대하고, 1999년에는 코소보 전쟁에 반대한 극소수 하원의원 가운데 한 명이 됐다.

1991년 노동당이 야당으로 있을 때, 벤은 영국의 군주제를 폐지하고 공화국으로 가자는 법안을 의회에 제출하지만 부결된다. 1993년 11월 29일자 일기에서 벤은 "노동당은 죽었다, 노동당은 그저 보수당을 비판할 뿐 정책이 없다"라며 "노동당 정책이 무엇이냐고 묻는다면 나는 아무것도 없다라고 말 할 것이다"라고 적었다.

제도권 정치에 환멸과 한계를 절감한 벤은 2001년 정계은퇴를 선언하며 "정치에 더 많은 시간을 할애하고자 의회를 떠나는 것"이라고 말한다. 이어서 2003년 그는 미국과 영국의 이라크 침공에 반대하는 대대적인 반전운동의 선두에 선다. 그는 정치가 국민의 삶을 바꾸는 더 나은 세상을 만드는 길이라는 신념을 평생 확신했고, 누구든 어떤 환경의 사람이건 인간은 모두 평등하게 대해야 한다는 원칙을 실천했다.

보수당 반발에 쫓겨난 독선적인 대처 수상

한편 1990년 들어서 대처 수상의 독선적인 리더십에 노동당은 물론 보수당의원들까지 불만을 드러내기 시작한다. 1990년 9월 여론조사에서 야당인 노동당에 대한 지지율이 보수당에 비하 14%나 높은 것으로 나타났다. 아울러 대처의 전투적인 성격과 당원들의 의견을 무시하는 독선적인 모습은 보수당 내에서도 점점 지지를 잃어갔다.

1990년 11월 1일, 대처의 오랜 동지인 제프리 휴가 대처의 리더십에 공개적으로 불만을 제기하고 부수상직에서 사임한다. 오랜 동료인 부수상 휴의 사임은 대처에게 결정타가 되었다.

그 다음날인 1990년 11월 2일, 보수당의 원로 의원 마이클 헤즐타인은 보수당 대표(수상직) 경선에 도전할 것임을 공개 선언한다. 헤즐타인과의 1차 경선에서 대처가 근소한 차이로 승리했지만 과반수에서 4표가 부족했다. 그러자 대처는 "과반수를 차지해서 승리할 때까지 싸우겠다"며 2차 경선을 주장한다. 하지만 보수당의 분열을 염려한 내각에서 대처에게 수상직에서 사임할 것을 권고한다. 결국 대처는 1990년 11월 22일 눈물을 쏟으며 마지못해 정계은퇴를 선언한다.

대처 집권기, 산업생산력 감소, 실업자·빈곤아동 증가

대처 정권 하에서 영국의 산업생산력은 급속히 떨어졌고 실업자 숫자는 가파르게 증가했다. 1979년 대처가 수상으로 집권하기 전에 영국의 실업자는 150만 명이었다. 하지만 대처리즘의 전성기인 1984년에 이르러 실업자 숫자는 무려 330만 명으로 두 배가 넘게 증가하면서 영국사회의 불평등과 양극화는 더욱 심화되었다.

1990년 대처가 물러가기 직전 영국의 아동 빈곤율은 28%로 치솟았고 보수당 정권의 말기인 1997년에 이르러서는 30%가 넘는, 무려 340만 명의 아동이 빈곤아동으로 전락했다. 이 수치는 1979년 대처가 집권하기 전과 비교해 두 배나 증가한 것으로, 영국은 유럽 최고 수준의 아동 빈곤율을 기록하게 됐다.

1979년부터 1990년까지 11년 동안의 대처 집권기에 사회불안, 파업, 높은 실업률이 영국사회를 휩쓸었다. 대처리즘의 광풍은 영국사회에 분열과 불화, 인간의 탐욕과 이기심이 증폭된 문화를 남겼다. 지난해 4월 대처가 사망하자 그의 죽음을 애도하는 사람도 있었다. 하지만 한편에는 망자인 대처의 사진을 짓밟고 불에 태우면서 "마녀가 죽었다!"라고 기쁨의 환호성을 지르며 파티와 축제를 여는 영국인들이 거리로 쏟아져 나왔다. 그렇게 대처는 영국사회에 극한 대립과 분열, 비인간화를 불러왔다. 그럼에도 박근혜 정권과 그 추종자들은 여전히 우리나라에 대처리즘이 필요하다고 주장하고 있다.

대처가 정권을 잡은 1979년, 영국의 전체 정부 예산 중 복지예산은 절반에 가까운 45.7%를 차지했다. 당시 영국의 의료비와 교육비 (대학원까지)는 100% 무료였다. 부모가 가난한 대학생들과 대학원생들은 정부에서 생활비까지 전액 지원해 주었다. 돈이 없어서 병원이나 대학을 못가는 것은 구조적으로 불가능했고 이것은 지금도 그렇다. 실업자들은 실업수당만으로 한 달간 프랑스 해변으로 일광욕 휴가를 갈 수 있을 정도였다. 정부에서 세금으로 주택자금을 지원해 주어서 서민들은 어렵지 않게 집을 구입할 수 있었다. 이것도 역시 여전히 그렇다.

그러나 우리는 어떤가? 지난 2013년 전체 정부 예산에서 복지예산은 불과 28.3%였다. 이것을 풀어서 이야기하면 부모가 가난한 대학생들은 공부는커녕 최저임금도 못 받는 알바를 하면서 휴학과 복학을 반복한다. 병원치료비가 없는 환자는 치료를 못 받고 병원에서 박대당하는 절박한 상황이다. 실업수당으로는 해외 휴가는커녕 생계도 해결할 수 없는 형편이다. 서민들이 집 한 채 마련하는 일은 평생 숙원사업이 되었다. 이런 상황인데도 박근혜 정권은 대처리즘을 조속히 도입해야 한다고 주장한다. 만약 정말로 대처리즘을 대한민국에 도입하고 싶다면, 최소한 복지예산을 영국처럼 전체 정부예산의 45% 이상으로 올린 후 재검토 해봐야 할 것이다.

더구나 우리나라 노인빈곤율과 자살률은 OECD 국가 중 1위고 젊은 부부 출산율은 세계 꼴찌 수준이다. 2012년 기준 우리나라 GDP에서 복지비가 차지하는 비중은 9.4%로 OECD 회원국 평균인 19.3%의 절반 수준이며, OECD 30개 회원국 중 바닥 수준인 29위다. 그런데도 박근혜 정권은 복지비를 대폭 삭감하는 대처리즘이 우리나라에 절실하다며 강조하고 있다.

"교육받고 자신감 넘치는 국민은 휘어잡기 어렵다"

언론들에 따르면, 최근 방한한 기 소르망 프랑스 파리정치대학 교수는 지난 2일 "한국은 아직 복지국가 상태가 아니다, 노동시장이 너무 불평등하고, 좋은 대학을 나와야만 미래가 보장된다"라며 "그렇지 못한 계층은 기회를 얻지 못한다, 특히 부모가 교육비를 내지 못하면 가난이 대물림 된다"라고 경제규모에 걸맞지 않은, 기형적으로 낙후된 우리나라의 복지수준을 지적했다.

상황이 이런데도 박근혜 정권은 우리나라에 대처리즘이 필요하다고 생각하는가. 지난 2007년 토니 벤이 〈식코〉라는 다큐영화에 출연하여 남긴 말을 다시 곱씹어 보자. 우리가 할 수 있는 최선이 그저 시키는 대로 일하며 소박한 꿈이나 꾸고 사는 것일까?

"교육받고 자신감 넘치는 국민은 휘어잡기 어렵습니다. 민주주의야말로 세상에서 제일 혁명적인 것입니다. 사회주의자들의 혁명이나 그 누구의 생각보다도 말입니다. 주권이 있으면, 그걸 공동체의 필요를 위해 쓸 수 있는 것입니다. 자본주의에서 흔히 말하는 이 선택이라는 개념은 늘 같습니다. '뭐든 하나 골라라'라는 거죠. 하지만 이 선택이란 건 선택의 자유가 보장되고 볼 일입니다. 만약 누가 빚더미에 앉게 되면 그 사람에겐 선택의 자유가 없지요. 평범한 직장인이 빚에 몰리면 기득권자들은 이득을 봅니다. 빚을 진 사람은 희망을 잃고 절망한 사람들은 투표하지 않으니까요. 기득권자들은 늘 온국민이 투표할 것이라고 말합니다. 그렇지만 제가 보기에는 만약 영국이나 미국의 가난한 사람들이 모두 들고일어나서 자신들의 입장을 대변하는 후보들에게 표를 던지면 민주투쟁이 될 것입니다. 그러니 기득권자들은 그런 일이 없도록 국민들이 계속 절망하고 개탄하도록 하는 거죠. 국민을 통제하는 길은 두 가지가 있다고 봅니다. 첫째는 공포를 주는 것이고 둘째는 질서를 문란하게 하는 것입니다. 교육받고 건강하고 자신감 넘치는 국민은 기득권자들이 휘어잡기가 더 어렵습니다.

그래서 기득권자들이 이런 국민들을 대하는 특별한 자세가 있지요. '저 사람들은 배워도 안 되고 건강해도 안 되고 사기가 충천해도 안 된다.' 인류의 상위 1%가 세계의 80%의 부를 차지하고 있습니다. 기가 막힐 노릇은 사람들이 그걸 참는다는 겁니다. 그들은 가난하고, 혼돈스러워하고, 겁을 먹고 있습니다. 그래서 그들은 자신들의 최선이란 그저 시키는 대로 일하며 소박한 꿈이나 꾸고 사는 것이라고 믿고 살아갑니다."

전 세계가 주목하는
이 남자의 '무릎'

오마이뉴스 2015.10.01.

나는 지난 1990년 영국으로 유학 와 학부에서 대학원까지 역사학을 공부했다. 학부과정에서는 영국정치학을 부전공했다. 그리고 지난 25년간 영국 뉴스를 하루 평균 1시간 정도 봤다. 그런데도 지난 6월까지 '제레미 코빈'이 누구인지 전혀 몰랐다. 지난 9월 12일 영국 노동당 당수가 된 그 제레미 코빈(67) 말이다.

유튜브에서 제레미 코빈 동영상을 찾아보았다. 내가 영국에 온 지 한 달 후인 1990년 5월에 코빈이 한 하원 연설 영상이 나왔다. 영상 속 그는 마가렛 대처 수상의 주택 정책을 비판하고 있었다. 덥수룩한 머리카락과 수염, 베이지색 바지에 갈색 저고리. 맙소사, 그는 넥타이도 안 매고 있었다. 그야말로 '눈에 띄는 옷'을 입은 괴짜 국회의원이었다(영국의 남성 국회의원들은 남색 같은 무거운 색 정장을 입는다).

노동당 당수 제레미 코빈… 아무도 예측 못한 결말

제레미 코빈이 국회의원이 된 것은 지난 1983년. 올해로 정치 입

제레미 코빈 ©위키피디아

문 32년이 됐지만 보수당은 물론 자신이 몸담은 노동당에서도 '괴짜', '아웃사이더', '찬밥' 대우를 받았다. 언론도 주목하지 않은 비주류 정치인이었다.

그런 코빈이 노동당 당수 경선에 나서게 된 것은 한 편의 희극이었다. 지난 6월 노동당 당수 경선 당시 중도파는 3명이나 응모했지만 좌파 중에서는 신청자가 없었다. 그래서 좌파 진영은 후보라도 내서 구색을 갖추자며 아웃사이더 코빈에게 '압력'을 넣었다.

주변의 성화에 못 이긴 코빈은 마지못해 후보로 나섰다. 의원들은 '동정 차원'에서 후보 등록에 이름을 대줬고, 흥미진진한 경선에는

'들러리'가 필요하다며 '코빈지지'를 밝히기도 했다(후보 등록에 이름을 대준 노동당 원로 정치인 마가렛 베킷은 "자신이 저지른 가장 큰 정치적 실수"라고 고백하기도 했다).

그런데 이변이 일어났다. 코빈이 59.5%의 압도적 지지를 얻어 노동당 당수가 된 것이다. 석 달 전에는 그 누구도 이런 결말을 예측하지 못했다. 그리하여 지난 6월부터 9월까지 급변했던 노동당 당수 경선 과정은 '영국의 여름혁명'이라 명명됐다.

이를 '코빈 지진'이라 이름 붙인 영국 일간지 〈가디언〉은 9월 25일자 "코빈 지진-뿌리째 흔들린 노동당"이란 제목의 기사에서 "2015년 여름은 영국정치사에서 115년 노동당이 불과 3개월 만에 전혀 기대하지 못했던 급격한 변화를 겪은 해로 기억될 것"이라고 평했다.

아들 사립학교 보낸다는 부인과 이혼… '노동당 당수'답네

직선적인 성격의 제레미 코빈은 가식이나 불필요한 형식을 싫어하는 것으로 유명하다. 코빈은 북아일랜드에 대한 영국의 '폭정'도 거침없이 비판하며 IRA 독립운동을 옹호했다. 과거 넬슨 만델라 남아공전 대통령이 감옥에 있을 때도 코빈은 공개적으로 지지하며 그의 석방을 촉구했다.

토니 블레어 수상 시절엔 이라크 침공을 반대했고, 중동의 헤즈볼라와 하마스와도 전쟁보다는 '친구'처럼 대하며 대화해야 한다고 주장했다. 이러한 주장은 보수당은 물론 노동당 주류로부터도 냉소를 받았다. 하지만 지난 32년간 그가 지켜온 정치 원칙과 순수성(integrity)에 대해선 여야를 막론하고 아무도 의심하지 않았다.

사생활도 마찬가지다. 코빈은 칠레의 정치 망명자이던 부인이 아들을 사립학교에 보내려 하자 일반공립학교에 보낼 것을 주장했다. 결국 이 문제로 갈등이 불거져 이혼까지 했다. 토니 블레어가 수상 시절 자신의 자녀를 공립학교가 아닌 사립학교에 보내 비판받은 것과는 대조적이다.

검소하고 건실한 사생활로도 정평이 나 있다. 코빈은 술을 거의 안 마시고 자동차도 없다. 국회 출퇴근 때는 자전거를 탄다. 노동당 당수용 관용 차량도 거부하다가 경호 등을 이유로 한 보좌관들의 끈질긴 '압력'에 못 이겨 지금은 마지못해 쓰고 있다.

코빈, 여왕 앞에서 무릎 굽힐 것인가?

9월 24일자 〈가디언〉은 군주제를 반대하는 공화주의자임을 천명한 코빈이 엘리자베스 영국 여왕을 만날 때 무릎을 굽히는 의전을 행할지 "아직 결정하지 않았다"며 집중보도했다.

코빈의 '여왕 의전'이 뉴스거리가 된 이유는 그의 '전적' 때문이다. 9월 15일 열린 영국 본토 항공전 75주년 기념식에서 코빈이 영국 국가인 '신이여, 여왕을 지켜주소서'를 부르지 않자 영국은 발칵 뒤집혔다. "코빈이 영국 국가를 모르는 것 아니냐"는 말이 나올 정도였다. 코빈의 이같은 '기행'은 한국에서도 대대적으로 보도됐다.

군주제 국가인 영국에서는 정치인들이 여왕을 만날 때 무릎을 굽히는 게 일종의 의전이다. 2차 세계대전의 '영웅' 윈스턴 처칠이나 '철의 여인' 마가렛 대처도 마찬가지였다. 여왕에 대한 대중적 지지가 높은 분위기에서 공화주의자 코빈의 '무릎'에 관심이 쏠리는 이유다.

이렇게 꼬장꼬장한 코빈이 처음 손을 댄 부분은 악명 높은 '영국 철도'였다. 9월 20일자 영국 일간지 〈인디펜던트〉는 노동당 당수로 취임한 후 코빈의 첫 공식 정책으로 '철도 재국유화'를 선포했다고 보도했다. 〈인디펜던트〉에 따르면, 코빈은 "노동당이 집권당이 되면 민영화된 영국 철도의 3분의 1을 2025년까지 국유화하겠다"고 밝혔다.

영국 철도는 비싼 요금으로 악명 높다. 민영 철도 요금은 2004년부터 일반 물가요금보다 더 높은 비율로 상승했고 2010년과 비교해도 35% 상승했다고 〈인디펜던트〉는 보도했다. 일례로 내가 사는 곳에서 런던까지는 기차로 1시간 정도 걸리는데 출퇴근시간 왕복요금은 한화 10만 원을 넘어선다.

이에 보수당은 "영국 경제에 위협이 될 계획"이라고 평했지만 철도는 많은 영국인들이 공감하는 문제다. 2년 전 실시한 대국민여론조사 결과에 의하면, 응답자 중 3분의 2(66%)가 "철도가 다시 국유화되기를 원한다"고 응답했다. 여당 지지자 중 52%도 이에 동의했다.

이외에도 코빈은 전기, 가스, 정유 등 국가에너지자원도 차차 국유화할 계획이라고 밝혔다.

당내에선 우려, 당 밖에서는 환영

철도 국유화 같은 좌파적 정책이 현실화되려면 집권이 필수적이다. 하지만 굴욕적이게도 코빈은 당장 언제까지 버틸 수 있을지조차 미지수다. 지난 9월 25일 〈파이낸셜 타임스〉(아래 〈FT〉)는 '제레미 코빈, 얼마나 버틸 수 있을까?'라는 장문의 분석 기사를 실었다.

〈FT〉는 노동당 당원들 사이에서도 "코빈이 얼마나 버틸 수 있을까?"라는 질문이 회자된다고 전했다. 토니 블레어 전 수상도 "코빈이 노동당을 벼랑 끝으로 몰아갈 것"이라고 경고했고 전 노동당 정책의 장도 "(코빈의 당선으로) 노동당이 1980년대 트로츠키 스타일로 후퇴하고 있다"고 주장했다.

설상가상으로 노동당 중진의원 다수는 '함께 일하자'는 코빈의 제안을 거부한 상태다. 전직 노동당 의원은 "만약 코빈이 당수로 눌러앉으면 무시무시한 참사가 올 것"이라며 "코빈을 빨리 당수 자리에서 축출시킬수록 노동당의 피해가 최소화 될 것"이라고 '반란'을 부추기기도 했다.

이토록 당내에서 불신을 받고 있는 코빈이 어떻게 노동당 당수 자리에 올랐을까. 〈FT〉는 "코빈을 지지한 평당원은 60%인 반면 노동당 의원들의 지지 비율은 10%에도 못 미친다"고 보도했다. 당원들의 압도적 지지가 그를 당수로 만든 것이다. 코빈이 당수 후보가 된 이후에 많은 시민, 특히 젊은 층이 노동당 당원으로 가입했다는 점도 눈에 띈다. 반대자들마저도 코빈이 노동당에 열풍을 몰고 온 것은 인정한다고 〈FT〉는 전했다.

〈FT〉와의 인터뷰에서 코빈은 "민들은 더욱 평등한 사회를 원합니다. 우리 사회의 가난한 사람들의 생활은 더 나아져야 하고 부자들은 좀 더 세금을 내야 합니다"라고 말했다.

기존 정치인들이 직답을 피해가거나 모호하게 답변하던 것과는 달리 코빈은 직답을 서슴지 않는다. 기존 정치를 경멸하던 유권자들이 코빈에게 열광하는 이유다. 코빈 지지자들은 가두시위, 거리캠페인, 일반대중을 상대로 한 페이스북이나 트위터를 통한 활동에도 적극적이다.

물론 코빈에 대한 악평만 있는 건 아니다. 전 런던 시장 캔 리빙스턴은 〈FT〉와의 인터뷰에서 "코빈의 정치 스타일이 날카로운 불화를 일으키는 것은 사실이지만, 개인적 차원에서 그는 적이 별로 없습니다. 나는 평생 코빈이 화를 내거나 다른 사람들을 무례하게 대하는 것을 한 번도 본적이 없습니다. 코빈은 내가 아는 사람 중에 가장 느긋한 성격의 사람입니다"라고 말했다. 보수당의 국회의원 데이빗 데이비스도 "(정당은 나와 다르지만) 코빈은 좋은 친구이자 동료입니다. 유머 감각도 있고 자신을 많이 낮추는 겸손한 친구죠"라고 밝혔다.

67세 '괴팍남', 영국 정치 바꿀까

코빈을 좋아한다는 중년 남성 피터 디바인씨는 "정치인으로서는 극히 드문 코빈의 순수함, 일관성, 그리고 사회정의를 향한 열정에 대해서는 전혀 의심의 여지가 없다"라고 말했다. 하지만 "지난 32년간 철저하게 '아웃사이더'였던 코빈이 과연 제1야당인 노동당의 막대한 조직을 이끌고 관리할 능력이 있는지는 아직 확신이 안 선다"라고 고백했다.

제레미 코빈이 5년 후인 2020년 총선에서 승리해 수상이 될 가능성이 지금으로서는 높지 않다. 아니 대다수 정치평론가들과 여론조사 결과는 '거의 불가능하다'고 전망한다.

"빈곤은 불가피한 것이 아니다. 우리는 더욱 평등하고 정의로운 세상, 약자가 보호받는 세상을 만들 수 있다."

그럼에도 코빈의 말과 일관된 삶의 모습은 많은 영국 국민들에게 감동을 주고 그들의 마음을 움직이고 있다.

영국의
노블레스 오블리주

◆ 군용트럭 모는 공주님, 좋아할 수밖에 없네
◆ "군대 보내달라"고 한 47세 기자를 아십니까
◆ 시위 앞장선 인도 소피아 공주

"고귀하게 태어난 사람은 고귀하게 행동해야 한다"라는 뜻의 '노블레스 오블리주'는 과거 로마제국의 사회지도층인 귀족들이 지키는 불문율이었다. 로마 귀족들은 자신들이 평민이나 노예들과 다른 점은 단순히 신분이 다른 것이 아니라, 사회적 의무와 책임을 평민이나 노예들보다 훨씬 앞서 솔선수범하는 것이라고 생각할 만큼 노블레스 오블리주에 대해 큰 자부심을 갖고 있었다. 그런 면에서 보면 지금 대한민국 사회지도층의 의식과 행동은 2천 년 전 로마시대 귀족들보다 훨씬 못하다고 할 수밖에 없다.

군용트럭 모는 공주님,
좋아할 수밖에 없네

오마이뉴스 2014.03.29.

위장전입과 농지법 위반 논란에 휩싸인 강병규 안전행정부 장관 후보자가 "대단히 죄송"하다고 한다. 국가기관의 선거 개입을 통해 당선된 대통령을 포함해 현 총리와 장관들은 초법적인 인물들이 많은 것 같다. 이번 강병규 후보자 사건을 계기로 '병역 면제'에 대한 뉴스를 검색해 보니 아래와 같은 제목의 수많은 기사들이 눈에 띈다.

새누리당 지방선거 "병역 폭탄 터진다!"

한은 총재 후보자 아들 '병역 의혹' 해소 안됐다

금융위원 당시 저축銀 재테크… 의사 아들 병역면제 논란될 듯

서울대 교수 25% 병역 면제…고위공직자 두 배 달해

(검찰총장)김진태 아들 병역, 전남 땅 최대 쟁점

황찬현 감사원장 후보자 병역면제 '논란'

유영익 국사편찬위원장 아들, 병역기피 이어 특채 의혹까지

농림축산 이동필 내정자… 폐결핵 군 면제 논란

정홍원(총리) 아들, 디스크로 군면제 받고…

황교안(법무부장관), 전관예우·병역면제·증여세 탈루 등 의혹 봇물

김용준 총리 후보, 장남 1989년 체중 미달로 병역 면제

우리나라는 '신성한 병역의 의무'를 내세우는 징병제 국가다. 그런데 대통령이 임명한 총리, 장관 등 법을 집행하는 사람들의 면면을 보면 상당수가 본인이나 아들이 여러 가지 궁색한 사연과 핑계로 군면제를 받았다.

본래 대통령, 총리, 장관 등 고위공직자들은 일반 국민이 열의 의무를 하면 이들은 최소 일반 국민보다 훨씬 많은 스물이나 백의 의무를 다해야 한다. 이들은 국민에게 모범을 보이면서 법을 집행해야 하는 소위 '사회지도층'이기 때문이다. 그런데 지금 우리나라 사회지도층은 보통 한국 남성들이 다 지키고 있는 가장 기본적인 병역의무도 제대로 지키지 않고 있다.

또한 일반 국민들이 저지르면 엄중하게 처벌받는 '위장전입' 범죄도 이들은 아무렇지도 않게 저지르고 있다. 일반 국민은 국민으로서 기본적 의무와 법을 지키는데, 법을 집행하는 이들은 지키지 않는 것이다. 범법자가 국민들에게 법을 지키라고 호통을 치는 형국이다.

'고귀하게 태어난 사람은 고귀하게 행동해야 한다'

"고귀하게 태어난 사람은 고귀하게 행동해야 한다"라는 뜻의 '노블레스 오블리주'는 과거 로마제국의 사회지도층인 귀족들이 지키는 불문율이었다. 로마 귀족들은 자신들이 평민이나 노예들과 다른 점은

영국 엘리자베스 2세 여왕 ⓒ위키피디아

단순히 신분이 다른 것이 아니라, 사회적 의무와 책임을 평민이나 노예들보다 훨씬 앞서 솔선수범하는 것이라고 생각할 만큼 노블레스 오블리주에 대해 큰 자부심을 갖고 있었다. 그런 면에서 보면 지금 대한민국 사회지도층의 의식과 행동은 2천 년 전 로마시대 귀족들보다 훨씬 못하다고 할 수밖에 없다.

초기 로마의 귀족들은 한니발 장군이 이끄는 포에니 전쟁에 솔선수범해 참전했다. 이후 16년간의 제2차 포에니전쟁 와중에는 무려 13명의 집정관이 전사했다. 집정관은 선거를 통해 선출되어 귀족계급을 대표하는 자로 로마에서 가장 높은 관리, 요즘 말로 고위공직자였다. 로마에서는 병역의무를 실천하지 않는 사람은 호민관이나 집정관 등 고위공직자가 될 수 없었다.

우리나라와 달리 영국은 모병제 국가다. 그런데도 찰스 왕세자의 동생인 앤드류 왕자는 지난 1982년 포클랜드 전쟁에 자진해 참전했다. 찰스 왕세자의 장남인 윌리엄 왕자도 공군 헬기 조종사로 군복무를 했고, 차남인 해리 왕자 역시 목숨을 걸고 이라크 전쟁과 아프가니스탄 전쟁에 참전했다. 영국은 징병제 국가가 아닌데도 영국 왕족과 귀족들은 자진해서 군복무를 하면서 노블레스 오블리주를 실천하고 있는 것이다.

이런 상황이다 보니 의회민주주의의 '원조' 국가면서도 영국인들의 왕실에 대한 존경심, 자긍심, 애정은 남다르다. 영국인들이 여왕을 비롯해 왕족과 귀족들에게 무한한 애정과 존경을 보내는 이유는 간단하다. 사회지도층인 왕족과 귀족들이 일반 국민들에게 솔선수범하여 모범적인 삶의 모습을 보이고 있기 때문이다. 영국 역사서를 읽다보면, 전쟁이 날 때마다 목숨을 걸고 평민보다 앞장서서 전선에 뛰어든 이들이 또한 바로 왕족과 귀족들이었다.

거의 다수가 귀족 집안 자제들이 다니는 이튼스쿨, 킹스컬리지스쿨, 웨스트민스터스쿨을 포함한 영국의 명문 사립학교들의 경우를 보면 1, 2차 세계대전 중 참전하여 전사한 학생들이 수두룩하다. 그래서 당시 대영제국이 몰락한 원인 중 하나가 영국 엘리트와 인재들이 많이 전사해서라는 소문이 날 정도였다.

현재 영국 국민의 존경과 선망을 한몸에 받고 있는 엘리자베스 여왕 역시 예외는 아니었다. 그녀는 공주의 몸인데도 불구하고, 2차

2차대전 중 엘리자베스 공주가 군용트럭을 정비하는 모습 ©위키피디아

세계대전 당시 영국 국방부에서 다른 여성들과 함께 군용트럭을 운전
하면서 군 구호품을 전달하고 탄약을 관리했다. 운행 후에는 검은 기
름이 묻은 손으로 흙바닥에 앉아 타이어를 바꾸고, 보닛을 열어 엔진
을 수리하거나 차량을 정비했다.

　　2차 세계대전 중에는 독일 나치군대가 거의 매일 런던 등 영국의
대도시를 무차별 공습하면서 많은 민간인들이 죽어나갔고 런던은 폐
허가 되어갔다. 이에 왕실의 안녕이 곧 국민의 사기와 직결되어 있다
고 판단한 윈스턴 처칠 수상은 현 엘리자베스 여왕의 친부모인 조지
6세 국왕과 왕비에게 안전한 교외나 심지어 캐나다로 피신할 것을 권
유했다. 그러나 국왕과 왕비는 단호히 거절했다. 그리고 런던에 독일

2차대전 중 자신이 모는 군용트럭 앞에 선 엘리자베스 공주 ©위키피디아

전폭기의 공습이 매일 같이 이어질 때도 이들은 해외로 피신을 가지 않고 국민과 함께 꿋꿋이 런던을 지켰다.

독일 비행기의 무차별 야간공습이 있은 다음 날, 국왕과 왕비는 처칠 수상과 함께 폐허가 된 런던을 둘러보며 국민들을 위로했다. 전쟁의 참상에 지쳐 있던 영국 국민들은 박수와 기쁨으로 열광했고 계속된 히틀러의 무차별 공습에도 불구하고 영국 국민들이 사기는 꺾일 줄 몰랐다.

한국의 사회지도층, 좁게는 박근혜 정부나 그의 고위관료들이, 영국 여왕이 받은 것과 같은 애정과 신뢰를 우리 국민들로부터 받고 싶으면, 국민들로부터 애정과 신뢰를 받을 만한 일을 해야 한다. 최소한 모든 국민의 아들이 가는 군대에 고위 관리들도 자기 아들을 당연히 보내야 한다.

박정희 독재정권에 저항한 장준하 선생은 베트남전쟁에 한국군이 참전하는 것을 반대했다. 그러나 일단 참전이 결정되자 그는 국회의원으로서의 자신의 힘을 이용하고 '빽을 써서' 큰아들 장호권을 참전시켰다. 주위에서 "아니, 참전에 찬성한 여당의원들도 자기 아들을 베트남전에 안 보내는데 참전에 반대한 장 의원님이 왜 아들을 베트남에 보내요?"라고 만류했다. 그때 장준하 선생은 "남의 귀한 아들을 총알받이로 전쟁에 보내고 내 아들만 안 보낼 수가 있나요?"라고 반문했다.

박근혜 대통령은 위장전입 위반을 감시하고 처벌해야 할 안전행정부 장관 후보에 위장전입자인 강병규씨를 임명했다. 원칙과 신뢰를 내세우는 박근혜 대통령이 장준하 선생이 그랬던 것처럼 공적인 이익을 위해 자신의 개인적 이익을 과감하게 희생하는 멋진 정신을 보여주면 얼마나 좋을까!

만약 한반도에 전쟁이 일어난다면, 이러한 우리 기득권층에게 영국의 왕족과 귀족들이 보여주었던 애국심을 기대하기는 어려울 것이다. 고위공직자가 개인의 이익보다 국가와 민족을 먼저 생각하는, 공익을 위하는 정신이 없으면 민주사회의 지도자로서 너무나 부적절하다고 확신한다. 이런 공직자는, 박근혜 대통령의 말을 인용하면 곧 "사회적 암과 같은" 존재일 뿐이다. 우리 사회의 노블레스 오블리주가 그립다.

영국 이야기

"군대 보내달라"고 한
47세 기자를 아십니까

오마이뉴스 2014.08.08.

지난 4일은 영국이 제1차 세계대전에 참전한 지 100주년이 되는 날이다. 그래서 4일 영국 글레스고어와 벨기에에서는 1차 세계대전 100주년 기념행사가 성대하게 열렸다.

1914년 7월 28일부터 1918년 11월 11일까지 벌어진 1차 세계대전은 영국·프랑스·러시아의 삼국협상을 기반으로 한 연합국과 독일과 오스트리아-헝가리 제국 동맹 사이에서 일어난 전쟁이었다. 이 전쟁으로 총 900만 명 이상의 군인들이 생명을 잃었다.

찰스 에드워드 몬테그(1867~1928)는 영국 역사에서 잘 알려지지 않은 인물이다. 그러나 그의 생애를 조망하는 것은 사회지도층 병역 기피가 만연하고 군 의문사가 끊이지 않는 한국에 시사하는 바가 크다.

몬테그는 영국 런던에서 태어났다. 그의 아버지는 과거 아일랜드 가톨릭 신부였다. 몬테그는 옥스퍼드대학교를 다녔고 대학생 시절부터 〈맨체스터 가디언〉(현 〈가디언〉)에 정기적으로 서평을 기고해 주목을 받았다. 그런 인연으로 1890년 옥스퍼드대학교를 졸업하자마자 그는 〈맨체스터 가디언〉 기자로 입사한다. 그리고 기자로 이름을 날린다.

이후 〈맨체스터 가디언〉 편집장이 된 몬테그는 여러 칼럼과 사설을 통해 "영국은 아일랜드를 독립시켜야 한다"라는 주장을 펼치는 한편, 영국의 보어전쟁 참전을 반대하는 캠페인을 펼치면서 전쟁반대주의자로 주목을 받는다.

1914년 1차 세계대전을 앞두고 전운이 감돌자 몬테그는 영국군 참전을 적극 반대한다. 그러나 그의 반대 캠페인에도 불구하고 1914년 8월 4일 영국은 참전을 결정한다. 그러자 몬테그는 정부를 지원해 전쟁이 빨리 끝낼 수 있도록 도와야겠다고 마음 먹는다.

국방부 압박해 전투병으로 입대… 당시 그의 나이는?

당시 영국군 입대 제한 나이는 42세였다. 그러나 1차세계대전 발발 당시 몬테그의 나이는 입대 제한 나이를 다섯 살이나 초과한 47세였다. 그는 아내와 일곱 자녀를 둔 가장이었다. 그러나 몬테그는 영국 국방부에 서신을 보내 "나라를 지키고 싶으니 제발 군대에 입대시켜 달라"라고 간청한다.

영국 국방부는 그의 집요한 압력과 회유에 입대 연령이 지난 그의 입대를 특별히 허락한다. 그는 신체검사장에서 흰머리를 검게 염색하고 군의관에게 나이를 속인 뒤 신체검사를 통과, 1914년 12월 23일 입대한다.

군사훈련을 마치고 그 다음해인 1915년 몬테그는 프랑스 서부전선에 전투병으로 배치된다. 당시 몬테그는 지인에게 이런 서신을 남겼다.

"그동안 아무도 서부전선의 상황을 제대로 묘사하지 않았네. 이곳 참호에는 들쥐가 수도 없이 들끓고 있어. 우리가 참호에서 잠든 사이 배고픈 들쥐들이 우리 군복과 배낭을 온통 갉아먹지. 우리 군복과 배낭은 온통 구멍 투성이야. 내 코트 주머니에 과자부스러기가 있었는데, 내가 잠든 사이 들쥐들이 내 코트주머니를 통째로 먹어버렸더군. 그나마 다행스러운 것은 들쥐들이 나와 우리 군인들의 살을 파먹지 않는다는 점이야."

나중에 영국군은 참호에 넘쳐나는 들쥐를 잡기 위해 개를 키우기도 했다. 당시 종군기자로 활약했던 필립 깁스는 서부전선에서의 몬테그를 이렇게 기록했다.

"몬테그는 전투보병으로 입대한 지 얼마 안 돼 하사관을 거쳐 소위로 진급했다. 그후 그는 감찰관으로 임명됐다. 그는 전선에서 아주 예의가 바르면서 또 진저리가 날 정도로 용감하다. 그는 적군의 포격을 받는 상황도 여유롭게 즐기는 것 같다. 그는 솔직하고 마음이 항상 열려있다. 가톨릭 신부의 아들인 그가 한 번은 '전쟁터에서 기독교윤리를 지키기는 불가능하다'라고 내게 토로했다. 그는 내게 '일단 이 전쟁을 빨리 끝내고 정상 상황으로 돌아와서 다시 카톨릭 윤리를 지키겠다'고 말했다."

1915년 어느 날, 독일 군인들과 참호 속에서 전투를 치르던 몬테그는 포탄 파편을 맞고 쓰러져 한 달간 병원 신세를 진다. 평소 몬테그를 '백발 장교'로 놀리던 상관들은 몬테그가 부상을 입은 뒤 '42세 이상 군인은 누구도 예외 없이 전방 참호에서 전투병으로 근무를 할 수 없다'라는 규칙을 새로 세운다. 이로써 몬테그는 영국 군인 중 유일하게 1차세계대전 중 전방참호에서 전투를 치른 47세 군인이 됐다.

퇴원 후 몬테그는 전투장교에서 정보장교로 보직이 변경된다. 그 후 그는 전쟁이 끝날 때까지 2년 동안 자신의 기자 경험을 살려 서부전선에 대한 전쟁 기록을 남기는 일을 맡게 된다. 또한 전쟁기간 중에 참호를 방문한 영국 수상 데이빗 로이드 조지, 프랑스 수상 조르즈 클레망소, 영국 작가 조지 버나드 쇼우, H. G. 웰즈의 전방 참호 안내를 맡기도 한다.

1918년 1차 세계대전이 끝나고 몬테그는 〈맨체스터 가디언〉에 복직해 1925년 은퇴할 때까지 편집자로 근무한다. 그는 1922년까지 자신의 전쟁 체험을 바탕으로 자신의 철학적 사색을 담은 수필집 〈환멸〉과 두 권의 소설 등을 발간한다. 〈환멸〉을 통해 몬테그는 1차세계대전을 가차 없이 비판한다.

"우리는 전쟁에서 이겼지만 인간으로서는 실패했다. 전쟁 기간 동안은 우리는 너무 많은 것을 잃어버렸다. 젊은이들의 청춘은 무너져갔고, 친구들은 죽어나갔고, 여성들은 후방에서 생활고에 시달려야 했다. 고통과 피땀이 넘쳤고 모든 것은 암흑 속에 빠졌다. 많은 사람들은 전쟁에게 사기당한 것이다."

〈환멸〉은 전쟁의 비인간성과 모순을 적나라하게 묘사하고 고발한 수필집으로 오늘날 영국 전후 문학의 중요한 문헌 중 하나로 평가된다.

몬테그 기자는 영국이 1차세계대전에 참전하는 것을 늘 반대해왔다. 하지만 영국이 연합국의 일원으로 참전을 결정하자 그는 국방부를 압박해 입대 연령이 넘은 자신의 나이를 속이고 전투병이 된다. 몬테그의 삶과 행동의 궤적은 나라가 위기에 처했을 때 솔선수범해 자신의 몸을 던진 모범적 지식인이자 이상적 사회지도층의 모습을 보여준다.

아들을 베트남에 보낸 장준하

우리 현대사에도 몬테그 같은 인물이 있었다. 바로 장준하 선생이다. 장준하는 평소 한국군의 베트남전 파병을 적극 반대했다. 그런 와중 1964년 박정희가 베트남전 파병을 결정하자 장준하는 국회의원 중 유일하게 아들 장호권을 베트남 전쟁터로 보냈다. 장호권은 베트남에서 생사의 고비를 넘고, 부상까지 입었다.

박정희 정권 당시 베트남전쟁 파병을 지지한 여당 공화당 의원 중 아들을 베트남에 보낸 이는 없었다. 장준하 역시 이런 사실을 무척 잘 알고 있었다.

"여러분 주변의 고관 자식이 파병된 사람이 있는지 보았습니까? 병역법을 수차 개정해놓고 병역 미필자가 외국 유학을 갔는데 그가 바로 국방부장관 아들입니다."(장준하 관련 국정원 존안 자료 중 신민당 부

산 유세 1967년 4월 15일 오후 2시 47분~3시 20분 기록)

평소에 베트남전 파병을 적극 반대했지만 참전이 결정되자 국회의원으로서 자신의 힘을 이용해 아들을 베트남에 보낸 장준하!

사회지도층의 병역 기피가 만연하고 군 의문사가 끊이지 않는 한국. 이런 나라에서 군 인권 문제가 전국민적 관심사로 떠올랐다. 육군 28사단에서 구타 및 가혹행위로 한 장병이 사망하는 사건이 발생했기 때문이다. 한국의 열악한 군 인권 수준을 끌어올리는 일은 불가능한 걸까.

사랑하는 아들이 군대에서 맞아 죽는데 나라의 경제력이 세계 10위권이라 한들 무슨 의미가 있을까. 사람 살기 좋은 나라, 사람 살기 좋은 군대를 만들어야 한다. 그러면 우리나라에도 수많은 몬테그와 수많은 장준하가 등장할 수 있을 것이라 확신한다.

영국 이야기

시위 앞장선
인도 소피아 공주

오마이뉴스 2015.12.03.

　　인도 시크 왕족의 후손인 소피아 둔립 싱그(1876-1948) 공주는 영국 빅토리아 여왕의 대녀(god-daughter)이자 여성 참정권 운동의 선구자였다. 소피아 공주는 영국 여성 참정권 운동가 에멀린 팽크허스트(1858-1928)와 함께 여성 참정권 운동에 앞장서며 수많은 시위에 참여했고 영국의회 앞에서 데모를 이끌었다. 그녀는 여성들이 참정권을 얻기까지는 세금을 내지 않겠다며 대대적인 납세거부 운동을 전개하기도 한다.

　　심지어 1913년엔 당시 영국수상 허버트 에스퀴스(1852-1928)의 차량을 온몸으로 막고 격렬한 시위를 벌인다. 아울러 여성 참정권 운동가들에게 폭력을 가한 남성 경찰의 신분을 찾아내어 엄중한 처벌을 받도록 만든다.

　　그러나 영국 경찰과 당시 윈스턴 처칠 내무부장관은 인도 왕족의 후손이자 빅토리아 여왕의 대녀였던 그녀를 어떻게 하지 못한다. 결국 소피아 공주 등의 공헌으로 1928년 영국 정부는 여성 참정권 제도를 도입하게 된다.

100년 전 시위를 통해 잘못된 정부의 정책을 바로잡았던 소피아 공주. 그녀의 삶이 자유민주사회에서 헌법으로 보장된 시민들의 시위를 엄단하고 불허하는 21세기 박근혜 정부에게 주는 역사적 의미와 교훈은 무엇일까?

궁전의 공주에서 거리의 운동가로

소피아 공주는 인도 시크제국의 마지막 왕인 마하라자 듀립 싱그 (1838-1893)의 셋째 딸로 영국에서 태어났다.

듀립 싱그 왕은 11살의 나이로 당시 인도를 식민지화하고 있던 대영제국 때문에 어린 나이에 왕위에서 퇴위하게 된 인도 시크제국의 비극적인 마지막 왕이었다. 그 후 15살이 되던 해인 1854년, 싱그 왕은 영국으로 오게 되고 빅토리아 여왕(1819-1901)의 후원으로 삶을 연명하면서 나중에 독일 은행가의 딸인 밤바 뮬러(1848-1887)와 결혼한다.

1887년 모친의 사망에 이은 1893년 부친 싱그 왕의 사망 후 당시 17세였던 소피아 공주는 동생들과 부친의 유산을 물려받고 대모(god-mother)인 빅토리아 여왕이 마련해준 햄프턴 코트 궁전에서 동생들과 기거하게 된다.

1907년 소피아 공주는 아버지의 모국인 인도를 태어나서 처음 방문한다. 평생을 영국의 궁전에서 살았던 그녀는 인도 방문 중 인도 독립 운동가들과 만나고 또 영국 식민지하에서 빈곤으로 고통받는 많은 인도인들을 만나면서 큰 충격을 받는다.

이때부터 소피아 공주는 자신이 태어난 나라인 대영제국에 대해

소피아 공주가 햄프턴 코트 궁전 앞에서 신문을 판매하는 모습 ©위키피디아

비판적인 시각을 갖게 되고 인권 신장을 위해 여생을 바치겠다는 삶의 목표를 세우게 된다.

영국으로 돌아온 소피아 공주는 1909년 런던에서 마하트마 간디(1869-1948)를 만나며 더욱 감동을 받는다.

그때부터 소피아 공주는 영국의 사회문제, 특히 여성의 참정권이 없는 것에 대해 영국 정부에 문제를 제기하며, 여성 참정권 운동가인 에멀린 팽크허스트와 함께 여성 참정권 운동에 투신한다. 상당한 재력이 있었던 소피아 공주는 여성 참정권 운동에 자금을 지원하는 동시에 여성의 참정권을 부인하는 영국 정부에 대해서는 납세 거부 운동을 벌인다.

처음에는 영국 여성의 참정권 문제에만 관심을 갖던 소피아 공주와 여성 참정권 운동가들은 점차 인도 등 영국 식민지국가들의 여성 참정권 운동에도 주목하게 된다. 공주와 왕족이라는 명칭 때문에 그녀의 여성 참정권 운동은 많은 언론의 관심을 받는다.

특히 빅토리아 여왕이 마련해준 숙소인 햄프턴 코트 궁전 앞에 가판대를 설치하고, 여성 참정권 운동가들이 만든 신문을 직접 판매하면서 그녀는 크게 언론의 주목을 받는다.

1910년 11월 18일, 영국 역사에 '검은 금요일(Black Friday)'이라고 기록되던 그날. 소피아 공주와 에멀린 팽크허스트는 런던의 의회 앞에서 다른 여성 참정권 운동가들을 이끌며 대대적인 시위에 참여한다.

이날 시위를 진압하던 남성 경찰들은 여성 시위자들에게 무자비한 폭력을 가하고 심지어 성추행마저 저지른다. 이런 장면을 현장에서 직접 목격한 소피아 공주는 가해자 경찰을 끝까지 찾아내어 결국 법정에서 처벌을 받도록 만들기도 한다.

1913년 그녀는 영국수상 허버트 에스퀴스가 탄 차량을 온몸으로 막으면서 "여성들에게 참정권을 줘라!"라는 포스터를 들고 시위를 벌인다.

이런 격렬하고 공격적인 시위에도 불구하고 영국 경찰과 당시 내무부장관 윈스턴 처칠은 인도의 왕족 출신이자 빅토리아 여왕의 대녀였던 소피아 공주를 위해하거나 체포할 수조차 없었다.

공정한 사회를 만들기 위해 시위에 앞장선 공주

1914년부터 1918년까지 1차세계대전 기간 중에 소피아 공주는 전쟁 중 부상당한 병사들을 위해 간호사로 자원봉사를 지원한다. 시크교도인 한 인도 부상병은 인도의 마지막 왕의 딸인 소피아 공주가 간호사 복장을 입고 병상에 누운 자신을 직접 간호하는 것을 보고 "너무나 큰 감동을 받았다!"고 술회하기도 했다.

1924년 그녀는 인도를 두 번째로 방문했다. 인도의 독립 운동가들을 만나며 그녀는 대영제국에 대한 인도의 독립뿐만 아니라 인도 내의 여성 참정권 운동의 중요성을 역설했다. 그 결과 소피아 공주는 인도 여성 참정권 운동의 기폭제 역할을 하게 된다.

1928년 6월 14일. 여성 참정권 협회를 설립한 에멀린 팽크허스트가 사망한 후 소피아 공주는 이 협회의 대표로 선출되었다. 그리고 그녀가 여성 참정권 협회 대표로 선출되고 한 달 이 안 된 그해 7월 2일, 영국 정부가 국민 평등 선거법을 제정하면서 영국에서는 남녀 모두 21세 이상이면 보통선거권을 행사할 수 있게 되었다.

결국 소피아 공주는 1907년 아버지의 나라 인도를 처음 방문하며 "여성의 인권 향상을 인생의 유일한 목표로 추구하기로 마음먹"은 지 20여 년 만에 마침내 그 꿈을 이루게 된 것이다. 1948년 사망하기까지 소피아 공주는 자기가 태어난 나라 영국과 아버지의 나라 인도 사회의 불평등을 제거하며 정의로운 사회를 만들기 위해 거리 시위에 늘 앞장섰다.

　　정부가 잘못된 정책을 펼 때 시위와 데모를 통해서 정부가 공정한 정책을 펴도록 만드는 것은 민주사회를 사는 시민의 의무이자 헌법으로 보장된 권리다.

　　전국농민회총연맹이 12월 5일 제2차 민중총궐기대회를 하겠다고 밝혔다. 그런데 김현웅 법무부장관이 폭력시위를 엄단하겠다고 경고하고 나섰다. 더욱이 그는 최근 논란이 되고 있는 '복면시위'에 대해서도 "복면시위 금지법 통과 이전이더라도 양형 기준을 대폭 높이겠다"며 국민을 협박하고 있다.

　　'국민의 지팡이'가 되어야 할 경찰도 제2차 민중총궐기대회의 개최를 불허한다고 선포했다. 언제부터 자유민주국가인 우리나라에서 국민의 당연한 권리인 시위를 정부 맘대로 허가제로 바꿨는가? 헌법이 보장한 시위와 시위복장에 관한 시민의 자유와 권리를 법무부장관과 경찰청장이 마음대로 침해하고 있다. 이에 대해 법원은 2차 민중총궐기가 폭력집회라고 단정할 수 없다며 범국민대책위 측의 손을 들어줬다.

　　정부가 잘못된 정책을 펼 때 납세를 거부하고 시위를 통해서 결국 공정한 정책을 펴도록 만든 100년 전 소피아 공주의 삶을 생각한다. 그러면서 우리나라의 '공주'에게 이런 질문을 하고 싶다. 100년 전 영국에서도 허가한 시위를, 21세기에도 못하도록 국민을 협박하는 박근혜 대통령은 자유민주사회의 지도자로서 전혀 부끄러움을 못 느끼는가?

영국의
코로나

- 영국의 유명한 부둣가, 이름은 '파주길'
- "왜 한국처럼 안 되지?"... '코로나 사망 4만3천' 영국의 고민
- 나는 왜 〈조작된 간첩들〉을 쓰게 됐나

세상만사 새옹지마라는 말처럼, 거시적으로 보면 코로나19와 그에 따른 전 세계의 봉쇄조치가 우리가 살고 있는 지구의 다른 생명체들에게는 오히려 실보다는 득이 되는 것 같다. 코로나19로 인한 오랜동안의 봉쇄조치로 우리 인간들은 많은 어려움을 겪고 있다. 하지만 오히려 생태계는 복원되고 지구 온난화는 둔화되고 있다. 그동안 멸종했다고 여겨졌던 동식물들도 지구촌 곳곳에서 다시 나타나고 있다.

영국의 유명한 부둣가,
이름은 '파주길'

오마이뉴스 2020.11.21.

지난 2001년 부모님을 모시고 가족들과 함께 경기도 파주시 적성면 설마리에 있는 영국군 참전추모시설을 찾은 적이 있다. 이곳에는 글로스터 전투 추모비(Gloucester Valley Battle Monument)가 있었는데 이 추모비는 한국전쟁 당시 설마리 전투에서 전사한 영국군들의 넋을 기리고자 우리 정부에서 건립한 추모기념시설이었다.

1951년 4월 22일부터 25일까지 이어진 중공군의 공세를 맞아 영국군 글로스터 대대는 이곳에서 불과 652명의 병력으로 4만2000명에 달하는 중공군의 공세를 나흘간 저지해냈다. 영국군이 이곳에서 시간을 벌어준 덕에 유엔군은 중공군 공세의 추진력을 꺾을 수 있었고, 결국 서울 북쪽으로 유엔군이 철수해 중공군에 대한 방어 작전을 마련할 수 있었다.

하지만 이 전투는 제2차 세계대전 이후 영국군에게 가장 많은 사상자를 낸 전투였다. 이 전투의 공로로 영국군은 '영광스러운 글로스터(The Glorious Gloucester)'라는 칭호를 얻었다. 그러나 이 전투로

글로스터 성당 앞에서
11세기에 지어졌고 영화 해리포터를 촬영한 곳이다

652명의 영국군 전투원 가운데 전쟁포로를 포함해 살아 돌아온 사람
은 겨우 67명에 불과했다.

지난 2001년 당시 이곳에서 나와 우리 가족은 6.25전쟁 중 영국
군인들의 희생을 생각하며 참전비에 머리를 숙이고 묵념을 했다. 나
중에 아버지는 내게 "(영국) 며늘아기가 묵념 중에 눈물을 흘리더구
나"라며 귀띔을 해주셨다.

그리고 그후 20년의 세월이 쏜살같이 흘렀다. 아내와 나는 파주
의 영국군 글로스터 참전시설을 아이들과 함께 방문한 것을 까마득하
게 잊었고 분주한 생활로 나날을 보냈다.

지난 10월 아내와 나는 영국생활 30년 만에 처음으로 영국 남서부에 위치한 글로스터시를 찾았다. 이곳에서 우리 부부는 천년의 역사를 간직한 글로스터 성당을 방문했고 길에서 우연히 만난 몇몇 어르신들과 많은 '노상담화'를 나눴다.

글로스터 성당은 11세기에 지어졌고 영화 〈해리포터〉를 촬영했던 유명한 곳이라는 것도 처음 알았다. 우리는 어두운 중세성당 안을 묵묵히 거닐었다. 눈부시게 밝고 아름드리 장식된 성당의 맑은 유리창을 통해 갑자기 강렬한 햇빛이 내 눈에 비친 순간 마치 온 세상이 일순간 멈춰버린 것 같은 착각이 들었다.

나는 그 순간 성스러운 성당과 강한 일치감을 느끼면서 동시에 나 자신이 너무 세속적이라고 느꼈다. 하지만 신성과 인성이 결합하는 일체감에 나는 순간이나마 무아지경이 됐다. 성당 통로에 서 있는 동안 나는 문득 미국 소설가 윌리엄 포크너(1897~1962)의 "과거는 결코 없어지지 않는다"는 글과 러시아 작가 유리 트리프노브(1925~1981)의 "역사는 우리와 함께 있고 우리 가운데 있다"는 글이 떠올랐다. 그리고 내가 글로스터의 과거 역사와 강렬히 연결되어 있는 것 같은 이상한 느낌이 몰려왔다.

한국 파주시와 자매도시인 영국 글로스터시

글로스터 부둣가를 걷다가 나는 글로스터시가 한국 경기도 파주시와 자매도시이고 그래서 이 부둣가의 길을 '파주길'로 명명한다는 명판을 우연히 발견했다. 무척 기뻤다. 타향에서는 고향의 까마귀만 봐도 반갑다는 속담이 있다. 이 명판을 보는 순간 나는 20년 전 부모

글로스터 파주길 명판 앞에서

님을 모시고 가족들과 한 번 방문하고 그동안 까맣게 잊고 살았던 파
주시 적성면 설마리에 있는 영국군 글로스터 참전추모시설이 불현듯
생각났다. 그리고 지난 20년의 세월이 주마등처럼 머릿속에서 지나가
고 내 가슴은 금방 반가움에 쿵쾅거렸다.

　　6.25전쟁 당시 영국군 글로스터 부대가 이곳 글로시터시에서 온
부대였다는 것을 이날 처음 알았다. 지난 2014년 파주시는 글로스터
시와 자매도시가 됐다. 그리고 그로부터 2년이 흐른 지난 2016년 파
주시는 감악산 출렁다리를 '글로스터 영웅의 다리'라고 명명했고 글
로스터시는 이곳의 유명한 부둣가를 '파주길'로 명명했다. '파주길'
앞에서 나는 한국과 처갓집인 영국간의, 또 동양과 서양간의 문화와
인종을 넘어선 강한 결속력과 일체감을 느꼈다.

코로나19로 인적이 한적한 글로스터 시내

　그후 아내와 나는 코로나19 때문에 조용하고 한적한 글로스터 시내 한복판을 걸으며 시내 이곳저곳에서 영국 어르신들을 만났다. 한 영국 할머니는 나를 보자마자 대뜸 한국사람이냐고 물었다. 보통 영국에는 중국사람이나 일본사람이 한국사람보다 훨씬 많아서 단번에 동양인을 보고 한국인이냐고 묻는 경우는 거의 없다. 나는 너무 놀라서 그 할머니에게 어떻게 아셨느냐고 물었다.

　그 할머니는 젊은 시절 미국에서 살았고 그곳에서 한국인 남자친구를 사귀었다고 한다. 그런데 몇 년 후 남자친구는 한국으로 돌아가고 자신은 영국으로 돌아온 후 세월이 흐르다가 결국 서로 소식이 끊어졌다고 한다. 자신은 그 후 영국 남성과 결혼해서 자녀를 낳았고 아이들은 독립하고 지금은 손주도 있는데 얼마 전 남편과는 사별했다고 한다. 초면인 우리는 마치 오랜 벗처럼 노상에서 꽤 오랜 대화를 나눴다. 이런 사연으로 이 할머니는 나를 보고 금방 한국사람일 것으로 추정했다고 하신다. 참, 놀라울 뿐이다.

할머니와 헤어지고 글로시터 시내를 걷다가 아내와 나는 또 다른 영국 어르신들을 길에서 만나 또 시간 가는 줄 모르고 장시간 '노상담화'를 나눴다. 우리들은 다 초면이었지만 오랜 친구처럼 즐겁고 반가운 대화의 시간을 가졌다. 대화 주제는 아무래도 코로나19, 글로스터의 역사, 요즘의 세계, 그리고 도널드 트럼프의 기이한 언행에 대한 이야기였다.

한 할머니는 "사람 얼굴은 자기가 먹는 음식과 비슷해진다"면서 햄버거를 좋아하는 트럼프는 그래서 생김새가 햄버거 위에 노란 치즈를 올려놓은 것과 똑같다고 하셨다. 그 말을 들으며 우리는 너무 웃겨서 배를 잡고 박장대소했다. 그 와중에 아내는 자신이 먹던 오렌지 초콜릿을 그 할머니가 안 보는 사이에 살짝 핸드백 속에 넣었다. 나도 먹던 치즈버거를 할머니가 안 보실 때 바지주머니에 슬쩍 감췄다.

즐거운 대화를 뒤로 하고 아쉽게도 우리는 "굿바이" 하고 손을 흔들며 헤어졌다. 이제는 글로스터시도 황혼이 서서히 깔리고 있었다. 어둠을 천천히 걸어서 집으로 돌아가시는 할머니의 뒷모습이 너무 외로워 보였다. 코로나19로 인한 오랜 자가 격리와 봉쇄생활로 어르신들이 특별히 고독감을 많이 느끼시는 것 같아 헤어지고 숙소로 아내와 걸어오면서 우리는 너무나 마음이 아팠다.

혼자서는 못산다

요즘은 개인주의가 횡행하는 세상이지만 인간은 혼자서는 못살고 남과 더불어 사는 사회적 존재다. 그래서 우리는 다른 사람들과 만나서 수다 떨고, 밥 한술, 술 한 잔 함께 하기를 간절히 그리워한다. 우리의 삶과 사상은 우리가 살고 있는 정치사회적 환경과 긴밀히 연관되어 있는 것을 그래서 과소평가할 수 없다. 인간의 삶이 환경의 산물인가 아니면 자기 노력의 산물인가에 대해서는 아직도 논쟁이 분분하다. 그럼에도 불구하고 한 인간의 삶의 행로를 제대로 이해하기 위해서는 그 인간이 살았던 시대를 아는 것이 무척 중요하다.

봄은 꽃 한 송이가 달랑 핀다고 오는 것이 아니다. 전국 방방곡곡에 백화가 만발하면 자연스레 봄이 되는 것이다. 그래서 진화도 한 인간이 혼자서 개인적으로 이룰 수 있는 것이 아니다. 혼자만이 아닌 사회 전체, 인류 전체가 함께 상호 보완하고 주고받으며 발전, 발달, 전진하는 것이 곧 진화다.

사상가 함석헌(1901~1989)의 말처럼 진리란 어느 한 개인이나 집단에 의해 독점될 수 있는 것이 아니고 독점될 수 있다면 그것은 결코 진리가 아니다. 그래서 인간 사이의 관계는 서로 간의 생각과 현실의 틈을 이어주고 보완해주는 결정적 연결고리가 될 수 있다.

하등동물이나 저급한 사회일수록 단세포적이고, 규격화되며 일사불란과 일심동체를 강요한다. 반면 고등동물이나 높은 수준의 사회일수록 다양한 개성이 존중받고 다원적이며 서로간의 다름에 대해 풍부한 관용이 넘쳐난다.

마치 구리와 아연이 합쳐져서 전혀 새로운 제품인 황동을 생산하듯이, 획일적 인간보다는 여러 다양한 인간들이 조화를 이뤄 살다보면 인류의 수준을 더 높은 단계로 상승시킬 수 있다. 마치 인간의 두 다리가 분리돼 있고 서로 반대로 가는 것처럼 보이지만 결국 두 다리가 서로 보완하며 한 인간이 곧게 서서 앞으로 걷게 하기 위해서 작동하듯이, 남과 여, 음과 양, 이성(理性)과 감성도 결국 상호보완하고 조화를 이루며 인류를 전진시킨다.

종교는 인간정신의 위대함, 그리고 인본주의와 인도주의를 통해서 절대자라는 하느님의 사랑을 현실에서도 보여줄 수 있어야 한다. 그렇지 못하는 종교행위는 마약중독행위와 무엇이 다른가. 그래서 개인의 영적 추구와 사회정의를 위한 분투는 동전의 양면처럼 불가분의 관계다.

세상만사 새옹지마라는 말처럼, 거시적으로 보면 코로나19와 그에 따른 전 세계의 봉쇄조치가 우리가 살고 있는 지구의 다른 생명체들에게는 오히려 실보다는 득이 되는 것 같다. 코로나19로 인한 오랜 동안의 봉쇄조치로 우리 인간들은 많은 어려움을 겪고 있다. 하지만 오히려 생태계는 복원되고 지구 온난화는 둔화되고 있다. 그동안 멸종했다고 여겨졌던 동식물들도 지구촌 곳곳에서 다시 나타나고 있다.

지구의 다른 생명체 입장에서는 자연과 환경을 거침없이 파괴하는 인류가 오히려 코로나19보다도 훨씬 더 독한 슈퍼바이러스로 보일 수도 있을 것이다. 다른 생명체를 다 파괴하고 인간이란 종자만이 지구에 독야청정 나 홀로 살 수는 없다. 좋으나 싫으나 인간, 동식물을 포함한 지구촌의 모든 생명체는 전부 상호 연결된 떨어질 수 없는 유기체인 것이다.

"왜 한국처럼 안 되지?"…
'코로나 사망 4만3천' 영국의 고민

오마이뉴스 2020.10.19.

2020년 12월 18일 기준 우리나라 코로나19 감염자는 2만5199명이고 사망자는 444명이다. 반면 영국 코로나19 감염자는 68만9261명이고 사망자는 4만3429명이다. 더구나 영국은 최근 들어 코로나19 감염으로 하루 사망자가 연일 100명을 훨씬 웃도는 증가세에 있다.

보리스 존슨 영국 총리는 지난 16일 자로 잉글랜드 전역을 3단계로 나누는 봉쇄 조치(록다운)를 시행한다고 밝혔다. 이 봉쇄 조치에 따라 잉글랜드 시민들은 지역에 따라 아래와 같은 단계별 방역 사항을 준수해야 한다.

- 1단계 지역 중간 위험(주로 영국 중남부지역):실·내외 6명 이상 모임 금지, 식당과 술집 밤 10시 종료
- 2단계 지역 고위험(주로 영국 중부지역):동거 가족 외 실내 모임 금지, 실외 6명 이상 모임 금지, 식당과 술집 밤 10시 종료
- 3단계 지역 최고 위험(주로 영국 북부지역):동거 가족 외 실내 모임 금

지, 실외 6명 이상 모임 금지, 술집 영업 금지, 지역 이탈 자제

영국 정부는 이번 봉쇄 조치에서 최고 위험 지역으로 영국 북부의 리버풀과 랭커셔를 지목했다. 같은 북부 대도시인 맨체스터, 블랙풀, 프레스턴은 그다음 고위험 지역으로 꼽혔다. 정부의 이번 코로나 봉쇄 조치로 특히 영국 북부에서 술집이나 식당을 운영하는 자영업자들이 큰 타격을 받게 되었다.

이에 맨체스터시가 속한 그레이터맨체스터주의 앤디 번햄 주지사는 지난 16일 기자회견을 열어 이번 존슨 총리의 봉쇄 조치를 잉글랜드 북부 지방에 대한 차별 정책이라며 이렇게 반감을 토로했다.

"(영국 북부 지역) 접객 업소의 문을 일방적으로 닫는 길만이 병원을 보호한다는 주장에는 동의할 수 없습니다. 지역을 떠나 정부의 방역 지침을 따르지 않는 술집, 식당, 상점 등을 선별적으로 닫는 등의 조치를 모색하는 것이 더 바람직할 것입니다."

코로나 잡기냐 경제 살리기냐

지금 영국은 전 세계가 그렇듯이 코로나 잡기냐 경제 살리기냐의 기로에서 우왕좌왕하고 있다. 코로나와 경제라는 두 토끼를 다 잡을 수는 없는 것일까?

조나단은 나의 아들로 현재 영국 랭커스터 대학교 대학원에서 코로나19 바이러스를 연구하고 있다. 다음은 지난 16일과 17일 조나단과 영국의 코로나 상황에 대해 인터뷰한 내용을 정리한 것이다.

보리스 존슨 ©위키피디아

전공은 무엇이고 지금 코로나19에 대해 구체적으로 어떤 연구를 하고 있나.

"내 전공은 세포생물학과 생화학이다. 학부에서는 물리학·수학·생물학·화학을 공부했다. 지금은 사스(SARS, 중증급성호흡기증후군)와 코로나19의 상호 관련성과 코로나가 인간 세포의 표면에 침투하는 방식을 연구하고 있다. 현재까지 연구한 바에 따르면 코로나19 침투에 인간 신체의 방어세포막은 제대로 저항을 하지 못하고 굴복하고 있다."

지금 하는 연구가 앞으로 코로나19와 관련해 인류에게 어떤 도움이 되리라 생각하나?

"현재 내가 하는 사스와 코로나의 상호 관련성 연구는 향후 의학 분야와도 학제 간 공동 연구가 필요하다. 그럴 경우 코로나 돌연변이를 포함한 다양한 백신 개발 등에 큰 도움이 되리라 생각한다."

지난 16일 하루에만 영국에서 코로나19로 136명이 생명을 잃었고 지난 4일 연속 하루 100명 이상이 코로나19로 사망했다. 최근 영국에서 코로나19로 인한 사망자가 더욱 늘어나는 원인이 어디에 있다고 보나?

"지난 3월부터 시행되었던 정부의 봉쇄(록다운) 조치가 최근 완화되면서 상대적으로 코로나19 사망자가 증가했다고 생각한다. 반면 코로나19 봉쇄 조치가 완화되면서 다른 질환으로 인한 사망자 수는 감소했다. 봉쇄 조치 강화는 경기 침체와 실업, 다른 질환으로 인한 사망자 수 증가로 이어진다. 하지만 봉쇄 조치를 완화하면 경기가 살아나고 고용이 창출되며 다른 질환으로 인한 사망자 수가 감소한다. 마치 시소게임 같다. 정부로서는 이러한 시소의 균형을 유지하기가 어려운 것 같다.

더욱이 일부 사회지도층으로 인한 (도널드 트럼프가 잘하는) 코로나에 대한 부정확한 정보의 확산은 시민들이 코로나19 방역 정책을 무시하거나 준수하지 않고 조롱하는 결과를 초래한다. 가장 기본인 마스크 착용을 무시하는 것도 그 한 예라 할 수 있다. 결국 이러한 무분별한 행동이 코로나19 사망자 수를 늘리는 원인이라고 생각한다."

인터뷰 중인 조나단

영국 정부의 코로나19 방역 정책을 어떻게 평가하나?

"한 가지 확실한 것은 영국 정부의 코로나 방역 정책이 한국이나 싱가포르처럼 효과적이지 않다는 점이다. 그러나 정부만 탓할 수는 없지 않은가? 내가 한국에서 8년간 살아 본 경험에 비추어 이야기하면 영국인들은 한국인들에 비해 훨씬 더 개인주의적이다. 개인주의는 물론 좋은 점도 있지만 정부 규범에 덜 순응하고 오히려 반항적인 인간형을 만들어 낸다. 이런 시민을 상대로 영국 정부가 아주 강력하고 엄격한 규칙을 시행하기가 쉽지 않다. 미국이나 영국에 코로나19 사망자가 많은 것도 이런 개인주의적인 시민의 성향이 한몫했다고 생각한다.

일반적으로는 개인주의가 강한 문화를 나쁘다고 볼 수 없다. 하지만 이런 비상시에는 개인주의가 분명하게 부정적인 결과를 가져온다고 할 수 있다. 인터넷에 자유롭게 떠도는 코로나19에 대한 근거 없는 수많은 정보도 정부의 코로나 방역 노력을 어렵게 만든다."

존슨 총리의 코로나 봉쇄 조치로 영국 식당이나 술집 근로자 등이 직장을 잃는 일이 급격하게 증가하고 있다. 어떻게 보나?

"경제 활성화와 코로나 확산 억제, 정부는 이 두 가지를 균형 있게 다뤄야 한다. 경제적 재원이 없이는 병원이나 학교를 유지할 수 없다. 식당이나 술집이 코로나19 확산의 '주범'이 된 상황에서 정부가 코로나 확산 억제를 위해 식당이나 술집을 닫으려고 하는 이유는 논리적으로 충분히 이해할 수 있다.

하지만 세상은 논리로만 돌아가지 않는다. 정부가 코로나19 확산 방지를 위해 식당이나 술집을 닫으려면 그곳에서 일하는 사람들의 생활비도 충분히 보상해 줘야 한다. 만약 그럴 만한 재원이 없다면 정부는 이런 전략을 주의 깊게 재검토해야 한다. 일류 수준의 경제가 없이는 일류 수준의 교육이나 일류 수준의 의료시설을 유지하기가 불가능하다. 윤리적인 문제이지만 정치인들이 결코 간과하거나 무시해서는 안 되는 문제다."

코로나19 확산 방지를 위해 체육관이나 운동시설을 닫는 것은 적절하다고 보는지?
"지금처럼 사회적 거리 두기, 입장 전 체온 측정, 심층 청소를 하면서 운동 시설은 계속 열 수 있다고 본다. 운동 시설은 단순히 육체적 건강뿐만 아니라 정신적 건강유지에 결정적 역할을 한다. 운동 시설을 계속 여는 전제는 물론 운동 시설 관리자와 이용자들이 정부의 방역 정책을 철저히 따라야 한다는 것이다."

지금 공부하는 랭커스터 대학교가 있는 랭커셔 지방이 지난 17일로 코로나19 최고 위험 지역 중 하나가 되었는데 그 이유가 어디에 있다고 보나?
"랭커셔는 영국 북부 대도시인 맨체스터, 리버풀, 블랙풀, 프레스턴에 둘러싸여 있다. 이 도시들은 지난 3월 1차 봉쇄 조치 전에는 코로나19 감염이 많이 안 된 지역이었다. 1차 봉쇄 조치 전의 런던의 경우에서 알 수 있듯이 대도시에서 코로나19는 아주 급격하게 퍼진다.

그리고 개인적으로도 내 고향인 영국 중부 지역과 비교해 일반적으로 랭커셔 지역 시민들이 사회적 거리두기를 등한시하는 것을 많이 목격했다. 아마도 영국 북부 사람들의 기질이라 할 수 있는 강한 자부심과 고집 센 성격이 부분적으로 이번 영국 북부 지역의 코로나 확산에 한몫했다고 생각한다."

질주만 하던 우리 삶에 경각심

코로나19로 생활에 불편한 점이 많겠지만 그래도 코로나 때문에 도움이 된 것이 있다면?

"지난 3월 정부의 봉쇄 조치로 내 대학 생활은 수면 상태와 마찬가지였다고 해도 지나친 말이 아닐 것이다. 지난 3월 대학이 문을 닫으면서 집에 돌아와 부모님, 동생, 할머니 그리고 동네 친구들과 몇 달 동안 여유 있게 많은 시간을 함께 보낸 것도 좋았다. 또한 전국 각지, 해외 곳곳에 떨어진 친구들과 온라인으로 자유롭게 교류하며 수다도 떨고 온라인 게임을 함께한 추억도 좋았다.

거시적으로 보면 지난 반 년 이상 인간들이 여행, 특히 항공 여행을 자제한 것은 그동안 인간으로 인해 오염된 지구의 환경 회복에 큰 도움이 된 것 같다. 그동안 멸종됐다고 여긴 생물들이 지구 곳곳에서 다시 나타났다니 정말 기쁜 소식 아닌가!

코로나19는 그동안 미친 듯이 100m 달리기 경주처럼 질주만 하던 삶에 어떤 경각심을 준 면도 있다고 생각한다. 특히 지구 온난화와 자원 낭비 문제에 대해 인류에게 새로운 눈을 뜨게 해준 면이 있다."

나는 왜
〈조작된 간첩들〉을 쓰게 됐나

오마이뉴스 2021.08.18.

"지구 한쪽에서 일어난 한 행위가 결국 지구 다른 쪽에서 예상하지 못한 엄청난 결과를 가져올 수 있다"는 '나비효과'를 나는 직접 경험한 적이 있다.

1991년 4월에서 6월은 소위 '분신 정국'이었다. 그때 나는 영국에 유학 중이었다. 당시 영국 언론은 이런 한국의 상황을 연일 보도했다. 1990년 나는 무작정 영국으로 건너와 영국 장학단체들에 장학금을 신청하고 기다리고 있었다. 그런데 1991년 5월 어느 날 한 장학단체에서 연락이 왔다. 그리고 그해 6월 나는 그 단체로부터 신청한 장학금보다 10배가 많은 장학금을 받았다.

400만 원을 신청했는데 4천만 원이 나왔다. 너무나 놀라웠다. "무슨 착오가 생긴 것인가? 신청 액수보다 10배나 많이 주다니!" 지도교수도 놀라며 무척 반가워했다. 그는 이제껏 장학금을 신청한 것보다 10배나 준 경우를 한 번도 본적이 없다고 했다.

나중에 나는 그 장학단체의 사무처장을 만났다. "아니 어떻게 신청한 장학금의 10배를 주나요?"라고 놀라움에 물었다. 나이 지긋한 그가 이렇게 말했다.

"우리 단체에서 당신의 장학금 신청서를 검토하는 기간 중 한국에서 많은 젊은이들의 분신 뉴스를 접했습니다. 앞으로 이런 분들이 한국에 더 이상 생기지 않도록 당신이 노력해주길 바라는 마음으로 장학금을 10배로 준 겁니다."

나는 놀라웠다. 한 번 만난 적도 없는 젊은이들의 분신 때문에 내 삶이 큰 빚을 졌다. 그 후 나는 그 장학단체 등의 도움으로 영국에서 학·석·박사 학위를 모두 마칠 수 있었다.

살아가면서 사람은 자기도 모르게 모르는 사람들로부터 엄청난 도움을 받는다. 1991년 4월부터 6월까지 분신으로 생명을 잃은 젊은이들을 나는 한 번도 만난 적이 없다. 그러나 그들의 죽음이 '나비효과'처럼 지구 반대쪽에 있던 나를 구했다. 그때부터 지금까지 나는 국가폭력에 의해 억울하게 생명을 잃은 분들에 대해 무거운 부채감을 갖게 되었다. 그래서 나는 한때 노무현 정부에서 대통령 소속 의문사진상규명위원회와 진실화해를위한과거사정리위원회에서 일을 했다. 그리고 그 일을 통해 수많은 국가폭력 피해자들과 유족들을 만나며 그분들의 눈물과 억울한 한을 보았다.

내가 책을 쓰게 된 이유

이 책의 주요 내용은 내가 지난 2019년 11월부터 〈오마이뉴스〉에

'김성수의 한국현대사'라는 제목으로 약 1년 동안 연재한 기사들이다. 처음에 기사를 쓰게 된 이유는 당시 여상규 자유한국당(현 국민의힘) 국회 법사위 위원장이 제2기 진실위 활동 재개에 딴지를 거는 것에 말할 수 없는 분노를 느꼈기 때문이었다. 더욱이 전두환 정권 시기에 판사였던 그는 지난 1981년 고문에 못 이겨 '간첩'이라고 자백한 어부 김정인에게 사형선고를 내려 생명을 빼앗아 놓고, 나중에 무죄로 밝혀졌는데도 피해자에게 사죄나 위로의 말 한마디 하지 않았다.

오히려 당시 SBS 〈그것이 알고싶다〉 제작진이 여상규 의원에게 "1심 판결로 한 분의 삶이 망가졌다, 책임은 느끼지 못하나?"라고 전화로 묻자 뜻밖에 버럭 화를 내며 이렇게 답한다. "웃기고 앉아 있네, 이 양반 정말."

나는 끓어오르는 마음의 분노를 겨우 가라앉히며 〈오마이뉴스〉에 '믿을 수 없는 판결 내린 판사 여상규'라는 기사를 송고했다.

뜻밖에 이 기사에 대한 여론의 반응은 폭발적이었다. 포털사이트에 이 기사가 톱으로 올라갔고 방송국에서도 인터뷰 요청이 왔다. 그리고 〈오마이뉴스〉에서도 '김성수의 한국현대사'라는 제목으로 기사를 연재해보면 어떻겠냐는 제안이 왔다. 처음에는 고사했다. 주중에는 영국에서 직장생활을 하고 주말에는 성공회대학교 한홍구 교수와 더불어 반헌법행위자열전편찬위원회 일을 하고 있어 짬을 낼 수 없었기 때문이었다.

그러다가 느닷없이 코로나19로 인해 세계가 팬데믹을 맞았다. 항공표까지 받았지만 한국 출장이 취소되고 영국에서의 내 개인 일정도 다 취소되어 '집콕' 신세가 된 나는 결국 〈오마이뉴스〉에 '김성수의 한국현대사'를 연재하게 되었다. 그러니 이 책은 코로나19가 없었다면 세상에 나오지 못했을 것이다. 코로나19의 또 다른 '나비효과'로 세상일은 정말 새옹지마다.

이 책의 주요 내용은 내가 노무현 정부 시절 대통령 직속 의문사진상규명위원회와 진실화해를위한과거사정리위원회에서 일할 당시 발간된 보고서 중 극히 일부를 일반인들이 읽기 쉽게 소개하고 요약 정리한 내용이다.

원래 내가 연재했던 기사는 두 종류였다. 하나는 민간인 학살 사건, 다른 하나는 인권침해 사건이었다. 우리나라 민간인 학살 사건의 다수는 해방 후부터 한국전쟁 시기에 일어났다. 민간인 학살 사건을 본격적으로 연구한 최초의 저서는 성공회대학교 김동춘 교수의 〈전쟁과 사회〉다. 한편 인권침해 사건의 다수는 박정희·전두환 정권 시기 재일교포, 어부 등을 고문 끝에 '간첩'으로 조작한 사건들이다. 내가 알기로 우리나라에서 '(조작)간첩'을 가장 많이 만나고 연구한 학자는 한홍구 교수다.

이 책에서는 내가 〈오마이뉴스〉에 연재한 기사 중 인권침해 사건의 일부 내용만 추려서 실었다. 민간인 학살 사건에 관한 기사도 후속책으로 낼 예정이다.

이 책에 등장하는 인권침해 피해자들은 양심적인 학자, 민주화운동학생, 재일동포, 어부 등이다. 양심적인 학자와 민주화운동 학생은 박정희·전두환 정권에 자신의 정권을 비판하는 세력들에게 본보기로 손봐줘야 할 대상이었다. "너희들 함부로 입 놀리면 이렇게 되니, 다 입 다물고 가만히 있어!"라고 정권에 비판적인 목소리를 단칼에 잠재

우는 수단이었다. 현재 러시아의 푸틴 정권과 미얀마 군부정권을 연상하면 될 것이다.

　재일동포와 어부는 자신을 방어할 논리나 든든한 인맥이 부족한 사람들이었다. 박정희·전두환 시절에 정권의 위기 때 또는 선거철마다 이들을 고문 끝에 간첩으로 조작해 대국민 발표를 하며 군부정권을 공고하게 유지하고 강화하는 '북풍용' 소모품으로 거침없이 사용했다. 그 과정에서 피해자들 자신은 물론 그 가족들까지 인생이 철저히 파괴되었다.

　너무나 안타까운 일은, 지금도 과거 인권침해 사건의 가해자들은 국회의원도 하고 변호사도 하며 떵떵거리며 잘 먹고 잘 살며 큰소리치고 사는데 피해자들은 생활고에 시달리며 하루하루를 병든 몸과 맘을 이끌며 간신히 어둠 속에서 연명하고 있다는 것이다. 이런 잘못된 역사, 아니 현실에 대해 우리는 '침묵하지 않을 의무'가 있다. 인간사에 정의가 바로잡혀서 강물처럼 흐르지 않으면 결국 불의와 부패가 넘쳐나 온 세상을 지배하기 때문이다.

　이 책을 쓰도록 내게 끊임없는 영감과 힘을 준 민간인 학살 희생자, 인권침해 피해자 그리고 그 수많은 유족들에게 마음 깊이 감사드린다. 민주주의 나무는 인간의 피를 먹고 자란다고 하지만 이제는 이 땅에, 아니 이 세상에 더 이상 억울한 분들이 없었으면 좋겠다.

브렉시트는
왜 일어났나?

◆ 27년 만의 피살, 영국을 가른 '브렉시트'
◆ "영국 괴롭히기 그만"… 야당 대표까지 휘청

브렉시트 문제는 어떻게 보면 섬나라인 '주저하는 유럽인'인 영국인에게는 언젠가는 터질지도 모르는 '시한폭탄'이었다.

27년 만의 피살,
영국을 가른 '브렉시트'

오마이뉴스 2016.06.17.

2016년 6월 16일 브렉시트 국민투표를 일주일 앞두고 브렉시트를 반대하는 영국노동당 조 콕스(41) 국회의원이 피살되는 안타까운 사건이 발생했다. 〈BBC〉 등 현지 언론은 긴급뉴스로 이 사건을 하루 종일 보도했다.

콕스 의원은 두 아이의 엄마로 16일 오후 1시 지역구인 웨스트욕셔에서 "영국이 먼저다!"라고 외친 52세의 남성에게 총과 칼을 맞고 쓰러졌고 병원으로 이송 중에 숨을 거두었다. 영국에서 현직 국회의원이 피살된 것은 지난 1990년 이후 처음이다. 현재 영국인들은 큰 충격에 휩싸였다.

이 비극은 영국인들에게 브렉시트 문제가 얼마나 민감한 문제인지 다시 한 번 각인시키는 사건으로 기록될 것으로 보인다. 최근 논란이 되고 있는 브렉시트(Brexit)는 영국의 유럽연합 이탈을 뜻한다. Britain(영국)과 exit(퇴장)의 합성어인 셈이다.

지난 1990년 영국에 유학 와서 영국정치학을 처음 배울 때였다.

한 정치학교수가 자신의 저서에서 영국인을 '주저하는(reluctant) 유럽인'으로 표현한 것을 보고 생소하게 느꼈던 기억이 새롭다. 이전까지 나는 영국인을 그저 유럽인으로 여겼기 때문이었다.

그러나 영국정치학과 영국역사를 공부하면서 나는 영국인들이 자신들을 그저 '유럽인'만으로 여기지 않는다는 것을 느꼈다.

영국정치지도자들은 전통적으로, 그리고 외교적으로 국제관계에 있어서 삼각추에 균형을 맞추고 이를 중요시해왔는데 그것은 영연방, 미국, 유럽과의 관계였다. 영국의 정치엘리트들은 이 삼각추를 골고루 중요시하며 경제, 국방, 외교 등 문제에 있어서 필요에 따라서 때로는 영연방, 어떤 때는 미국, 또 다른 때는 유럽을 더 중요시하는 곡예와도 같은 외교술로 국제무대에서 주도권을 잡고자 하였다.

브렉시트 문제는 어떻게 보면 섬나라인 '주저하는 유럽인'인 영국인에게는 언젠가는 터질지도 모르는 '시한폭탄'이었던 것 같다는 생각이 든다.

오는 6월 23일 브렉시트 문제로 영국에서 역사적 국민투표가 시행된다. 크게 브랙시트를 찬성하는 측은 영국으로 쇄도하는 동유럽 이민자들로 인해 국가의료제도(National Health Service) 등 공공복지제도의 서비스 질 저하를 우려하는 것으로 알려져 있다. 반면 유럽연합 잔류를 지지하는 측은 유럽연합의 많은 문제점에도 불구하고 잔류하는 것이 영국의 경제적 안정성에 도움이 된다고 생각하기 때문인 것으로 알려져 있다.

그러나 심층적으로, 또 감정적으로 파고 들어가면 브렉시트의 문제는 영국인들에게는 좀 더 복잡하고 거북한 주제다. '주저하는 유럽인'인 영국인들에게 유럽연합은 '쓴맛과 단맛'의 추억을 다 주었다고 볼 수 있다.

언젠가는 터질 폭탄이 터졌다

지난 1963년 유럽연합의 전신인 '유럽경제공동체'에 영국이 합류하고자 신청서를 제출했을 때 당시 프랑스 대통령 드골이 감히(?) 거부권을 행사했던 뼈아픈 기억이 영국인들에게는 지금도 남아 있다. 결국 영국은 드골이 물러난 후인 1973년에야 유럽경제공동체에 후발 주자로 간신히 합류할 수 있었다.

드골이 누구인가? 2차대전 중 프랑스가 나치독일에 점령당했을 당시 프랑스독립을 위해, 영국의 도움과 지원을 받고, 독일에 대항해 싸운 장군 아닌가? 그런 드골이 영국에게 감히(?) 거부권을 행사한 것에 대해 처음부터 영국인들은 말할 수 없는 모멸감을 느꼈다고 할까?

더욱이 몇 년 전 "프랑스인이 가장 싫어하는 외국인은 누구일까?"라는 설문조사 결과가 영국 언론에 소개된 적이 있었다. 영국인들은 당연히 2차대전 중 프랑스를 점령한 나치 '독일'일 것으로 생각했다. 그러나 정답은 나치독일에서 프랑스를 구해준 '영국인'이었다. 이런 배은망덕(?)한 프랑스에 대한 '배신의 추억'이 영국인들에게 여전히 남아 있는 것 같다.

또 하나는 유럽연합의 실세인 유럽 최대강국 독일이다. 독일은 1, 2차 대전을 통해 군사적으로 '유럽통일'을 꿈꾸었다가 영국으로 인해 실패했다. 영국인들은 그런 독일이 양차대전에 이어 유럽연합을 통해 정치경제적 주도권을 잡고 또 유럽을 다시 정복하고자 하는 것이 아닌가 우려하고 있다. 막강한 독일의 입김이 유럽연합에 미치는 것을 날로 실감하는 영국인들에게 유럽연합은 그저 '달콤한 사탕'이 아닌 것이다.

다른 하나는 영국인들의 정서다. 영국인들은 역사적으로 급진적 혁명보다는 점진적 개혁을 더 편안해한다. 그래서 영국역사에서 급진적 공산주의보다는 페이비언(점진적) 사회주의를 더 좋아하고 공화제보다는 이름뿐이라도 입헌군주제를 더 편해한다.

내 지인 중 1999년 코소보전쟁에 영국군으로 참전했다가 부상당해 전역한 전직 군인 앤디씨가 있다. 앤디씨는 브렉시트를 찬성한다. 이유는 이렇다.

"나는 나라를 위해 목숨을 걸고 싸웠다. 그런데 지금 내 나라의 주권은 영국에 없고 유럽연합에 있다. 부가세도 내 나라가 스스로 결정할 수 없고, 유럽연합이 결정해 준다. 나는 외국인들의 영국이민을 반대하지는 않는다. 그러나 지금 영국은 영국으로 입국하는 이민자 수를 우리가 결정할 수 없고 유럽연합의 결정을 따라야 한다. 사법제도도 마찬가지다. 영국법보다 유럽연합의 법이 위에 있다. 영국의 주권이 어디 있는가?"

영국인인 내 아내 역시 브렉시트를 찬성한다. 아내는 고지식할 정도로 자진해서 세금을 낸다. 나와 아내가 직장생활을 하니 세금을 내는 것은 당연하다. 그런데 나는 영국에서 직장생활 외에 가끔 한국에서 지인들이 요청하는 연구나 번역 프로젝트에 참여해 부수입이 좀 생긴다. 그리고 그 부수입은 한국통장으로 직접 입금되기에 내가 가만히 있으면 100% 내 수입이 된다. 그런데 아내는 내 부수입을 영국 국세청에 자진해서 신고한다. 그리고 세금을 낸다. 나는 속으로는 불만이지만 마지못해 아내 말을 따른다. 그래서 나는 탈세를 1원도 할수가 없다.

그런데 아내 친구 중에는 이탈리아 로마에 살고 있는 이탈리아인 수의사가 있다. 아내와는 40년 지기다. 아내와 그 친구의 집에 가본 적이 있다. 큰 정원이 딸린 3층짜리 저택이었다. 가정부와 정원사까지 두며 정말 호화롭게 살고 있다. 그 친구는 자신이 탈세한 경험을 아내에게 오히려 '자랑스럽게' 이야기한다. 아내는 이 친구의 사례를 들며 영국인이 브렉시트를 찬성해야 하는 이유를 설명했다.

"우리(영국인)들은 세금을 자진해서 다 내는데, 이탈리아인들은 내 친구처럼 탈세를 계속하면 결국 영국의 부가 점점 이탈리아로 흘러 가는 것 아닌가요? 그래서 나는 브렉시트를 찬성합니다. 세금 납부 의 중요성에 대한 개념이 영국과 이탈리아가 너무 다른데 어떻게 우 리가 함께 유럽연합으로 살 수가 있나요?"

이는 전적으로 아내의 개인적인 생각이지만 브렉시트 논쟁에는 이런 정서도 존재한다. 브렉시트를 찬성하는 스티브라는 영국 친구가 있다. 스티브는 유럽연합을 팽창주의 혹은 경제적 제국주의라고 비판 한다. 그는 터키와 우크라이나까지 유럽연합에 가입시키려는 것은 유 럽의 팽창주의라고 지적한다.

"동유럽을 이미 유럽연합에 가입시켰고 이제 우크라이나를 유럽연합에 가입시키면 러시아가 얼마나 위협을 느끼겠어요. 만약 러시아가 영국 옆에 있는 아일랜드나 프랑스와 경제적 또는 군사적 특별동맹을 맺는다면 우리 영국이 러시아에 대해 위협을 안 느끼겠어요?"

우크라이나는 산유국으로 원래 냉전 시기 소련에 속해 있던 나라다. 과거 프랑스 나폴레옹과 독일 히틀러에게 침략을 당한 경험이 있는 러시아는 서유럽의 팽창주의에 상당히 민감하게 반응한다. 그래서 우크라이나를 유럽연합에 가입시키려는 독일과 프랑스의 시도에 러시아는 위협을 느끼고 있는 것이다. 스티브는 이런 점을 우려한 것이다.

반대 측 "유럽연합이 붕괴되면 갈등의 시대로 회귀"

내 지인 피터는 브렉시트를 반대하고 영국이 유럽연합에 잔류하기를 바란다.

"만약 영국이 유럽연합을 탈퇴하면 다른 유럽국가의 탈퇴가 뒤를 이을 것입니다. 유럽연합은 붕괴되고 과거처럼 유럽에는 갈등과 긴장 그리고 분열이 증가할 거예요. 그렇게 되면 유럽에서 과거처럼 전쟁이나 충돌이 일어날 수도 있어요. 지금의 유럽은 문제가 많고, 이상적인 건 아니지만 '로마는 하루아침에 이루어지지 않았죠.' 우리 유럽인들이 함께 노력하면 좀 더 이상적인 유럽, 평화로운 유럽연합을 함께 만들 수 있을 겁니다."

그럼 이제 영국언론이 브렉시트 문제를 어떻게 보도하는지 살펴보자.

15일 〈가디언〉은 "보수당 국회의원 재무장관 오스본의 브렉시트 '처벌' 예산에 반기"라는 제목의 기사를 보냈다. 오스본 재무장관은 지난 14일, 만약 영국이 오는 23일 국민투표에서 브렉시트를 선택하면 세금인상, 복지 및 연금축소 등이 불가피하기에 그에 따른 '비상예산'을 의회에 제출할 것이라고 발표했다.

이런 오스본의 발표에 대해 보수당 의원 65명은 성명서를 발표하며 오스본 재무장관의 '비상예산'을 지지하지 않는다고 밝혔다. 이 65명 보수당 의원 중엔 전직 각료 6명도 포함되어 있다. 이들은 재무장관이 '비상예산'에서 세금을 인상하겠다고 한 것은 지난번 총선에서 세금을 인상하지 않겠다는 공약을 어긴 무책임한 것이라고 비판했다.

브렉시트를 지지하는 보수당 원로의원 버나드 잰킨은 "수상과 재무장관은 숨을 크게 쉬고 진정하라, 그리고 단지 국민투표 캠페인이 아닌 국정을 운영한다는 것을 기억하라"라고 충고했다. 그리고 "수상과 재무장관이 무책임하게 괜한 위기상황을 운운하지 말라"고 지적했다.

브렉시트를 지지하는 다른 보수당 원로의원은 〈가디언〉과 인터뷰에서 이렇게 무책임한 캠페인을 벌이는 카메론 총리는 곧 사퇴해야 마땅하다며 일침을 주기도 했다,

전 교육부장관 마이클 고브 의원은 '비상예산'은 필요하지 않으며, 우리가 브렉시트를 선택하면 영국경제가 오히려 더욱 강해질 것이라며 재무장관의 발언을 정면으로 비판했다.

〈인디펜던트〉는 지난 15일 '이민자 숫자에 대한 브렉시트 캠페인은 오류'라는 제목의 기사를 보도했다. 기사는 브렉시트 지지파가 주장하는, EU로부터 지난 1990년 이래로 영국으로 오는 이민자가 많다는 주장은 오류라고 지적했다. 신문이 분석한 바에 따르면 1990년 이후 영국으로 이민 온 총 외국인들 중 유럽연합 소속 국가는 24%에 불과하고, 76%는 비 EU국가라고 전했다. 그러면서 신문은 그래서 브렉시트와 외국인들의 영국 이민은 무관한 문제라고 주장했다.

〈BBC〉 뉴스는 "독일은 브렉시트가 유럽연합의 '붕괴'로 이어질 수 있다고 경고"한다고 보도했다. 보도에 따르면 독일외무장관은 베를린에서 프랑스 외무장관과 회담 후 연 합동기자회견에서 "민족주의는 유럽 국가들 사이를 절망의 나락으로 떨어뜨릴 것"이라고 경고했다. 독일은 유럽에서 영국의 최대 무역국이다. 유럽연합의 비효율성에 대한 영국인들의 비판을 의식한 듯 독일 외무장관은 "유럽연합은 시간에 따라 진화할 것"이며 "유럽은 고정된 것이 아니라 계속해서 진전한다"고 밝혔다.

보수당이 브렉시트에 대해 첨예한 갈등을 보이고 있는 반면 야당인 노동당은 대체로 유럽에 잔류해야 한다는 한 목소리를 내고 있다.

영국노동당의 인터넷 회원인 나에게 지난 15일 이메일 한 통이 도착했다. 발신인은 노동당 당수 제레미 코빈이다.

"영국은 유럽연합 안에서 더 나은 위치를 확보할 수 있습니다. 유럽연합과 함께하는 것이 우리 노동당이 추구하는 직장, 노동자의 권리, 경제, 우리의 국가의료제도 등을 위해 훨씬 나은 선택입니다. 이번 국민투표는 우리 세대 중 가장 큰 선택이 될 것입니다. 우리가 브렉시트를 선택하면 우리의 직장, 노동자의 권리, 경제, 국가의료제도 등이 위험에 처하게 될 것입니다."

이메일 끝에는 페이스북 동영상도 첨부했다.

지난 15일 〈가디언〉은 전 노동당 당수 고든 브라운과 현 노동당 재무장관도 영국 북부 도시 멘체스터에서 행한 합동연설에서 "영국이 잔류하면 영국 북부는 유럽연합에서 더 많은 경제적 지원을 받을 수 있다"라고 역설했다고 보도했다. 노동당 지방의원들도 브렉시트가 되면 낙후된 지역의 경제적 어려움이 더욱 커질 것이라며 한 목소리를 냈다고 전했다.

같은 날 〈인디펜던트〉는 사설을 통해 "최근 여론조사 결과는 브렉시트를 영국인들이 더 선호 하는 것으로 보인다"고 진단했다. 사설은 영국이 브렉시트를 선택할 경우 단기적으로 영국에 대한 외국인들의 투자가 줄어들고, 그에 따라 경제가 침체되며 높은 인플레, 복지 삭감 등이 뒤따를 것으로 예측했다. 그러나 장기적으로는 전 영국은행 총재의 말을 인용하며, 영국 경제는 1973년 영국이 유럽경제협력기구에 처음 합류했을 때와 같이 새로운 무역 환경에 잘 적응하고 발전할 것이라고 전망했다.

14일 〈데일리텔레그라프〉의 칼럼리스트 알리슨 피어슨은 유럽연합 내의 이기적인 모습과 비효율적인 문제점을 지적했다. 그녀는 유럽연합이 연줄, 보호주의, 중앙집권주의, 정실 인사, 성차별주의로 얼룩져 있다고 비판하며 지금까지 유럽연합 7명의 대통령 중 여성이 한

명도 없는 것을 그 예로 들었다. 그 외에도 그는 유럽연합은 중세 유럽 교황제도보다 훨씬 더 부패해 있다고 비난했다.

여론조사는 탈퇴가 앞서… 하지만 결과는 알 수 없다

오는 23일 국민투표에서 영국이 브렉시트를 선택할 경우에 대해 스코틀랜드민족당(Scotland National Party) 당수인 나콜라 스터진은 15일 BBC와 인터뷰에서 "(그런 상황이 오면) 영국 정치는 보수당 우익들이 판을 치게 될 것"이라며 경고했다.

반면 지난 5일 〈선데이 텔레그라프〉의 칼럼니스트 제레미 워너는 영국이 브렉시트를 선택할 경우 영국 정치는 "무분별한 좌익들이 번성할 것"이라고 상반된 예측을 내놨다. 이러니 차라리 '앞날은 아무도 모른다'라고 말할 수밖에 없지 않을까?

현재 영국 내 여론조사 결과를 봐도 브렉시트 지지파가 유럽연합 잔류파보다 앞서는 것으로 나오고 있다. 그러나 지난해 영국 총선 결과를 보면 최악의 패배자는 여론조사였다. 총선 기간 중 가장 많이 나온 여론조사는 보수당과 노동당의 '막상막하'였다. 투표 당일까지 단 하나의 예외도 없이 모든 여론조사기관들이 단독 과반은 절대 없을 거라고 장담했다. 그러나 투표함을 열어보니 보수당의 압승이었다.

오는 23일 브렉시트 국민투표도 마찬가지 아닐까? 아무도 영국의 미래에, 아니 유럽의 미래에, 아니 인류의 미래에 무슨 일이 일어날지 예측할 수 없지 않을까?

"영국 괴롭히기 그만"
…야당 대표까지 휘청

오마이뉴스 2016.06.27.

지난 6월 23일 국가정책에 대하여 국민의 의사를 직접 묻는 영국 역사상 세 번째의 국민투표(referendum)가 있었다. 지난해 총선에서 캐머런 총리가 유럽연합 탈퇴 여부를 국민투표에 부치겠다고 공약했기 때문이었다.

24일에 발표된 투표결과는 브렉시트(영국의 유럽연합 탈퇴)로 나왔다. 결과 발표 후 이에 대한 영국 사회의 우려와 기대가 교차했다.

1973년 영국이 유럽경제공동체에 가입한 이래 지난 43년간 '동거'하던 유럽과 영국이 이제 '별거'를 선택한 것이다. 특히 영국의 금융시장은 향후 다가올지도 모르는 많은 불확실한 변수로 인해 급격하게 요동치고 있다.

영국 시민들 환호와 실망 엇갈려

유럽 잔류에 표를 던진 영국 버밍엄에 살고 있는 60대 스튜어트씨는 나와 한 인터뷰에서 이번 투표결과에 대한 입장을 이렇게 밝혔다.

"나는 잔류에 표를 던졌다. 유럽의 공동시장, 유럽연합은 곧 평화로운 유럽을 만들 수 있는 잠재적 기회라고 생각했기 때문이다. 유럽은 1, 2차 대전을 겪었고 양차대전은 전 세계를 파괴할 정도였다. 브렉시트를 통해서 유럽이 다시 긴장과 반목이 있었던 과거로 회귀하지 않길 바랄 뿐이다."

또 잔류에 표를 던진 레스터에 살고 있는 50대 안나씨는 투표 결과에 대한 감회를 이렇게 표현했다.

"너무 실망했다! 그러나 영국인들의 48%가 나처럼 잔류에 표를 던진 것에 그나마 희망을 갖는다. 투표결과에도 불구하고 영국은 향후에도 지속적으로 유럽과 협력관계를 추구해야 한다고 생각한다."

잔류에 표를 던진 30대 간호사인 클래어씨는 투표결과에 대한 소감을 이렇게 밝혔다.

"약 350만 개의 영국 직장이 유럽연합과 직접 연관돼 있다. 영국수출품의 약 절반은 유럽이 시장이다. 30만 개 이상의 영국회사가 유럽에 소재하고 있다. 유럽은 세계에서 가장 큰 시장인데 영국은 그 시장을 버린 것이다. 영국의 대학과 기업들은 그동안 유럽연합 연구자금을 두 번째로 많이 받던 나라인데 그 소중한 연구자금을 받을 기회를 우리가 스스로 버린 것이다."

또 잔류에 표를 던진 런던에서 변호사로 일하는 50대 그래함씨의 반응은 이렇다.

"너무 실망이 크다. 이번 브렉시트 캠페인은 그동안 영국인들의 공포감을 자극했고 인종차별을 기초로 한 면이 있다. 탈퇴에 표를 던진 사람들은 이성적인 머리보다는 감정적인 가슴의 지시를 따른 것 같다. 그래서 향후 유럽과의 관계에서 정말 큰 어려움과 위기에 직면할 것으로 본다."

탈퇴에 표를 던진 지인들 중엔 탈퇴가 다수로 나온 것에 놀라움과 흥분을 감추지 못한 이들도 있다.

70대의 바바라씨는 마침내 영국이 유럽의 간섭에서 벗어나서 다시 제대로 된 주권을 발휘할 기회가 왔다며 기대와 흥분을 감추지 못했다.

"영국은 양차대전에서 우리의 주권과 민주주의를 지키기 위해 싸웠다. 그런데 유럽연합 관료들의 비리, 비효율, 비민주적 제도 때문에 그동안 영국은 우리의 주권과 민주주의를 제대로 지키지 못했다. 브렉시트가 유럽연합에도 개혁의 바람을 몰고 올 기회가 되었으면 좋겠다."

자선단체에서 일하는 50대의 앤씨도 탈퇴에 표를 던졌다. 그는 투표결과를 확인한 후의 감회를 이렇게 밝혔다.

"나는 외국인이 영국으로 이민 오는 것을 반대하지는 않는다. 그러나 현재의 유럽연합은 유럽인들끼리만 서로 큰 혜택을 주고 비유럽인들은 지나칠 정도로 차별한다. 우리는 전 세계인들을 골고루 평등하게 대해야 한다고 생각한다. 유럽인끼리만 서로 혜택을 주고 비유럽인을 차별하는 것은 또 다른 식민주의다. 그래서 나는 탈퇴를 선택했다."

탈퇴를 선택한 40대 리즈씨는 "투표결과는 기쁘지만 한편으로는 후임 총리가 향후 유럽연합과의 협상을 잘 이끌어 나가야 할 텐데, 현재로선 후임 총리가 누가 될지 염려가 된다"라고 밝혔다.

주요 언론들은 비관적… "정치·경제적 혼란 불가피"

그럼 영국언론들은 브렉시트를 어떻게 보고 있을까?

지난 24일 〈BBC〉 뉴스는 이번 투표결과를 영국역사의 '지진'으로 표현했다. 또 영국투표결과에 충격 받은 EU의 반응도 보도하면서 향후 도미노 현상처럼 EU국가들의 탈퇴가 이뤄지지 않을까 하는 전망도 내놓았다.

〈파이낸셜타임즈〉는 영국화폐 파운드화 추락 등 향후 런던금융시장이 큰 타격을 받을 것으로 전망했다. 이외에도 영국의 주요 언론들은 향후 정치적 혼란과 불확실한 경제전망이 불가피할 것이라며 다소 비관적 뉴스를 앞다투어 내보냈다.

캐머런 총리는 지난 24일 오전 8시 20분 대국민 담화문을 통해 총리직에서 사임하겠다는 의사를 표명했다. 그러면서 그는 "탈퇴를

데이비드 캐머런 ©위키피디아

선택한 영국국민들의 의사를 존중한다"며 "올해 10월이 오기 전에는 보수당의 새로운 총리가 취임하여 탈퇴 과정에 대한 EU와의 협상을 잘 이끌어 나갈 수 있도록 최선을 다해 지원하겠다"라는 말도 남겼다.

앞서 탈퇴 진영의 보수당 의원 84명은 캐머런 총리에게 "투표 결과에 관계없이 총리직을 유지해달라"고 요청하기도 했다. 하지만 캐머린 총리는 "이제 영국에는 새로운 리더십이 필요하다"며 이런 요청을 고사한 것으로 알려졌다.

같은 날 〈가디언〉은 이번 투표결과로 영국의 금융시장이 요동치

영국 이야기

고 있다고 전했다. 또 탈퇴를 이끌었던 보리스 존슨 전 런던시장의 말을 인용하여 "브렉시트 절차를 서둘러서 진행할 필요는 없으며 영국의 차분한 대응이 요구된다"고 전했다.

지난 24일 〈텔레그라프〉는 브렉시트 후에 하늘이 무너지지는 않았지만 영국 앞에는 향후 오랫동안 험난한 어려움이 있을 것이라고 진단했다.

같은 날 〈데일리메일〉은 경제학자들의 말을 인용하여 브렉시트로 향후 영국경제는 침체기에 빠져들 것이라고 분석했다.

이번 브렉시트의 투표율은 72%로 지난해 총선 투표율 66%보다 높았다. 영국역사에서 세 번째 있었던 대국민투표라는 이유로 국민적 관심도 많았다. 개표 초반엔 혼전 양상이었다. 그래서 한때 '잔류 우위'라는 기사가 언론에 보도되기도 했다. 하지만 시간이 지나면서 탈퇴 쪽으로 표가 기울기 시작했다.

이번 투표는 총 영국 유권자 약 4600만 명 중 48%가 잔류, 52%가 탈퇴에 표를 던졌으며, 표 차이는 약 120만 표였다.

지역별·세대별 격차 뚜렷… 런던에선 항의 집회 예정

지역별로는 잉글랜드(53%)와 웨일즈(52%)에서 탈퇴가 많았다. 반면 스코틀랜드(62%)와 북아일랜드(56%)는 잔류가 많았다. 그래서 향후 스코틀랜드가 영국에서 탈퇴하여 EU로 합류한다는 예측도 있다. 그럴 경우 앞으로 영국국기와 지도가 바뀔 가능성도 있다.

스코틀랜드민족당 당수 니콜라 스터진은 "영국에서 탈퇴하고 유럽연합에 합류하기 위해 향후 스코틀랜드에서 다시 국민투표가 필요할 것"이라고 역설하기도 했다.

2014년 스코틀랜드 독립을 요구하는 국민투표가 부결된 바 있다. 니콜라 스터진 당수는 향후 2년 안에 국민투표를 다시 해야 한다고 요구하고 나섰다. 이번 투표에서 스코틀랜드 인구의 3분의 2가 유럽연합 잔류를 원했으니 영국으로부터 독립해 유럽연합 회원으로 가입할 가능성도 있다고 본다. 문제는 향후 2년간 영국이 유럽과의 협상 과정에서 직면한 문제들을 얼마나 매끄럽게 푸느냐에 달려 있다.

세대별로는 25세 이하 유권자 중 75%가 잔류에 표를 던졌다. 청년세대는 잔류, 중장년세대는 탈퇴 정서가 강했다. 청년세대는 출생부터 EU와 함께한 영국을 보고 자랐다. EU 가입 이전의 영국을 생각하거나, 과거와 현재를 비교하기 어렵기 때문으로 보인다. 반면 중장년층은 지난 1973년 영국이 유럽경제공동체에 가입하기 전과 비교해 영국의 주권이 EU에 의해 서서히 그리고 많이 침해받고 있다고 느낀다.

〈해리포터〉 작가 조엔 롤링 등 영국 명사들도 이번 결정에 우려를 표명하고 있다. 그 이유는 영국정부가 유럽연합에 내는 부담금 중 일부가 현재 영국 작가와 연예인들에게 지원되기 때문이다. 그런데 이번 결정으로 향후 이 지원금을 영국정부가 직접 관리하게 되니 영국 작가나 연예인들은 지금까지 받던 지원금이 아예 없어지거나 삭감되지 않을까 우려하고 있다.

또한 유럽에 거주하는 영국인들의 불안감도 커지고 있다. 현재 유럽에 거주하는 영국인은 130만 명으로, 이들의 가장 큰 우려는 앞날에 대한 불확실성이다. 단기적으로는 혼란과 어려움이 불가피하다는 여론이 지배적이다. 그러나 중장기적으로는 영국에게 좋을 것이라

영국 이야기

는 낙관론도 조심스럽게 나오고 있다. '단기적 손해, 장기적 이익 (short term pain but long term gain)'이라는 구호도 등장하고 있다.

또 다른 특징으로는 영국 대기업이나 다국적기업이 대개 잔류 쪽에 표를 던졌다는 점이다. 아무래도 세계 최대 규모인 유럽연합의 시장이 기업에겐 '기회'로 인식된 것으로 보인다. 반면 중소기업이나 중소상인들은 탈퇴에 표를 던진 경우가 많았다. 중소상인들은 거대한 관료조직인 유럽연합으로 인해 오히려 상업 활동을 '규제' 받는다고 본 것 같다.

지난 16일 브렉시트를 반대하던 조 콕스 노동당 의원 피살 이후 일시적으로 영국 내 여론이 탈퇴에서 잔류 쪽으로 역전되기도 했다. 하지만 2~3일 후 여론이 다시 탈퇴 쪽으로 기울어졌다. 유럽연합의 '영국 괴롭히기(bullying)'에 대한 영국인들의 축적된 불만이 표출된 것으로 보인다.

반면 오는 28일 런던 도심 트라팔가 광장에서는 국민투표 결과에 항의하는 대규모 집회가 열릴 예정이다. 이번 투표에서 런던 33개 보로(구) 중 28개 보로가 잔류, 5개 보로만 탈퇴에 투표했다. 런던 시민의 대부분이 잔류에 표를 던진 것이다.

현재 3만5천 명의 런던시민이 이날 집회에 참여하겠다고 미리 서명한 상태다. 이번 집회는 유럽연합과의 친밀함을 강조하는 집회다. 런던이 뉴욕과 더불어 세계 금융시장의 중심지이다보니, 외국인 투자 등 유럽과의 관계를 중시하는 모습이다. 이번 투표결과와 무관하게 "런던은 유럽연합과 함께하겠다"는 구호도 벌써 등장하고 있다

또한 재투표를 요구하는 시민청원이 300만 명을 넘어, 서버가

다운되는 일도 벌어졌다. 하지만 이번 결정을 뒤집을 가능성은 거의 없다. 더욱이 이 시민청원에서 조작 흔적이 발견되어 영국 정부가 조사에 나섰다. 이미 7만7000개의 온라인 서명 조작이 드러난 상태다.

핵심 쟁점은 '주권행사'와 '이민자'

이번 브렉시트 투표 결과에 크게 영향을 미친 쟁점은 영국의 '주권행사'와 '이민자' 문제다. 그동안 영국의 주권이 독일과 프랑스가 주도하고 있는 EU에게 유린당하고 있다는 반감이 강했던 것 같다. 이를테면 영국의 부가세를 유럽연합이 결정하고, 영국법보다 EU법이 상위에 있으며 영국으로 오는 이민자 수를 유럽연합이 정해주는 것 등이다. 그래서 영국인들은 유럽연합을 비민주적 기구이며 '유럽연합의 횡포'로 영국의 주권이 박탈당했다고 느낀 측면이 강하다.

이번 투표 이후 '민주주의가 돈을 이겼다'라는 주장도 언론의 주목을 끌었다. 눈앞에 보이는 경제적 불이익에도 불구하고 영국이 좀 더 큰 가치이자 원칙인 주권과 민주주의를 선택했다는 자평이다. 민주주의 문제는 주로 지식인층에서 민감하게 인식했다. 그동안 EU의 비효율성과 부패, 연줄주의, 정실인사, 비민주적인 행정, 폐쇄성 등에 대한 문제제기가 많았다.

심지어 유럽연합에서 영국 소시지의 고기 함유 비율과 초콜릿의 우유 함유 비율, 올리브 기름 용량, 치즈 보관 온도, 바나나 모양, 어린이 공원의 모래 종류 등에 대해 규제해 영국인들이 유럽연합의 관리들을 '무능력한 탁상행정을 펼치는 성가신 존재'로 여긴 면이 강하다고 볼 수 있다.

이민문제에 반응한 건 주로 서민층이다. 지난 몇 년간 급증한 동유럽 이민자들로 의료시설 이용이나 사회복지 축소 위협을 느낀 것에 대한 반향으로 볼 수 있다.

이번 투표 결과는 여당 보수당과 야당 노동당 모두에게 불편한 소식이었다. 보수당은 캐머런 총리 사임 발표에 따른 차기 리더십 경쟁에 곧 불이 붙을 전망이다, 현재 후임 총리로는 전 런던시장 보리스 존슨, 현 내무장관 테레사 메이, 전 교육부장관 마이클 고브 등이 거론되고 있다.

노동당 제레미 코빈 당수도 당 공식 방침으로 잔류를 지지했기에 일부 노동당 의원들 사이에선 노동당도 이제 새로운 당수를 뽑아야 한다는 주장이 제기되고 있다. 하지만 노동당의 최대 지지층인 영국 노총 지도자들은 노동당 의원들이 코빈 당수를 축출해선 안 된다고 엄포를 놓은 상태다.

하지만 코빈은 지난해 취임 때부터 아웃사이더로서, 노동당 의원들의 지지는 별로 못 받았다. 일반 당원들의 지지로 당수에 취임했으니 '새로운 당수를 뽑자'는 의원들의 주장은 정치적 흔들기로도 볼 수 있다. 다만 노동당 예비내각 중 1명이 경질되고 10명이 사임해 코빈에게 부담이 될 것이다. 또 26일 여론조사 결과를 보면 코빈을 지지했던 노동당 당원 중 53%가 '코빈이 사임해야 한다'로 '사임하지 말아야 한다'는 의견 37%보다 높게 나왔다. 코빈은 사임 여부를 묻는 질문에 사임할 의사가 없다고 말했다.

이번 브렉시트로 영국은 단기적으로 금융시장 불안, 물가인상, 환율 추락 등이 불가피할 것으로 보인다. 유럽연합은 영국으로 인한 탈퇴 도미노를 예방하려고 노력할 것이다, 아울러 영국이 없는 상황에서 독일과 프랑스는 EU 주도권을 놓고 갈등을 벌일 것으로 예측된다.

그동안 브렉시트 문제로 영국사회와 정치권은 크게 양분되어 있었다. 투표가 끝난 후 영국정부는 그동안 양분된 국론을 수습하려고 노력하고 있다. 탈퇴를 지지했던 측은 기쁘고 흥분한 분위기가 뚜렷하다. 하지만 전체적으로는 비교적 차분한 분위기다. 영국 역사가 토인비가 역사발전의 원동력으로 '도전과 응전'을 주장했듯이 나는 영국이 영국역사에 있어서 '지진'과도 같은 이번 위기를 차분하고 지혜롭게 극복할 수 있기를 희망한다.

영국의
교육과 교복

◆ "교과서 없고 숙제도 내 맘대로" 인기 중학교의 비결
◆ 한국 교복, 영국 교복보다 비싼 이유 있었네

대부분 영국 학부모들은 영국정부의 공교육을 전적으로 신뢰하기 때문에 학교 공부 이외에 따로 사교육을 시키지 않는다. 마찬가지로 고학년이 될수록 늘어나는 학교숙제와 프로젝트도 선행학습이 아니라 복습개념이다. 공립학교 교사와 보조교사들은 성적이 우수한 학생들에게는 심화학습을, 성적이 떨어지는 학생들에겐 추가지원학습을 제공한다.

"교과서 없고 숙제도 내 맘대로"
인기 중학교의 비결

오마이뉴스 2015.02.17.

나는 영국인 아내와 결혼했고, 1남 1녀를 두고 있다. 2000년 영국에서 태어난 딸은 〈오마이뉴스〉와 동갑이다. 약 8년 동안 한국에서 살면서 초등학교를 다닌 아이들은 지난 2008년 영국으로 돌아왔고 현재 동네에 있는 공립중학교에 다닌다. 영국 아이들의 약 94%는 자기 동네에 있는 초중고등 공립학교에 다니는데 영국의 교육 체계는 한국과 좀 다르다. 영국에선 기초학년(Foundation Year) 1년, 초등학교 6년, 중학교(secondary) 5년, 고등학교(sixth form) 2년을 다닌다.

의무교육은 만 4세부터 16세나 18세까지 12~14년간이다. 영국아이들 중 75%만 고등학교를 졸업하고, 그 중 44%만 대학에 간다. 고교에 안 가는 25% 아이들은 만 16세에 중학교를 마치고 바로 취업을 하거나 사회에 뛰어든다. 그래서 영국 학생들은 의무교육이 끝나는 만16세나 18세에 진로를 결정한다.

초등학교를 졸업한 영국 학생의 약 94%는 집 근처 무료 공립중학교에 진학한다. 반면 약 6%의 아이들은 보통 기숙사가 있고 학비가 비싼 사립학교에 진학한다. 영국에서는 사립학교를 '퍼블릭 스쿨 (public schools)'이라 부르는데 이 사립학교를 나온 아이들 상당수가 훗날 외교관, 고위관리, 정치인 등 공직, 즉 퍼블릭 오피스(public office)로 진출하기 때문이다.

영국엔 없는 대학 서열화, 대입 지원 과다경쟁

영국 부유층, 왕족 혹은 귀족들 다수는 아이들을 사립학교에 보내고 이 사립학교에서는 학생들의 학업은 물론 장차 영국사회의 지도층으로서 학생들의 인성, 도덕성, 사회적 책임감, 스포츠 등을 가르친다. 그래서 영국 명문대학들도 사립학교 출신들을 우대하는 경향이 강하다. 그러나 사립학교 출신들의 '노블레스 오블리주'(사회지도층의 솔선수범) 전통과 역사가 워낙 깊다 보니, 대다수 영국인들은 사립학교에 대한 '특별대우'를 별 반감이나 불만 없이 인정하는 분위기다.

사립학교 출신으로 노블레스 오블리주를 실천한 이로는 윈스턴 처칠 전 수상과 엘리자베스 여왕 등이 있다. 또 찰스 왕세자 역시 해군에 자원하여 복무했고 그의 동생인 앤드류 왕자는 포클랜드 전쟁에 자진 참전했다.

한국과 영국의 차이 중 하나는, 영국엔 교과서가 없다는 점이다. 영국정부에서는 단지 국가교육과정(National Curriculum)을 통해 학업 가이드라인을 제시하고 구체적인 학업지도는 각 학교의 재량과 현장 교사에게 맡긴다.

영국 새 학기는 9월에 시작되며 GCSE(General Certificate of Secondary Education: 만 16세에 치르는 중등교육 수료고사)의 경우, 학생들이 자신이 원하는 대로 최소 5과목에서 10과목을 선택해 공부한 뒤 시험을 치르고 각 과목별로 자격증을 받는 형식이다.

고등학교에 진학하지 않고 직업교육을 희망하는 학생은 보통 최소과목을 학습한다. 학부모와 교사도 학생의 선택을 존중하므로 학생은 무리한 학습 부담에서 벗어날 수 있고, 자신이 원하는 분야를 집중적으로 공부할 수 있어 어렸을 때부터 전문성을 기를 수 있다.

영국 대학교들은 학생들을 선발할 때 학업성적뿐 아니라 학교장 등 학생 지인들의 추천서와 자원봉사, 상식, 스포츠, 클럽활동 등도 고려해 판단한다. 한 명당 최대 여섯 곳까지 지원할 수 있는데, 학과별로 뛰어난 대학이 다르므로 대학서열화 등의 대입 지원 과다경쟁 등이 없다.

같은 학년이라도 개인이 교과목 선택해 수강

한국과 영국, 두 나라 모두에서 아이들을 키워본 나로서는 두 나라의 교육을 비교하지 않을 수 없었다. 딸아이 친구들과 이야기를 나눠본 결과, 영국 교육의 가장 큰 특징은 학생 개개인의 역량과 수준에 맞는 '맞춤형' 교육을 하고 있다는 점이다.

대다수 공립학교 교사와 보조교사들은 학생들의 소질과 수준, 지적능력에 맞춰 지도를 해준다. 때문에 학생들은 식당에서 먹고 싶은 음식을 선택하듯 교과목을 고르고 학교도 학생들의 선택을 적극적으로 반영해 지도한다. 따라서 같은 학년이라고 해도 필수과목인 영어, 수학, 과학을 제외하고는 듣는 과목이 전혀 다르다. 이렇게 맞춤 교육을 하다 보니, 중학생들도 대학생들처럼 과목에 따라 교실을 옮겨 다니며 이동식 수업을 받는다.

딸아이 친구 3명의 일주일치 시간표(월~금, 오전 8시 45분~오후 3시 15분)를 살펴봤다.

존(남학생, 장래희망 - 물리학자)

미술 3	불어 3	영어 4	컴퓨터 3	체육 1
수학 4	물리 3	화학 3	종교교육 1	
생물 3	시민교육 1	교양 1		

로라(여학생, 장래희망 - 디자이너)

영어 4	종교교육 3	의상디자인 3	천문학 3	제품디자인 3
과학 6	미술디자인 3	수학 4	체육 1	

샤론(여학생, 장래희망 : 심리학을 이용한 비즈니스)

지리 3	수학 4	과학 6	비즈니스 3	미술 3
영어 4	스포츠지도자 3	체육 1	불어 3	

학교 대표로 케임브리지대학교에서 열리는 '전국 화학캠프'에 다녀올 예정인 존은 학기 중 방과 후 숙제를 하는 시간이 하루 3~4시간이나 될 정도로 전형적인 학구파다. 학교는 이런 존을 위해 학업캠프 등 심화학습을 지원해준다. 그러나 존이 공부만 하는 건 아니다. 그는 매주 금요일 방과 후에 동네 중고서점에서 한 시간씩 자원봉사를 한다. 또 일주일에 두 번, 1시간 30분씩 격한 스포츠를 한다. 취미는 컴퓨터 게임인데, 수준급이란다.

로라는 미술과 디자인에 관심이 많다. 로라가 방과 후 숙제를 하는 시간은 하루 1시간 정도. 로라는 과거 성적이 하위권에 머물렀던 적이 있었는데, 교사와 보조교사의 도움을 받아 중위권으로 끌어올렸다. 로라는 그림 그리기, 인터넷으로 영화 보기, 독서가 취미지만 일주일에 총 4시간 정도 기계체조와 농구 등 다양한 스포츠를 한다.

성격이 쾌활하고 발랄한 샤론이 방과 후에 숙제를 하는 시간은 단 30분. 중상위권 성적을 유지하고 있는 샤론의 취미는 스포츠, 스마트폰으로 게임하기, 친구 만나서 수다 떨기, 호주에 사는 아빠와 스마트폰으로 문자 주고받기 등이다. 샤론은 노력만 하면 성적을 더 올릴 수 있다는 걸 알지만, 공부를 더 열심히 하고 싶지는 않단다.

영국 중학교는 숙제에 대해서도 관대한 편이다. 학생들은 자신이 할 수 있는, 혹은 원하는 정도의 수준에서 숙제를 하고 제출할 수 있다. 존이 최상위권 성적을 유지할 수 있는 이유는 숙제 등 프로젝트에 그만큼 공을 들이기 때문이다. 반면 샤론이나 로라는 숙제에 너무 많은 정성과 시간을 투자하고 싶지는 않다고 했다. 공부 외에도 할 것이 많다는 게 두 여학생의 이야기였다.

한편, 딸의 친구들이 선택하지는 않았지만 영국 교육부 국가교육과정에 따르면 역사, 무용(Dance), 드라마, 경제, 요리, 정보통신, 독어, 스페인어, 관광, 음악 등도 학생이 원하면 선택할 수 있다.

이렇듯 학생들이 자신의 취향이나 관심사에 맞는 과목을 선택해 공부하는 것을 주저하지 않을 수 있는 건, 영국 사회의 분위기 때문이다. 영국에서는 명문대학을 안 나와도, 혹은 대학을 아예 안 나왔다 해도 차별받지 않는다. 때문에 자녀들을 공립학교에 보내는 대다수 영국 학부모들과 학생들은 공부 스트레스를 받지 않는다. 물론 소수 사립학교의 학부모들과 학생들의 경우는 좀 다르겠지만.

공부에 관심 없는 학생은 직업교육 과정 선택

영국 학생들은 만 14세부터 자기가 원하는 과목을 선택하여 공부할 수 있는데, 학문에 소질이나 관심이 없는 학생들은 정규교과 대신 좀 더 실용적인 직업교육 과정을 선택 할 수 있다. 영국의 이런 '학생 맞춤형' 교육 철학은 인문교육과 직업교육의 가치를 동등하게 강조하며 두 분야에 대한 차별을 최소화하는 데 있다.

특히 직업현장에서 활용할 수 있는 실용기술과 능력에도 큰 가치를 둬 학벌에 따른 차별이 없도록 했다. 이런 이유 때문인지, 영국에선 몇 백 년에 걸쳐 대를 이어 일하는 기술직 노동자들을 어렵지 않게 만날 수 있는데, 직업에 대한 그들의 자긍심 또한 대단하다. 또 영국에서는 고학력이 필요한 직업과 기술직의 급여 격차도 그리 크지 않다.

과거 난 영국에서 의사를 하는 친구와 목수를 하는 친구의 집을 방문한 적이 있는데, 좀 충격을 받았다. 두 집의 생활수준이 별로 차이나지 않았기 때문이다. 그 의사와 목수의 연봉은 약 2.5배에서 3배 정도 차이 났다. 그러나 영국에선 연봉이 높은 사람은 소득세를 40%까지 내야 하고 아동양육비 등을 전혀 받지 못한다. 반면 연봉이 낮은 사람은 소득세를 20%만 내거나 아예 면제 받고 각종 복지혜택을 받는다. 이 때문인지 의사 집에는 책이 많고 목수 집에는 나무가 많은 것 외에는 차이점을 찾지 못했다. 또 의사에게서는 우월감 등을 찾아볼 수 없었고, 목수에게서도 열등감을 느낄 수 없었다.

영국 고등학교 졸업자의 절반 이상은 대학에 진학하지 않고 직업

훈련을 받은 뒤 곧바로 취업에 뛰어든다. 그러나 이로 인해 차별을 받는 경우는 드물다. 각기 자기 업종과 분야에서 별 욕심 없이 자족하며 살아가고 서로 인정하는 분위기가 주를 이루고 있다고 볼 수 있다.

또 영국에선 중고등학교만 졸업하고 몇 년 동안 직장생활을 하다가 나중에 대학 진학을 준비할 수도 있다. 이때 중고졸자는 대입시험이 아닌 이전에 받았던 성적에 추천서나 직장에서의 경력을 더하여 대학입학을 허가받는다. 이런 학생들을 '성숙한 학생(Mature Student)'이라고 부르는데 사회경력과 학력의 가치를 동일하게 인정하기 때문이다.

영국 학생들과 이야기를 나누면서 눈길을 끌었던 건 교과목 중 하나인 '시민교육'이었다. 2002년부터 중학교 필수과목으로 지정된 '시민교육'은 다수 초등학교에서도 거의 의무적으로 교육하도록 돼 있다.

△시민의 사회·도덕적 책임감 △지역사회 참여하기 △언론의 중요성 △학교·지방·국가·세계 차원에서 민주주의와 다양성 △나의 권리와 책임 △다문화 이해하기 △인권, 왜 중요한가? △ 공인은 프라이버시의 권리가 있는가? △선거는 언제, 어떻게 참여하며 선거 캠페인은 어떻게 조직되나? △국회는 어떻게 작동하고 정부는 어떻게 예산을 지출하나? △오늘날 세계평화 유지는 왜 어려운가?

'시민교육'이란 과목에서 다루는 주제는 △정치 △언론 △인권 △다문화 △세계문제 △시민과 법 △민주주의 등이었다. 영국에선 이 교육의 효과와 영향에 대한 보고서를 매년 발간하고 있는데, 보고서는 시민교육 수업 도입 후 학생들의 정치의식과 지역사회에 대한 책임감, 소속감 등이 증가했다고 평가하고 있다. 또 이로 인해 학생들의 민주주의에 대한 이해와 다문화에 대한 포용력, 인권의식 등이 높아진 것으로 나타났다.

선행학습을 위한 사교육, 영국엔 없다

마지막으로 영국 교육환경에서 가장 주목할 만한 부분은 사교육이었다. 이곳에선 개인교습이나 입시학원 등 사교육 시장을 찾아보기 어렵다. 대입 기숙학원도 없고 명문고 입학에 대비한 특별학원도 없다. 일부 학부모들은 일정 기간 동안 학생들에게 사교육을 시키지만 주로 공교육에서 미처 이해하지 못했던 것에 대한 복습이며 선행학습은 아니다.

물론 영국에도 개인과외를 받는 학생들이 일부 있다. 내 아내도 2008년 12월 한국에서 영국으로 다시 왔을 때, 딸아이에게 몇 개월 동안 영어 과외를 시켰다. 물론 학교 교과목 복습 위주였다. 이웃 중에도 자녀에게 과외를 시키는 이들이 있지만, 대입용 '족집게' 과외가 아니라 성적이 떨어진 과목을 일시적으로 보강해주기 위한 것이다.

대부분 영국 학부모들은 영국정부의 공교육을 전적으로 신뢰하기 때문에 학교공부 이외에 따로 사교육을 시키지 않는다. 마찬가지로 고학년이 될수록 늘어나는 학교숙제와 프로젝트도 선행학습이 아니라 복습개념이다. 공립학교 교사와 보조교사들은 성적이 우수한 학생들에게는 심화학습을, 성적이 떨어지는 학생들에겐 추가지원학습을 제공한다.

〈오마이뉴스〉와 동갑내기인 15살 영국 중학생들과 인터뷰를 진행하면서 학생들이 "영국의 학교생활을 어떻게 느끼는지? 지금 삶에서 가장 중요한 것은 무엇인지? 그리고 요즘 고민은 무엇인지?"를 물었다. 학생들의 다양한 답변을 인용하며 이 글을 마친다.

존   "학교생활은 제가 알고 싶은 과학에 대한 지식을 향상시켜 주기 때문에 저는 학교에 가는 걸 좋아합니다. 지금 제 삶에서 가장 중요한 것은 공부하는 것입니다. 하지만 스트레스를 받지 않기 위해 적절한 휴식을 취하는 것도 공부하는 것만큼 중요하다고 생각합니다. 요즘 고민은 자주 바뀌는 교육부의 시험이나 교육 방침에 어떻게 적응하느냐입니다."

로라   "학교에서 재미있고 색다른 것을 배워서 좋습니다. 또 친구들도 만날 수 있고 학교생활을 통해서 규칙적인 생활습관을 갖게 되어서 좋습니다. 제 삶에서 지금 중요한 것은 가족, 친구, 학교, TV, 스포츠입니다. 고민은 크게는 지구온난화, 작게는 숙제와 학업 문제입니다."

샤론   "학교에서 제가 공부하고 싶은 과목을 선택해서 공부할 수 있기 때문에 너무 좋습니다. 또 학교생활을 통해서 여러 친구들을 사귈 수 있어서 좋고요. 제 삶에서 지금 중요한 것은 친구와 가족 그리고 집에서 키우는 애완동물 뱀입니다. 친구와 가족 또 애완동물이 저를 아껴주고 제 삶을 더 풍성하게 해 주기 때문입니다. 제 고민은 아무래도 장래에 어떤 직업을 선택할 것인가입니다."

한국 교복,
영국 교복보다 비싼 이유 있었네

오마이뉴스 2010.11.09

지난달 영국에 다녀왔다. 중학교에 갔다 온 영국 친구 아이들이 교복을 입은 채로 놀이터에 가서 축구를 하고 논다. 그래서 그 영국 친구에게 "아니, 교복 떨어지면 비싼데 아이들 옷 갈아입고 놀게 하지 그래요?"라고 했다. 이런 나의 염려에 대해 그 영국 친구 답변.

"아니, 교복이 왜 비싸요? 일반 옷값의 30%밖에 안 되는데…."

그러니 영국 친구는 가급적 아이들에게 교복을 자주 입힌다. 옷이 헤어져도 일반 옷보다 훨씬 싸게 살 수 있으니 당연한 이유다. 그런데 우리나라는 학생 교복이 심지어 웬만한 어른 양복보다 더 비싸다. 왜 그럴까?

담합 때문이다. 공정거래위원회는 2001년 5월, SK글로벌(스마트), 제일모직(아이비 클럽), 새한(엘리트) 등 교복 제조업체 3개사와 이들의 전국 총판 대리점들이 담합하여 교복 가격을 결정한 사실을 적발한 예가 있다.

또한 금년 2월 서산교육청은 입학철을 맞아 교복업체들의 담합

행위가 예상돼 사전에 방지하고 이를 적발키 위해 공정위와 합동으로 조사활동을 벌인다고 밝혔다. 아울러 7월에도 공정위는 교복값을 담합한 울산지역 3개(아이비클럽 울산중구점, 에스케이스마트 울산중구점, 엘리트 병영점) 교복 대리점에 대해 경고조치를 하기도 했다. 그래서 즉시 담합 관련 뉴스를 검색해 보니 끝이 없다.

'울산 폐차업계 가격담합', '전세값 담합', '플라스틱 제품 원료, 오랜 담합 드러나', '의료폐기물업체 담합', '필름업체 7곳 가격담합', '정부, 농수산물 가격담합', '공공입찰용 신용평가 수수료 담합', '학교 교실 납품 삼성·LG전자 대규모 담합', '음료수 값 왜 일제히 오르나 했더니…롯데칠성·해태음료 가격담합', '담합 드러난 우유업체들', '주물용 고철가격 담합…명성철강 등 25개사 적발', '낙동강 24공구 턴키입찰 사전담합', '밀가루 담합업체, 제빵업체에 배상하라', '보험사기 담합한 의사·환자 260명 적발', '조달청 가전회사 담합 제재 골머리', '의약분업 10년간 담합 84건', '육아도우미 가격 담합', '병원-약국간 담합', '국내항공사 2000년~2006년 국제항공요금 담합'…….

이외에도 아이스크림, 밀가루, 설탕, 보험료, LPG, 휘발유, 교복 등 우리나라는 가히 '담합공화국'이라 해도 전혀 손색이 없다. 그런데 더욱 기가 막힌 일은 담합이라는 불법행위를 저지르다 걸리는 기업에게 피해자인 우리 소비자들이 할 수 있는 조치가 거의 없다는 것이다.

미국과 같이 기업 친화적인 정부에서조차 기업들이 담합을 하다 걸리면 과징금이 최소 소비자 피해액의 3배까지 된다. 어찌 보면 당연한 조치다. 내가 고의로 남에게 10만 원의 피해를 입히다 적발되면 처벌받는 의미에서라도 그 피해액의 3배인 30만 원을 피해자에게 지

불하게 하면 다음부터는 불법을 저지른 기업들이 좀 몸을 사릴 것이
아닌가?

그런데 우리나라에서는 담합 적발 시 도대체 과징금이 얼마이기
에 기업들의 담합이 그칠 날이 없을까? 놀라지 마시라. 한국에서 기업
들이 담합을 하다 걸리면 최대과징금이 소비자 피해액의 10% 정도에
불과하다. 이 말은 내가 불법과 고의로 남을 속이고 10만 원의 피해를
입히다 걸렸다 해도 과징금은 1만원 안팎만 내면 된다는 것이다. 그리
고 약 9만 원은 내가 당당히 수익과 이윤으로 챙길 수 있다는 결론이
다. 그러니 우리나라 30대 기업(공기업 제외)들의 63.6%가 담합을 했
거나 하고 있다고 최근 경실련은 발표하기도 했다.

더욱 기가 막힌 것은 한국에서는 담합 피해자인 소비자는 공정거
래위원회의 고발 없이 담합기업을 기소조차 할 수 없다. 반면 미국의
담합 피해자들은 집단소송을 통해 직접 피해구제에 나설 수 있고 손
해배상청구도 할 수 있다. 그리고 원고가 패소하더라도 피고의 소송
비용을 원고가 한 푼도 부담하지 않도록 법률로 보장되어 있다.

더욱이 압권은 한국에서는 기업이 소비자들에게 취한 부당이득
인 담합 과징금을 우리 피해자인 소비자는 10원도 가질 수가 없다. 정
부가 전액을 가져가도록 되어 있다. 세계에서 교육열이 가장 높다고
미국 대통령 오바마도 극구 칭찬하는 우리 국민이 너무 착한 것인지
아니면 엄청나게 멍청한 것인지 현기증이 난다.

이래서 지금 한창 G20를 열고 있는 우리나라에서는 기업들의 담
합이 하루도 그칠 날이 없다. 기업은 담합을 통해서 막대한 이익을 얻
는다. 그리고 그만큼 우리 소비자는 막대한 피해를 본다. 공정위가 조

사해서 과징금을 매기지만 과징금은 소비자 피해액의 10%정도이니 기업에서는 거의 부담 없이 계속해서 떳떳하고 당당하게 허가받고(?) 담합을 계속할 수 있다. 거기에다 그 10%의 과징금도 기업은 소비자 가격에 다시 반영하면 된다. 한 마디로 우리 국민인 소비자는 이중으로 뜯기는 봉일 뿐이다.

우리보다 자본주의를 훨씬 먼저 시작한 미국이나 유럽에선 기업의 담합을 중대범죄로 보고 제재 수위를 나날이 높이고 있다. 그러나 한국기업들은 담합의 범위를 소비재까지 아래로 아래로 확대하고 있다. 그리고 이에 맞춰 정부의 규제와 처벌은 여전히 있으나마나다. 담합은 자본주의의 근간인 공정경쟁도 파괴한다. 건강한 자본주의를 제대로 지키기 위해서라도 담합이라는 고질적인 질병은 제거되어야 마땅하다.

미국에서는 담합에 대한 정부의 규제강화가 국내외기업 모두에게 적용된다. 그래서 우리나라 기업들은 미국정부로부터 담합 집중관리 대상(블랙리스트)이 되고 있다. 집에서 새는 바가지가 나가서도 새는 격이다. 얼마 전에는 하이닉스반도체와 삼성전자 임직원이 담합 혐의로 미 정부에 막대한 과징금을 내고 실형까지 선고받았다.

한국 학생들도 학교에서 돌아와 가격이 다른 옷의 30%밖에 안하는 교복을 입고 놀이터에서 힘차게 놀고 축구하는, 담합 없는 그 날이 빨리 오기를 기대한다.

국가폭력과
과거청산

- ◆ "총 성능 시험해보려 북한 노인 쐈다"
- ◆ 14명 죽은 사건도 12년 조사했는데...
- ◆ "역동적인 한국 현대사, 난 희망을 잃지 않는다"
- ◆ 총선서 민주당 의석 확대하면 개혁 드라이브 다시 걸어야

"1950년 한국은 서구인들에게는 너무나 낯선 외국이었다. 한국의 문화, 사회, 사람들은 서구와 너무 달랐다. 그러나 오늘의 한국을 봐라. 한국문화는 여전히 서구인들에게 친숙하지 않을지 몰라도 대체적으로 한국인들이 추구하는 가치관, 교육수준, 경제력, 직장환경, 정치적 견해, 철학적 사고, 민주주의, 인권, 관용, 포용성, 자유 등은 서구인들의 그것과 결코 다르지 않다."

"총 성능 시험해보려
북한 노인 쐈다"

오마이뉴스 2011.06.01

앤드류 사몬은 주한 영국 언론인이다. 그는 영국 런던대학에서 동양학을 공부했고 한국에 관한 수많은 기사와 몇 권의 책을 썼다. 나는 그를 몇 년 전 한 컨퍼런스에서 만났다. 한국에서 내 직장생활의 대부분이 국제협력과 국제홍보 분야였기 때문에 나는 업무상 외국 언론인들을 만날 기회가 많았다.

내가 진실화해위원회(이하 진실위)에서 근무할 당시 나는 앤드류에게 진실위 활동상황을 취재해 기사화하여 외국 언론에 소개해달라는 부탁을 한 적이 있었다. 그는 그때마다 내 부탁을 기꺼이 들어주었고 그 결과 진실위 활동을 세계에 알리는 데 많은 도움을 주었다.

그는 영국 기자이지만 한국역사에 관심이 많다. 그래서 2009년 앤드류는 한국전쟁을 다룬 책 〈마지막 한 발 : 1951년 임진강에서의 영국군(To the Last Round : The Epic British Stand on the Imjin River, Korea, 1951)〉을 썼고 이 책 때문에 〈월스트리트저널〉로부터 '한국 최고의 책 10' 상을 받았다.

또 2010년엔 한국 국회에 의해 한국전쟁문학에 대한 '한류'상 등을 받기도 했다. 앤드류는 이 책 '감사의 글'에서 나를 언급했는데, 아마 내가 한국현대사에 대해 몇몇 자료를 제공해 주었기 때문일 것으로 짐작된다.

앤드류는 지난 4년에 걸쳐 쓴, 한국전쟁을 주제로 한 또 하나의 책 〈초토화, 흑설 : 한국전쟁에서 영국과 호주(Scorched Earth, Black Snow: Britain and Australia in the Korean War, 1950)〉를 2011년 6월 1일 발간했다. 그리고 같은 날 주한영국대사관에서 발간 기념 기자회견을 했다. 다음은 6월 1일 앤드류와 주한영국대사관에서 나눈 일문일답이다.

60년 지난 지금도 참전용사들은 '악몽'에 시달린다

이 책을 쓰게 된 결정적 동기가 있었나? 이 책을 쓰는 데 시간이 얼마나 걸렸나?

"1950년 한국전쟁은 세계에서 가장 큰 비극이었다. 그리고 한국전쟁은 지금도 아주, 특별히 정치적으로, 중요하다고 생각하기 때문에 이 책을 썼다.

예를 들면, 오늘날 중국을 보자. 지금 중국은 세계의 경제 강국이다. 그러나 그전에 중국은 군사강국이었다. 그러한 중국의 지위는 1950년 겨울 북한 산악지역의 전투에서 얻은 것이다. 한국전쟁이 일어나기 100년 전 아편전쟁에서 영국에 패배한 중국은 '종이호랑이'에 불과했다. 한국전쟁을 계기로 중국은 세계무대에 정말 호랑이로 등장한 것이다.

북한의 경우를 보자. 오늘날 북한은 지상에서 가장 경직된 국가

앤드류 사몬

다. 왜 그런가? 1950년 겨울, 63만 명의 한국인들은 유엔군이 무너지자 북한을 탈출하고 월남했다. 탈출하지 않은 사람들의 대부분은 철저한 공산주의자였다. 그래서 그 대탈출의 의미는 오늘날 북한이 세계 최후의 공산국가라는 것이다.

미국을 보자. 2차세계대전 후 미군은 북한에서 가장 큰 패배를 당했고 엄청난 고통을 받았다. 미군 2연대 보병들의 거의 전부가 구누리에서 전사했다. 31연대 전투팀은 장진호에서 전사했다. 그

후 미군은 38선 이북에 대대적 공격을 감행하지 않는다. 오늘날, 미군이 이라크와 아프가니스탄을 공격할지 모른다. 그러나 미군은 북한에 대한 공격을 꺼린다. 내 생각엔 이러한 이유가 1950년 겨울 미군이 겪은 악몽과도 같은 소름끼치는 경험에 따른 학습효과라고 본다.

마지막으로 한국을 보자. 1950년 6월 김일성이 침략했을 때가 한국이 주도적으로 한반도를 통일할 유일한 기회였다. 그러나 그런 기회의 창문은 1950년 12월 유엔군이 북한군에게 패배함으로써 닫혀버렸다.

그러나 내게는 위에 언급한 한국전쟁의 정치군사적 의미가 크게 중요하지 않다. 왜냐고? 나에게 중요한 것은 인간의 문제다. 1950년 한국에서 발생한 일은 엄청난 인간의 비극이다. 그리고 그 비극은 엄청난 말 못할 사연을 만들어냈다. 1950년 한국전쟁에 관해 미국 역사가들은 많이 다루었지만 당시 영국인과 호주인들의 목소리를 담은 기록은 드물다."

이 책에서 "2차세계대전 후 영국군인들의 희생이 가장 컸던 전쟁이 한국전쟁"이라고 했다. 몇 명의 영국군들이 생명을 잃었나?

"한국전쟁 중 생명을 잃은 영국군인은 총 1087명이다. 이 숫자는 그 후 일어났던 전쟁에서 사망한 총 영국군인 희생자 숫자 783명보다 많다(포클랜드전쟁 255명, 이라크전쟁 179명, 아프가니스탄전쟁 349명). 또 호주군의 경우는 베트남전 10년 동안 512명이 생명을 잃었지만 한국전쟁에서 불과 3년 만에 340명이 생명을 잃었다."

이 책을 쓰기 위해 한국전쟁 참전용사 중 생존자 90명과 직접 인터뷰를 했다고 들었다. 그들의 국적은 어떻게 되나? 또 한국전쟁 참전용사 중 생존자가 몇 분인지 아는가? 참전용사 증언 중 소름 끼치는 이야기 몇 가지만 말해 달라.

"인터뷰한 참전용사는 국적별로 한국인 8명, 미국인 5명, 호주인 18명, 영국인 59명이었다. 정확한 생존자 수는 모르지만 매일 매일 돌아가시고 있다는 것은 안다. 한국 참전용사들도 마찬가지다. 후손들을 위해 전쟁을 직접 겪은 분들의 증언은 기록되어야 하고 보존되어야 한다.

소름 끼치는 이야기는 너무 많다. 북한군의 잔학상, 남한군의 잔학상, 유엔군의 잔학상 등. 내 책에서 나는 이러한 잔학상을 가감 없이 그대로 썼다. 내가 인터뷰한 한국인 참전용사들 중엔 전쟁이 끝나고 60년이 지난 지금도 밤에 불을 켜고 주무시는 분이 많다. 불을 끄면 악몽에 시달려서 지금도 잠을 잘 수 없기 때문이다."

민간인 죽이고 집 부숴도 아무 제약 없는 '무법천지'

한국전쟁 중 많은 잔학상이 있었다. 부상자를 사살한 경우, 전쟁포로를 학살한 경우, 민간인학살 등. 영국이나 호주 참전용사가 이런 장면을 목격한 경우도 있었을 것이다. 소개해 줄 수 있는가?

"2010년 4월 나는 영국인 참전용사들과 한국전쟁 당시 격전지였던 가평지역을 방문하고 서울로 돌아오는 버스를 함께 탔다. 그 중 한 분의 이야기는 이렇다.

1950년 11월 북한의 한 폐허가 된 마을에서 일어났던 일이다. 이 참전용사의 전우가 한 북한 노인을 총으로 사살했다. 왜? 특별한 이유가 없었다. 그냥 총의 성능을 시험해보기 위해서 그 노인을 사살한 것이다. 당시 이런 군인들의 행동을 제재할 아무런 사법 기구가 없었다고 한다. 군인들이 맘대로 민간인을 죽이고 집을 파괴해도 법적으로 아무런 제약을 받지 않았다고 했다.

내게 이런 이야기를 해준 그 참전용사는 그런 무법천지 상황에 분노했다고 한다. 그러나 재미삼아 그저 민간인을 학살하는 가해자를 처벌하는 군대 내 사법정의도 아예 존재하지 않았다고 한다. 그는 내게 이렇게 말했다.

'그것은 아주 아주 잔인한 전쟁이었다. 인종차별주의로 물든 전쟁이었다. 역사상 가장 잔인한 일본제국주의의 35년 통치에서 해방된 두 국가 간에 자행된, 극도로 잔인한 전쟁이었다.' 이 이야기를 옆에서 듣고 있던 다른 두 참전용사들도 전혀 놀라는 기색이 없었고 그저 침묵으로 우리 대화를 듣고만 있었다.

나에게 이 이야기를 해준 영국인 참전용사는 메모가 적힌 종잇조각을 60년 동안 간직하고 있었다. 그것은 이 영국인 참전용사에게 가장 소중한 보물과 같았다. 거기에는 두 아이들의 아버지인 한 한국인이 1951년 겨울 이 참전용사에게 영어로 쓴 간략한 감사의 글이 적혀 있었다. 이 참전용사는 1950년 겨울, 두 한국 아이들에게 도움을 준 적이 있었다.

나는 그 메모를 읽었는데 그 당시 그 한국 아이들의 아버지가 쓴 영어가 정말 웃음이 나올 정도로 엉터리 콩글리시였다. 그러나 이 메모를 60년 동안 간직하고 있는 이 영국인 참전용사에게는 이 종잇조각에 적힌 글이 아주 감동적이었고 그는 이 메모를 보물 다루듯이 했다. 전쟁은 인간의 극악한 면을 드러나게 하는 것 같다. 그러나 전쟁은 또한 인간의 지고한 선도 드러나게 하는 것 같다."

책을 보면 영국군은 불과 1주일 전에 지시를 받고 전선에 배치되었다. 그런데도 27여단은 혁혁한 공을 세워서 한국 대통령 표창을 받았고, 41특공대도 같은 이유로 미국 대통령 표창을 받는다. 어떻게 그런 일이 가능했나?

"27여단은 낙동강전투에서 후퇴하지 않고 승리한 공으로 표창을 받게 되고, 41특공대는 장진호전투에서 불굴의 의지로 승리하여 표창을 받는다. 그러나 안타까운 것은 오늘날 영국군에서 27여단과 41특공대가 해체되고 이제 더 이상 존재하지 않는다는 것이다. 그래서 그 여단과 특공대에게 수여된 한국과 미국 대통령의 훈장을 더 이상 가슴에 달 군인들이 없다. 한국전쟁은 잊힌 전쟁이 되고 말았다."

책 제목이 〈초토화, 흑설(Scorched Earth, Black Snow)〉인데 왜 이렇게 지었나?

"'초토화(Scorched Earth)'는 군사전술의 하나로 후퇴하는 군대가 모든 것을 초토화시켜버리는 전술을 말한다. 초토화전술은 1941년 독일군이 러시아를 침략했을 때 러시아군이 쓰던 전술이고, 1942년 일본군이 미얀마를 침략했을 때 영국군이 쓰던 전술이며, 1950년 한국전쟁 때는 북한군과 중공군이 공격했을 때 후퇴하던 유엔군이 쓰던 전술이다.

당시 물론 상부 명령에 의해 초토화전술이 행해졌지만 내가 인터뷰한 많은 참전용사들은 이런 전술에 공감하지 않았다. 유엔군이 마을, 식량보급로, 교량, 통신시설 등을 초토화시켜버렸을 때 그 피해를 고스란히 받을 수밖에 없는 민간인들의 상황을 상상해보면 참전용사들이 왜 초토화명령에 공감하기 힘들어 했는지 짐작할 수 있을 것이다.

'흑설(Black snow)'은 네이팜탄으로 공중에서 폭격하는 것을 암시한다. 네이팜탄은 석유가 그 원료로 백설을 흑설로 만든다. 네이팜탄의 온도는 끓는 물의 8배다. 사람의 피부에 네이팜탄이 닿는 순간 피부가 즉시 타버린다. 한국전쟁은 민간인 희생에 대해서 별로 신경을 쓰지 않는 전쟁이었다. 한국전쟁은 이렇게 지독하게 파괴적인 전쟁이었고 그런 전쟁은 오늘날 서구에서 더 이상 하지 않는다. 내 책의 제목은 한국전쟁의 파괴적 특성을 알려주고 싶은 목표를 가지고 지었다."

영국군이 한국전쟁에서 희생된 숫자가 포클랜드, 이라크, 아프가니스탄 전쟁에서 희생된 총 사망자 숫자보다 많다. 또 미군이 한국전쟁 당시 북한군에게 두 달 동안 패배한 것은 그 후 베트남에서 10년에 걸쳐 패배한 것보다 미국에게 더욱 큰 고통으로 남아있다. 그런데도 오늘날 한국전쟁은 왜 서구, 특히 미국과 영국인들에게 잊힌 전쟁이 되고 말았을까?

"한국전쟁은 인류역사상 가장 컸던 2차대전과 컬러텔레비전으로 전쟁의 참상이 서구인들의 거실에서 매일 보이는 베트남전쟁 사이에 발생했다. 부분적으로는 위와 같은 이유로 인해 서구인들의 대중문화 속에서 한국전쟁은 비껴갔다. 더욱이 한국전쟁을 주제로 다룬 시, 소설, 영화의 수도 아주 적다."

이 책을 쓰면서 가장 어렵고 힘들었던 것은 무엇인가?

"나는 직업이 언론인이고 훈련을 통해 역사가가 되었다. 영국과 한국 참전용사의 증언을 들었을 때 나는 눈물을 참지 못하고 운 적도 많다. 그러나 이러한 눈물겨운 증언들을 기록하는 것 자체는 힘들지 않았다. 나는 쓰기를 좋아하고 적절한 단어도 잘 생각난다.

이 책을 쓰면서 나는 내가 큰 비극, 엄청난 이야기를 기록하고 있다는 것을 느꼈다. 가장 어려웠던 것은 단순히 쓸 시간을 마련하는 것이었다. 나는 전속 작가가 아니고 언론인이다. 그래서 이 책의 대부분은 자정 후에 쓰여졌다."

"피가 마치 물처럼 트럭에서 쏟아져 내렸다"

이 책에는 연합군 종군기자, 한국 민간인, 영국과 호주 군인들의 시각이 보인다. 이 책에 등장하는 분들이 겪은 엄청난 체험과 몇 가지 에피소드를 이야기해달라.

"백병전을 몸으로 겪은 참전용사들의 증언도 들었다. 백병전 중에 적의 대검에 찔려 죽은 전우 이야기, 치명상을 입고 유언을 남기며 죽어가는 전우들을 그저 속수무책으로 지켜볼 수밖에 없었던 군인들의 이야기, 오순도순 단란하게 함께 살던 가족과 집을 영원히 버리고 뿔뿔이 흩어져 피난 갈 수밖에 없었던 한국 피난민 이야기, 바람찬 흥남부두에서 마지막 피난선을 타기 위해 결사적으로 배를 기다리고 또 목숨 걸고 승선을 시도했던 분들의 이야기 등. 정말 절망적 인간의 고뇌와 말로 다 표현할 수 없는 수많은 갈등을 보여준 극적인 드라마와 같은 여러분들의 증언을 들었다.

당시 한 영국 의무관은 폭격으로 파괴된 북한에 진입하고 이런 말을 했다. '나는 우리가 북한을 해방시키러 온 줄 알았는데 우리는 모든 것을 통째로 파괴해버린 것 같다.' 전투 중 다리에 총을 맞은 한 참전용사는 이렇게 그때 느낌을 이야기했다. '마치 누가 큰 집을 들어서 내게 힘껏 던져서 맞은 느낌이었다. 너무나 아팠다.'

또 눈앞에서 군인들이 가득 탔던 트럭이 폭탄에 터지는 장면을 목격한 한 참전용사의 증언은 이랬다. '나는 이것이 육상전이 아니라 해전 같이 느꼈다. 트럭에서 즉사한 사람들의 피가 마치 물처럼 트럭에서 땅바닥으로 쏟아져내렸다.'

당시 한 종군사진기자는 한국의 추운 날씨에 대해 이렇게 말했다. '날씨가 너무 추워서 카메라 셔터를 누르기도 힘들었다. 너무 손가락이 춥고 떨려서 하루 종일 사진을 8개밖에 못 찍었다.' 한 참전용사는 얼어 죽은 북한군을 보고 이렇게 말했다. '마치 그 북한군인의 시신은 얼음조각처럼 보였다.'"

한국에는 얼마나 살았나? 한국에 살면서 한국전쟁의 트라우마(정신적 상처)와 후유증을 느끼거나 본 적이 있나?

"한국전쟁에서 사랑하는 가족을 잃은 분들, 또 같은 인간을 눈앞에서 직접 총칼로 찌르거나 때려서 죽일 수밖에 없었던 전투에 직접 몸으로 참여한 분들이 겪은 악몽과도 같은 고통과 트라우마를 생각하면 내가 느끼는 것은 아무것도 아니다. 1950년 한국전쟁을 직접 겪은 분들이 갖고 있는 개인적 트라우마와 후유증을 생각하면 내가 느끼는 감정을 감히 그분들의 아픔에 비교할 수조차 없다.

반면 지난 4년 동안 나는 한국전쟁에 관해 읽고, 쓰고 연구하며 지냈다. 그동안 나는 하루 한순간도 한국전쟁에 대해 생각하지 않고 시간을 보낸 적이 없다. 내가 길에서 한국노인들을 마주칠 때 나는 이런 생각을 한다. '저분들은 한국전쟁 중 어떤 고통을 겪었을까?' 나는 모든 한국인들은 그 가족의 일부가 한국전쟁의 비극을 겪었을 것이라 생각한다.

나는 해 질 녘 한국의 산을 볼 때마다 한국인들이 겪은 한국전쟁의 비극을 어떻게 글로 옮길 수 있을까를 생각했다. 수많은 분들이 수많은 고통을 겪었지만 한국전쟁 당시와 현재 한국의 지리와 날씨는 별로 변하지 않았다. 아마 조금은 한국전쟁의 아픔을 알 것 같다. 특별히 한국의 젊은 세대 중 그 할아버지 세대가 겪은 기억을 한 번도 제대로 탐구해보지 않은 사람들과 비교해 나는 조금은 더 한국전쟁의 트라우마와 후유증을 느끼지 않을까 생각한다.

한 예를 들자. 내 가까운 한 한국친구가 그녀의 어머니에게 나를 소개시켜준 적이 있었다. 그 어머니는 한국전쟁 당시 흥남부두에서 미군 피난선을 타고 탈출한 분이었다. 그녀는 1950년 12월 흥남부두에서 피난선을 기다리고 있었는데 당시 미 해군에서 쏘아대는 포탄의 지독한 쇳소리에 겁에 질려 꼼작도 할 수 없었다고 했다.

그때 그 이야기를 듣고 있던 내 친구이자 그녀의 딸이 이렇게 말했다. '엄마, 과장하지 마!' 그러나 나는 그녀 어머니에게 '이야기를 계속해주세요'라고 말했다. 나는 당시 상황을 묘사한 다른 기록을 읽었기 때문에 그녀 어머니의 진술이 전혀 과장된 것이 아니라 그때 그곳에서 정말 그런 일이 정확하게 일어났다는 것을 알았다.

아마 한국의 젊은 세대는 할아버지 세대의 한국전쟁에 대한 이야기들이 과장되었거나 지나치게 극적으로 표현되었다고 생각할지 모르겠다. 그러나 사실 내 경험에 의하면 이런 한국전쟁 1세대 분들의 이야기는 정확하게 당시의 역사적 기록과 일치한다."

"비극이 '다시는 재현되지 않기를' 바라는 심정일 뿐"

오늘 한국인들과 크게는 세계인들에게 한국전쟁이 주는 가장 소중한 교훈이 있다면 무엇이라고 생각하나?

"나는 교훈을 이야기하고 싶지 않다. 나는 직업이 언론인이고 훈련받은 역사가다. 언론인에는 두 종류가 있다. 한 부류는 자기 주장을 쓰는 언론인이고 또 다른 부류는 자기 주장을 배제하고 객관적 자료와 사실만을 쓰는 언론인이다. 이 책 서문에서 나는 내 주장을 좀 피력했다. 그러나 이 책 대부분에서 나는 그저 냉담하게 내 주장을 배제하고 사실만을 보여준다. 나는 도덕교사가 아니다. 전쟁은 전쟁이고 역사는 역사며 인간 본성은 인간 본성이다.

내가 이 책을 통해 말하고 싶었던 것은 이러한 비극이 '다시는 재현되지 않기를' 바라는 심정이다. 그러나 인간사에는 항상 전쟁의 필요성을 강변하는 설교가들이 있을 것이다. 또 전쟁에 참전할 강한 의지를 보여주는 젊은이들도 항상 있을 것이다. 이것이 인간의 본성이다. 우리 인간 속에 내재해 있는 유전인자와 같지 않을까. 나는 대답을 줄 수 없다. 이 책은 단지 참혹한 전쟁에 대한 기록이고 이야기일 뿐이다.

그런데도 나는 '어떨 때는 싸우는 것이 정당하다'는 생각을 갖고 있다. 내가 인터뷰한 많은 한국인 참전용사들 중엔 한국전쟁의 정의(justice) 문제에 확신이 없는 분도 있었다. 그러나 외국 참전용사 중 한국을 다시 방문한 분들은 100% 모두, 한 분도 빠짐없이, 한국전쟁이 옳았고 정당했다고 믿었다.

오늘날 북한을 보자. 지상에서 가장 비참한 공산국가이며, 경제 빈곤국이고, 인권과 인간정신이 말살되고 있는 나라이며, 세계에 주는 것은 군사적 위협뿐이고, 1950년 그때와 똑같이 지금도 동일한 정권에 의해 통치되고 있다.

반면 남한을 보자. 한국은 20세기 가장 놀라운 성공 사례를 세계에 보여준 국가다. 1950년대와 비교하면 남한은 경제, 정치, 사회 분야에 기적을 이루었고 권위주의 정권의 사슬을 끊고 엄청난 진전을 이루었다. 이러한 사실을 놓고 볼 때 분명한 것은 한국전쟁의 참전용사들과 수많은 한국인들이 치른 죽음과 희생은 결코 헛

되지 않았다고 단언할 수 있다.

1950년 한국은 서구인들에게는 너무나 낯선 외국이었다. 한국의 문화, 사회, 사람들은 서구와 너무 달랐다. 그러나 오늘의 한국을 봐라. 한국문화는 여전히 서구인들에게 친숙하지 않을지 몰라도 대체적으로 한국인들이 추구하는 가치관, 교육수준, 경제력, 직장환경, 정치적 견해, 철학적 사고, 민주주의, 인권, 관용, 포용성, 자유 등은 서구인들의 그것과 결코 다르지 않다.

유엔이 한국에 있어서 이룩한 가장 훌륭한 불후의 업적은 그저 전쟁기념물이 아닐 것이다. 아마 그것은 지금 한국이 세계에서 존중받는 글로벌 멤버의 한 나라로 존재하고 있다는 사실, 그 자체일 것이다."

앤드류 사몬(Andrew Salmon)

한국 관련 기사를 Forbes, Monocle, The South China Morning Post, The Washington Times 등지에 쓰고 있는 영국언론인이다. 그의 저서 〈마지막 한 발 : 1951년 임진강에서의 영국군, To the Last Round: The Epic British Stand on the Imjin River, Korea, 1951)은 2009년 햄프셔도서관과 오스피리 출판사에 의해 '2009년 베스트 군사책' 상과 2010년 월스트리저널에 의해 '한국 최고의 책 10' 상을 받았다. 2010년 앤드류는 한국 국회에 의해 한국전쟁문학에 대한 '한류'상을 받기도 했다.

14명 죽은 사건도
12년 조사했는데…

오마이뉴스 2012.12.02.

피의 일요일(Bloody Sunday)

1972년 영국 북아일랜드 제2의 도시 런던데리에서 영국 공수부대원들의 발포로 북아일랜드 시위대 14명이 숨진 이른바 '피의 일요일' 사건과 관련된 새로운 보고서가 2010년 6월 세상에 공개됐다.

'피의 일요일' 사건이란 1972년 1월 30일 영국 공수부대원들이 신교파 영국인과 동등한 시민권을 요구하며 시위를 벌이던 구교파 소속 북아일랜드 시위대를 향해 발포해 13명이 현장에서 사망하고, 부상당한 14명 가운데 1명도 나중에 사망한 사건이다.

이 사건으로 북아일랜드 구교도들은 비폭력 비무장투쟁에서 벗어나 영국으로부터의 독립을 요구하는 아일랜드공화국군(IRA)의 무장투쟁에 적극적으로 뛰어드는 계기가 된다.

지난 2010년 6월 15일 영국정부가 전면 재조사를 시작한 지 12년 만에 나온 '새빌 보고서'에 따르면 당시 사망자들은 모두 무고한 시민이었으며 처음 총격을 가한 측도 시민들이 아니라 군인이었던 것으로 밝혀졌고 발포과정에서도 아무런 사전경고가 없었던 것으로 드러났다.

여기서 먼저 눈에 띄는 것은 불과 14명이 학살당한 사건도 영국정부는 무려 12년간 조사했다는 것이다, 그런데 우리 정부는 몇 십만 혹은 몇 백만의 희생자가 발생한 민간인학살과 인권침해사건을 불과 4년여 간만 조사하고 과거사 정리의 완성을 주장하고 있다. 이는 MB정권의 열악한 인권의식을 보여준다. 선진국, 문명국은 스마트폰이 많거나 나로호가 올라가는 나라가 아니다. 인권이 발달한 나라, 인권의식이 민감한 나라가 문명국이고 선진국이다. 이런 면에서 우리나라는 결코 문명국이나 선진국이 아니라 단지 미개한 야만국가일 뿐이다.

하여간 2010년 영국정부는 '피의 일요일' 사건의 희생자 유족들은 사상자가 모두 무고한 시민들이라고 발표했다, 그러나 사건 10주 뒤인 1972년 4월 발표된 위저리보고서는 일부 시위대가 폭탄과 총기를 소유하고 있었고 그들이 먼저 발포해 군이 응사했다고 정당방위로 결론지은 바 있다.

14명 학살보고서 발간에 3500억 원 쓴 영국 정부

하지만 당시 구교도 측과 유족들은 이에 의혹을 제기했고 그로부터 25년이 지난 1998년 토니 블레어 당시 총리가 법관을 지낸 새빌 경에게 전면 재조사를 맡겼다. 12년 동안 1400여 명의 증언을 청취하고 1억9500만 파운드(약 3500억 원)의 거금을 들여 작성된 10권에 달하는 5000여 쪽의 보고서는 이렇게 결론을 내렸다.

"당시 공수부대가 무고한 비무장 시민들에게 아무런 경고 없이 총격을 가했고, 많은 군인들이 자신들의 행동을 정당화하기 위해 거짓말을 했다…."

이 보고서 내용은 "사상자들이 총기를 소지하고 있었고 먼저 발포했다"고 했던 1972년 당시 조사보고서인 '위저리 보고서' 내용을 완전히 뒤엎은 것이었다. 그리고 2010년 6월 영국의 캐머런 총리는 하원에 출석해 직접 보고서 내용을 설명한 뒤 정부를 대표해 희생자와 유족들에게 사과했다. 그는 "먼저 총을 쏜 것은 군인들이었습니다, 학살에 대해 매우 후회스럽게 생각하며 그날 일어난 일은 정당하지 않고 정당화될 수 없습니다"라며 유족들에게 용서를 빌었다.

이러한 영국정부의 사과는 말로만 끝난 것이 아니었다. 캐머런 수상은 후속조치로 당시 시위대를 '무장폭도'로 묘사한 옛 위저리 보고서를 즉각 폐기시켰고 피해자에 대한 배보상을 이행했다.

그러나 우리는 어떤가? 박근혜씨가 과거사에 대해 사과한 지 몇 달이 지났지만, 정수장학회, 영남대학교, 인혁당사건, 장준하사건 등에 대한 후속조치가 전혀 없다. 그녀의 부족한 인권의식을 충분히 판단할 수 있다. 또한 이것은 그녀가 인권유린 피해자들에 대한 사과가 전혀 진정성이 없다고 내가 확신하는 이유다.

얼마 전 국사편찬위원회도 중학교 교과서 검인정 과정에서 을사늑약을 을사조약으로, 일본 국왕을 천황으로 표기하도록 권고해 말썽을 빚었다. 또 일본군 위안부를 설명한 성노예란 표현을 빼도록 하고, 김구 선생을 임시정부 요인으로 설명한 사진도 삭제하도록 지시했다.

다행히 반대 여론에 밀려 국사편찬위 의도대로 되지는 않았지만, 이런 상황을 보며 나는 우리나라는 아직도 일본식민지라는 생각을 금할 수 없다.

가해자 일본을 배려하는 한국정부

을사늑약이라는 용어는 일제에 의해 외교권이 침탈된 지 100년을 맞았던 지난 2005년 학계를 중심으로 잘못된 표현인 을사조약을 대체하자는 움직임 속에서 보편화됐다. 일제에 의해 강제된 불평등조약을 국가 간의 자유의지에 의해 체결된 것으로 표현할 수 없다는 취지가 공감대를 형성한 것이다.

손발이 묶인 상태에서 조약이 체결됐다는 의미로 '굴레 늑(勒)'을 사용했다. 일찌기 신채호나 박은식도 을사늑약(乙巳勒約), 을사늑결(乙巳勒結)로 표현한 바 있다. 그러나 MB정권은 이를 다시 일본의 입맛에 맞게 역사를 피해자인 우리 민족보다는 가해자인 일본인의 입장을 옹호하고 변호하도록 조작하고자 한 것이다.

박근혜씨가 '민족중흥의 영웅'이라 떠받드는 박정희 독재정권하에서 내가 과거에 배운 국사교과서에서는 조선을 보호하기 위해 조약을 맺었다는 의미의 '을사보호조약'으로까지 표현했다. 피해자인 우리 민족의 입장은 철저히 무시되고 가해자 일본 측 입장이 그대로 반영된 이 표현에서 비록 우리나라가 일제 압제에서 벗어났지만 여전히 박정희를 비롯한 친일파들이 위세를 떨치고 있었음을 충분히 짐작할 수 있다.

이런 가운데 지난번 국가보훈처도 민주화운동을 폄하하는 DVD

를 초·중등학교에 배포해 상영하려다가 미수에 그친 일이 있었다. '누가 대한민국을 부정하는가'라는 자극적 제목을 단 이 영상물은 국감 과정에서 문제가 됐는데, 국민 혈세로 제작된 이 DVD를 보훈처도 교과부도 누가 제작했는지 공개할 수 없다고 국회에서 증언했다.

이 영상물은 "종북세력은 1972년 유신체제하에서는 사회주의 건설 목표를 숨긴 채 반유신 반독재 민주화투쟁을 빙자해 세력 확산을 기도했다"고 표현했다. 그것은 극악한 박정희 유신독재에 항거한 함석헌, 장준하 등 다수 국민들의 의로운 민주화운동을 마치 북한 사주를 받은 종북세력의 공작인 것처럼 우리 역사를 왜곡하고 조작했다.

자라나는 학생들에게 인권과 민주주의 가치를 확립하고 자랑스러운 역사를 가르쳐야 할 보훈처가 조작되고 왜곡된 영상물을 교재로 사용해 박정희, 전두환 독재정권을 정당화시키는 내용을 학생들에게 주입시키려 했다는 것은 끔찍한 일이다. 현 정권은 민주화운동을 폄훼하고 반면 야만적 독재정권을 두둔한다. 무엇보다 민주화운동 유공자들을 종북세력으로 몰아붙이며 우리가 이나마 달성한 민주주의를 위협하고 있다.

그럼에도 준장 출신 박승춘 보훈처장은 여전히 건재하다. 더욱이 박승춘은 얼마 전 보훈처 소유 88골프장에서 하나회 출신인 김용기 88골프장 사장과 함께 광주학살 살인마 전두환을 VIP로 접대하기까지 했다.

학살은 결코 정당화할 수 없다

다시 강조하지만 2010년 6월 영국 캐머런 총리는 국회에서 '피의 일요일' 학살에 대해서 이렇게 용서를 빌었다.

"38년 전 그날 일어났던 일들은 결코 일어나지 말았어야 했습니다. 이것은 결코 정당화할 수 없는 사건입니다. 우리 군의 일부가 잘못 행동했고, 정부는 군의 행동에 궁극적으로 책임을 져야 합니다. 저는 정부를 대신해, 그리고 이 나라를 대신해 깊이 사과드립니다. 정부는 '피의 일요일' 사상자 가족에게 보상할 것입니다."

당시 사건 현장이었던 북아일랜드 런던데리의 길드홀광장에 운집한 1만여 명의 북아일랜드인들은 대형 스크린을 통해 중계되는 연설에서 총리가 지난 12년간 전면 재조사의 결과물인 '새빌 보고서'의 주요 내용을 읽어내려 갈 때마다 환호했다. 일부 희생자 가족들은 희생자들을 무장폭도로 몰았던 당시 보고서를 찢어 던지면서 "드디어 진실이 햇빛을 보게 됐다"며 기뻐했다.

그러나 우리는 어떤가? 광주민주화운동, 광주민주항쟁의 사망자 수는 정부 공식 발표로만 191명이다. 하지만 광주유족 단체들의 20여 년에 걸친 자체 조사결과로는 사망자수가 606명이다. 실종자에 부상 후 사망자 수까지 합치면 1000명이 넘을 수도 있다는 분석까지 있다. 사망자 수에서, 그리고 10일 동안 계속된 항쟁이라는 측면에서도 80년 광주는 72년 '피의 일요일'보다 더 처절했고 그만큼 의미도 크다.

하지만 광주는 아직도 정확한 진상이 오리무중이다. 그리고 가해자 학살범 전두환은 매년 우리가 내는 혈세 8억 원을 국고에서 지원받으며 떵떵거리고 서울시내를 활보하고 외교관여권으로 해외를 누

빈다. 그리고 우리 정부는 누가 광주에서 먼저 발포했는지, 발포 명령자는 누구인지 하는 기본적인 내용마저 전혀 밝히지 않고 있다.

장준하선생의 죽음에 대한 관련자료도 국가기록원은 2074년까지 비공개를 결정했다. 국가기밀도 30년이면 비밀이 해제되지만 개인 장준하에 대한 기록은 99년간 비공개라는 몰상식이 우리 사회를 지배하고 있다. 박정희가 정말 장준하 선생을 죽이지 않았다면 모든 자료를 공개하고 국민의 심판을 당당하게 받아야 마땅하지 않나?

자료와 증거를 조작, 은폐하면서 "나는 결백하다"고 주장하는 박정희와 그 추악한 추종세력들이 득세하는 한 우리에게 내일은 없고 우리 미래에 희망은 없다. 그리고 단언하건대 우리는 지구상의 영원한 인권후진국으로 남을 것이다.

물론 학살을 기억하고 기록해야 한다. 그러나 더 중요한 것은 가해자의 뼈저린 참회, 반성, 사과에 이은 피해자 배보상과 가해자 처벌 등, 국가의 후속조치가 뒤따라야 한다. 그래야만 비로소 피해자들이 받은 말못할 트라우마와 악몽과 같이 깊은 상처는 그나마 치유될 희미한 가능성이 있을 것이다.

"역동적인 한국 현대사,
난 희망을 잃지 않는다"

오마이뉴스 2017.02.13.

성공회대 한홍구 교수를 처음 만난 것은 지난 노무현 정부 시절 대통령 소속 의문사진상규명위원회에서다. 당시 내 업무 중의 하나는 대통령과 국회에 제출하는 보고서를 작성하는 일이었다. 이 보고서 작성일 때문에 나는 한두 달에 한 번씩 그와 업무상(?) 만나 보고서에 대한 자문을 받고 저녁에는 술 한 잔, 밥 한 끼를 함께 했다. 그때 그는 수염도 없었고 그래서 그런지 나는 그가 그렇게 유명한(?) 사람인지도 몰랐다.

그 후 진실화해위원회에 근무할 당시 나는 비정규적으로 혹은 우연히 이런저런 자리에서 그를 만났다. 그의 역작 〈대한민국사〉를 통쾌하고 재밌게 몇 차례 읽은 바 있지만 여전히 그에 대해 잘 몰랐다.

내가 그를 좀 가까이 알게 된 것은 지난 2010년 내가 몸담고 있던 진실화해위원회에서 쫓겨나고 '이영조 소송사건'이 한창이던 길거리 '구직자' 신세였을 때였다.

어느 날 그에게서 전화가 왔다. 당시 그의 연구소는 지금은 탄핵

영국 필자의 집을 방문한 한홍구 교수(오른쪽)

심의가 한창 중인 헌법재판소 부근이었다. 그는 따뜻한 밥과 술을 사주며 심신이 피곤한 나를 따뜻하게 위로해 주었다. "절대 실망하지 말고 긴 호흡으로 가야 합니다. 정의는 반드시 승리합니다. 진실은 반드시 밝혀집니다. 좌절하지 말고 담담하게 나아가야 합니다"라는 그의 따스한 격려는 내게 큰 힘이 되어주었다. 그 후에도 그는 나를 종종 불러 밥과 술을 사주며 따뜻하게 위로해 주었다. 이때 나는 인간 한홍구의 '따뜻한 진보'를 몸으로 체험했다.

2017년 1월 27일 영국 케임브리지대학의 김대중기념강연에 초청받아 한홍구 교수가 영국에 왔다. 그의 강연에 초대됐지만 나는 일정이 안 되어서 참석을 못했다. 그래서 지난 1월 29일 나는 그를 영국 시골의 우리집으로 초대했다. 우리는 식사를 함께하고 나는 차를 운전하여 그에게 영국의 조용한 시골을 보여주었다. 미국에서 10년간 공부한 그였지만 영국 방문은 처음이라는 것을 이번에 처음 알았다. '떡 본 김에 제사 지낸다'고 그를 만난 김에 아예 현 시국과 관련하여 대담을 진행했다. 다음은 한홍구 교수와 나의 집에서 진행한 대담을 정리한 것이다.

이번 케임브리지대학 강연의 참석자들은 누구이고 강연의 주요 내용은 무엇인가?

"케임브리지대학 장하준 교수 등 교수 20여 명과 학생 80여 명이 참여했다. 오랜만에 영어로 강의하느라 고생 좀 했다. 주요 강의 내용은 한국의 촛불집회와 박근혜-최순실 게이트, 탄핵국면과 관련한 한국역사였다. 또 현재 한국 지배세력이 국가와 사회에 대해 무책임한 점을 언급했다. 한국 지배세력의 형성과정이 일제 강점기 친일파들로부터 시작해 현 지배세력까지 이어졌다는 점을 강조했다. 이후 한국전쟁 때 시민들을 버리고 도망가며 한강 다리를 폭파시킨 이승만은 세월호를 버리고 사람을 수장시키고 도망간 세월호 선장 등으로 이어진다고 설명했다.”

"역동적인 한국의 현대사에서 나는 희망을 잃지 않는다"

우리나라 지배세력의 가장 큰 문제점은 무엇이라고 보나? 그리고 그런 문제에도 불구하고 시민들이 희망을 버리지 않아야 하는 이유가 있다면?

“현재 한국 지배세력은 도덕적 책임감, 즉 ‘노블레스 오블리주’가 없다. 즉 진짜 주인이 아니라 그 뿌리는 친일파들이다. 한국전쟁 후 7년도 안 돼서 시민혁명이 일어났다. 2차 대전 후 독립한 나라 중 한국에서 세계 최초로 시민혁명인 4.19 혁명이 일어났는데 그 주도 세력은 청소년들이었다. 그러나 그런 기운을 다시 일본군 출신 친일파 박정희가 짓밟았다. 다시 청년 학생들이 일어나 지난 1979년 부마항쟁, YH 사건 등을 겪었고 결국 10.26 사건으로 박정희가 죽었다. 이후 다시 독재자 전두환이 나타나 광주학살 등으로 시민들을 탄압했으나 87년 6월항쟁으로 시민들이 승리했다. 그러나 1990년 노태우-김영삼-김종필의 3당합당이 일어났다. 그러나 그럼에도 불구하고 김대중, 노무현 대통령으로 이어진 역동적인 한국의 현대사에서 나는 희망을 잃지 않는다. 진실과 정의가, 비록 느리지만, 언젠가는 항상 승리할 것이라는 희망을 갖고 있다.”

프랑스는 2차대전 후 나치정권에 협력한 부역자들을 처단한 역사를 세웠다. 그런데 영국인들에게 현재 한국의 지배세력이 친일파들과 그 후손들이라는 현실을 어떻게 설명했나?

"2차대전 후 독립한 나라 중 부역자들이 정권을 잡은 나라는 남한과 남베트남 밖에 없다. 남한과 남베트남의 공통점은 분단이다. 해방 후 우리나라의 독립 투사들은 거의 살해당했다. 친일파들에게 애국자들이 죽임을 당한 것이다. 그리고 이것이 한국전쟁기를 전후하여 민간인학살로 이어졌다. 친일파들을 청산하자는 독립군 애국자들은, 오히려 친일파들에 의해 거꾸로 청산되었다. 그런 비극이 현재까지 이어지고 있다. 박근혜 아버지 박정희는 일본군 다까끼 마사오이고, 최순실의 아버지 최태민은 일제강점기 일본 순사였다. 한국 민주화운동은 이런 독재자들과의 싸움이고, 이런 독재자들의 본질은 친일파들이라는 점을 설명했다."

영국인들이 한국의 보수주의란 개념을 이해하나?

"영국인들은 한국의 우파 보수주의자들을 이해 못한다. 우파 보수주의란 민족이 기본이다. 그러나 한국의 우파 보수주의자들에게는 민족이 없다. 한국에서는 민족주의자인 조봉암, 장준하 등이 모두 죽임을 당했다. 함석헌 선생이야말로 진정한 보수주의자가 아닌가. 한국에서는 좌파들이 오히려 유럽 우파보수주의자들이 가장 기본으로 삼고 있는 민족 문제를 이야기한다. 그래서 결국 통진당 사태처럼 불행한 일들이 벌어졌다."

〈반헌법행위자열전 편찬위원회〉에서 오는 2월 16일 오전 10시 서울 프레스센터 19층 기자회견장에서 반헌법행위자 관련 집중검토 대상자 300여 명의 명단을 발표한다. 이번에 이런 명단을 발표하게 된 배경은?

"1945년 해방 후 친일파가 부활했다. 1960년 4.19 혁명 후 일본군 출신 박정희가 그 다음해 쿠데타를 일으켜 민주정신을 말살시키고·친일파를 부활시켰다. 1979년 10.26 이후 이 땅의 민주주의가 다시 꽃을 피우려 했다. 그러나 곧 1980년 5월 전두환이 광주에서 민간인을 학살하고 군사반란을 일으켜 정권을 잡았다. 1987년 6월 항쟁이 일어났다.

그러나 전두환의 친구인 노태우가 정권을 잡았다. 1997년 IMF 후에도 한국의 재벌은 여전히 건재함을 보이고 있다. 2004년 노무현 대통령 탄핵 기각 후에도 수구세력은 다시 부활하여 지금까지 그 건재함을 보이고 있다. 이런 모든 점을 고려해 볼 때에, 현 촛불집회와 박근혜-최순실 게이트 탄핵국면에서도 '우리가 절대로 방심하면 안 된다'는 취지로 반헌법행위자 관련 집중검토 대상자 300여 명의 명단을 발표하기로 한 것이다."

지난 2015년 〈반헌법행위자열전 편찬위원회〉의 출범과 2016년 1차 명단 발표 때까지 수록 대상의 시기는 민주적 정권교체가 이루어진 1997년 이전, 수록 대상 반헌법행위의 유형은 학살, 내란, 고문 및 간첩조작, 부정선거 등으로 한정하였다. 오는 16일 발표할 명단도 1997년 이전 수준인가?

"아니다. 오는 16일 발표에서는 박근혜 게이트의 발생과 1차 명단 발표 이후 다방면의 요구를 반영하였다. 그래서 수록 시기를 아주 최근까지로 확대하고, 수록 대상 유형도 언론탄압, 민주적 정권교체 이후의 반헌법행위를 대폭 추가하였다."

그럼 오는 16일 발표회와 뒤이은 기자회견에서 언론에 공개될 주요 내용은 무엇인가?

"기자회견에서는 기자분들의 기사 작성에 도움이 될 수 있는 자료가 구체적으로 제공될 것이다. 이를테면

1) 반헌법행위 집중검토대상자로서 현직이 있는 사람들의 이름, 직위, 반헌법행적,

2) 대통령, 대법원장, 국회의장, 국무총리, 중앙정보부장(안기부장·국정원장), 주요 장관, 검찰총장, 육군참모총장, 보안사령관 등 대한민국의 요직을 역임한 자들 중 반헌법행위 집중검토 대상자로 선정된 사람들의 명단,

3) 2회 이상 중복되어 중대한 반헌법행위를 한 것으로 파악된 자들의 이름, 직위, 중복 횟수와 사건,

4) 검찰, 군, 법원, 행정부, 중앙정보부(안기부·국정원), 보안사, 경찰 등 영역별 명단과 숫자 등의 통계표 등이 제공될 것이다."

"'박정희 신화'를 무너뜨리는 것이 결국 그의 딸 박근혜"

이번 박근혜-최순실 게이트를 보면서 드는 생각은, 역설적이게도 그 막강한 이른바 '박정희 신화'를 무너뜨리는 것이 결국 그 딸인 박근혜 자신이 아닌가라는 생각이 드는데?

"지난 2013년 8월 14일 내가 '박근혜 잘못, 닉슨보다 100배 크

다'라는 제목으로 〈오마이뉴스〉와 인터뷰를 한 적이 있다. 그 인터뷰에서 나는 박근혜, 김기춘, 남재준 등장으로 곧 박근혜, 김기춘, 남재준, 박정희가 몰락할 것이라고 예고했다. 당시 나는 '우리가 드디어 박정희 신드롬을 박근혜에 대한 환멸과 함께 묻어버리게 될 것 같다'고 예언했다. 이 정도면 이제 어디 가서 돗자리라도 깔 수 있지 않을까?(웃음)"

〈반헌법행위자열전 편찬위원회〉의 활동에 독자들과 시민들이 구체적으로 도움을 줄 수 있는 방법이 있나?

"과거에도 독자들과 일반 시민들이 〈친일인명사전〉 제작에 큰 도움을 준 바 있다. 〈반헌법행위자열전〉 편찬은 현재 한국의 사회문제에 당장 직결되는 것으로 매우 중요한 일이다. 반헌법 범죄 사건인 '박근혜 최순실 게이트' 중심에는 김기춘 황교안 같은 자들이 있다. 그래서 독자들과 일반 시민들이 적극적으로 후원하고 참여하시길 요청드린다."

"피해 당사자들과 관련자들의 제보가 중요하다"

〈반헌법행위자열전〉의 집필진 구성과 열전의 제작 방법이 궁금한데?

"현재 집필진은 역사학자 등 다양한 지식인들을 포함하고 있다. 나름 사회 각 분야의 일반 전문가들도 모두 참여했으면 한다. 집필진에 각 분야 원로들은 물론 젊은 소장학자들과 의식 있는 사람들도 모두 참여했으면 한다. 또한 집필진뿐만 아니라 이른바 '인터넷 네티즌 수사대'의 활약처럼 직접 피해 당사자와 관련자들의 제보도 무척 중요하다. 고문기술자 이근안이나 문귀동 같은 사람들은 이미 언론에 널리 알려졌지만 우리가 그 이름을 모르는 고문 피해자들과 가해자들은 수천 명 이상이다.

또 한국전쟁 때 수십만 명이 학살당했다. 방방곡곡 골짜기에서 수백, 수천 명을 죽인 사람도 많다. 이 가해자들은 모두 반헌법행위자들이다. 그러나 우리는 그 가해자들의 이름을 너무 모른다. 그래서 피해 당사자들과 관련자들의 제보가 무척 중요하다. 한 예로 심진구씨(1960-2014)는 〈민족해방 노동자동맹 사건〉의 주범으로 몰렸다. 그리고 고문 후유증으로 2014년 돌아가셨다. 그 분이 살아생전 자기를 고문한 사람들을 그림으로 그렸다 전부 5명을 그렸는데 그 중 한 명이 정형근이다. 나머지 4명은 여우, 곰, 불독, 독사 등 별명을 붙였다. 이름을 모르기 때문이다. 대신 4명의 얼굴 등은 상세히 그림으로 그리고 기록했다.

그러나 4명의 신원은 아직까지 밝히지 못했다. 이것은 우리나라 지식인들과 시민사회의 나태함과 무책임이다. 각 언론 티브이 등에서 이들을 보도하고 보여주었다면 시민들이 보고 알아채고 제보할 수 있을 것이다. 아직도 가해자 나머지 4명은 우리 사회 속에서 멀쩡히 살아가고 있을 것이다. 그리고 그 때 그 사건, 그 검사, 판사들이 우리 사회에서 멀쩡히 살고 있다. 현재 대법원장 양승태도 이적단체 논란이 있는 한국청년단체협의회(한청) 사건을 유죄 판결한 사람이다. 김기춘뿐만 아니다.

간첩조작 사건 하나 만들어 내려면 수십 명 사람의 협업이 필요하다. 이 모든 부정한 것을 한국사회가 정리하기 위해서는 각 관련 기관과 언론사와 모든 대중들이 참여하여 서로 정보를 공개, 제공, 제보해야 한다. 또 필요하다면 상징적으로 현상금도 걸고 등등 각종 아이디어가 필요하다. 우병우 잠적 때에 시민들과 시민단체 등이 합심해서 공개수배 현상금도 건 적이 있었다.

지금도 반헌법행위자 가해자들이 상당수 살아 있다. 지금이라도 그들이 스스로 자기 죄를 밝히고 진심으로 사죄하고 용서를 구한다면 이것이 바로 피해자들에게는 최고의 치료약이 될 것이다. 사법부의 재심으로 무죄판결도 중요하지만 피해자에게 이런 것이 좋은 치료약이다. 가장 좋은 치료약을 구한다는 마음으로 이 일을 시작했다."

"역사는 반드시 승리한다, 진실은 반드시 밝혀진다"

조금 조심스럽지만 다음달 3월 박근혜가 헌재에서 탄핵 인용이 된다고 가정을 하고 그 이후 대선 정국에서 야당이 아주 잘하면 정권을 잡을 수 있지 않을까 상상도 해본다. 그러나 야당 대선후보자들이 분열하면 지난 1987년처럼 '죽 쒀서 개주는' 참사가 일어날 수도 있을 것 같은 우려도 든다. 야당의 대선후보자들에게 역사학자로서 한 말씀?

"대한민국의 걸출한 두 명의 지도자 김대중 대통령과 노무현 대통령, 안타깝게도 두 분 모두 억울하게 돌아가셨다. 국민의 정부, 참여정부 시절에 결국 과거사 청산을 제대로 못했기 때문에 두 분이 그렇게 돌아가신 것이다. 노무현 대통령은 새로운 시스템을 만들어 개혁을 진행시켰다. 그러나 노무현의 개혁이 실패한 이유는 바로 구체제 과거사를 청산하지 못한 상태에서 개혁을 진행시켰기 때문이다.

우리에게 이제는 김대중, 노무현 같은 정치 지도자도 없다. 그래서 이제는 정말 대중들의 역할이 더욱 중요하다. 좋은 예가 '광장의 촛불'이다. 반란 수괴 전두환, 노태우도 감옥은 갔었다. 하지만 두 사람 모두 현재는 정상인으로 생활하고 있고 그들을 만들었던 사람들도 지금 그대로 있다. 김기춘, 최순실은 이미 감옥에 갔고 박근혜, 우병우는 앞으로 감옥에 가겠지만 그들을 만들었던 사람들은 지금도 그대로 있다.

대표적인 것이 황교안이다. 박근혜 게이트의 공동책임에서 자유로울 수 없는 그가 오히려 대선 후보로 거론되고 있다. 그들은 공안 세력들이다. 그리고 그들의 뿌리는 해방 후 반민특위를 해체한 세력이고 그들이 백범 김구를 암살한 세력이다. 또 그들이 한강 다리를 폭파시키고 도망간 이승만 세력들이다. 그들 세력이 지금까지 이어지고 있다.

이것들을 뒤집을 수 있는 계기가 된 것이 세월호 사건이다. 그것은 큰 충격이었다. 우리는 지난 3년 가까이 '이게 나라냐? 이 나라가 왜 이 모양인가?' 하고 시민들은 뼈저리게 느꼈고 그 귀결점은 '박근혜 김기춘 최순실 등 이런 자들이 나라를 이끌었기 때문이다'라고 깨달았다. 그 결과 역사상 찾아보기 힘든 천만 명 이상의 '촛불'이 광장에 모여들었다. 우리는 촛불의 분노, 슬픔, 좌절감을 오래 간직해야 한다.

우리들은 절대로 수구세력들을 얕잡아 봐서는 안 된다. 지난 2004년 탄핵정국에서 수구세력들은 잠시 밀렸지만 1년 만에 다시 재기했고 부활했다. 우리들은 그 탄핵정국의 그 좋은 상황에서도 국가보안법을 폐지 못했다. 그리고 10년 만에 김기춘 황교안 같은 자들이 통합진보당을 해산시켰다.

이 견고한 수구세력을 우리 촛불과 야당들이 이번에 어떻게 해체시키느냐가 중요한 문제다. 우리 촛불들은 장기적인 계획을 가지고 너무 조급해져서는 안 된다. 수구세력의 힘은 너무 막강하다. 지난 20세기 100여 년간 수구들의 세상이었다. 그나마 민주정권 하에서 새로운 민주 대중세력들이 자라났다. 더 이상 독재정권, 수구정권을 용납하지 않는 새로운 시민들을 키워냈다. 그리고 이 촛불시민들이 역사의 주역이 되는 새로운 시대가 열렸다. 지금 우리는 새 역사의 과도기, 전환기의 시작에 서 있다.

세월호 사건 때에 남을 살리고 죽어간 박지영씨 같은 사람들, 그리고 이런 분들의 분신이 지금 촛불을 들고 있는 것이다. 절대 실망하지 말고 긴 호흡으로 촛불을 들어야 한다. 우리 촛불의 역사는 반드시 승리한다. 진실은 반드시 밝혀진다. 그러기 위해서 좌절하지 말고 속지 말고 담담하게 나아가야 한다. 혹 우리 편이 무슨 잘못에 빠졌을 때에도 같이 지켜봐주고 함께 힘을 모아주는 그런 자세가 필요하다."

우리나라는 2차대전 후 세계열강에 의해 분단국가가 되었다. 이런 분단 상황을 이용해 역사적으로 수구세력정권은 북풍공작을 해왔다. 박근혜정권은 개성공단을 폐쇄시켰다. 보수주의자인 재미동포 아줌마 신은미 선생도 추방시켰다. 이런 상황을 우리가 어떻게 극복할 수 있을까?

"남북한 통일 이전 남한 내의 친일파 공안세력의 제거가 우선이다. 장준하, 조봉암, 함석헌, 김구 같은 분들이 참 보수주의자들이다. 이런 분들이 남한에서 참 보수주의자로 자리 잡게 해야 한다. 그럴 때 우리는 이런 분단의 모순 상황을 극복 할 수 있을 것이다."

총선서 민주당 의석 확대하면
개혁 드라이브 다시 걸어야

오마이뉴스 2020.02.03

김동춘 교수는 경북 영주 출신의 사회학자다. 그는 지난 2004년 한겨레신문 선정 '한국의 미래를 열어갈 100인'으로 뽑혔고, 2006년 에는 제20회 단재상을 수상했다. 그의 저서 가운데 한국의 민간인학 살 문제를 다룬 〈전쟁과 사회〉는 지난 2005년 프랑크푸르트 국제도 서전이 뽑은 '한국의 책 100권'에 선정되었다. 더불어 이 책은 지난 2010년 한국, 중국, 일본, 대만, 홍콩을 대표하는 '동아시아 100권의 인문도서'로 선정됐으며, 독일어, 영어, 일본어판이 나오기도 했다.

10년간 영국유학 생활을 마치고 2000년 귀국한 나는 당시 막 출 간된 김동춘 교수의 〈전쟁과 사회〉에서 보도연맹사건을 처음 읽고 큰 충격을 받았다. 첫째는 역사학을 공부했으면서도 보도연맹사건을 몰 랐던 나의 무지에 부끄러웠고, 둘째는 "반만년 역사 위에 찬란하다 우 리 문화"라는 '조국찬가'가 너무도 부끄럽게 느껴졌던 그 순간을 지금 도 생생히 기억한다. 자랑스러운 대한민국이라는 '아름다운 이 강산' 의 얇은 표피를 한 장 들어내고 나타난 우리의 추악하고 어두운 잔인

영국 필자가 사는 동네의 카페에서 김동춘 교수(왼쪽)

한 모습에 나는 경악했다. "어떻게 이런 비인간적이고 야만적인 국가 폭력이 무려 반세기동안이나 이 땅에서 감추어질 수 있었을까?" 그리고 그 은폐된 껍질을 벗겨낸 한학자의 창의적 연구와 정의감에 나도 모르게 갈채를 보냈다. 그렇게 김동춘과 나와의 만남은 시작되었다.

그리고 얼마 후 한 출판사에서 내게 요청이 왔다. 그의 책 〈전쟁과 사회〉를 영어로 번역 해줄 수 있느냐고. 물론 나는 하고 싶고 영광이라고 했다, 그러나 출판사에서 제시한 번역마감일이 너무 촉박했고 그래서 부득이 나는 그 제의를 고사할 수밖에 없었다.

김동춘 교수를 직접 만난 것은 내가 대통령 소속 의문사진상규명위원회에 근무할 때였다. 한 컨퍼런스가 끝나고 집 방향이 같은 우리는 지하철 안에서 한국현대사와 함석헌에 대한 이야기를 나누었다. 그리고 또 얼마 후 우리는 어떤 세미나에서 만났고, 결국 진실위에서 다시 만났다. 나는 학자로서의 김동춘 교수의 끈질김과 집요함을 좋아한다, 무엇보다도 그의 정의감을 존경한다.

그런 김동춘 교수가 2020년 1월 26일부터 27일까지 영국에 사는 나의 시골집을 방문했다. 그가 1박 2일간을 이곳에 머무르는 동안, 나는 그에게 내가 살고 있는 영국의 시골구석을 보여주었다. 우리는 내가 운전하는 차 안에서, 또 조용한 카페에서, 또 시끌벅적한 선술집에서 많은 대화를 주고받았다. 그는 올해 1월을 프랑스 파리대학에서 대한민국에 대한 특강을 하면서 보냈다. 다음은 지난 이틀간 그와 나눈 여러 대화를 정리한 것이다.

"한국, 여전한 경제제일주의… 환경·에너지·식량안보 관심 없어"

올해 1월 프랑스 파리대학에서 어떻게 강의하게 된 건가? 강의 주제는 무엇인가?

"학생 대상의 강의, 교수나 연구자들이 참석하는 세미나 등 총 다섯 번의 발표행사가 예정돼 있다. 나를 초청한 사회과학고등연구원(EHESS)이 원래 4번의 강의 세미나를 요청했는데 파리7대학에서 '한국의 분단과 북한'이라는 강의를 하나 더 요청했다. 네 번의 강의와 세미나는 내가 한국에서 해온 작업 중 프랑스인들이 관심 가질 만한 주제로 선정했다. '분단과 전쟁정치', '한국의 이행기 정의', '민주주의의 위기', '한국전쟁 70년'이 네 가지 주제다."

파리대학에서 프랑스인들에게 강의를 하면서 느낀 점은? 또 강의를 듣는 학생들의 반응이 어땠는지 궁금하다.

"파리7대학의 학부 2~3학년 한국학과(다른 과 학생들도 들으러 온 듯) 학생들을 대상으로 한 강의가 인상적이었다. 나의 서툰 영어 강의가 이들에게 얼마나 정확히 전달되었는지는 알 수 없지만 100여 명의 학생들이 매우 진지하게 수업을 들었고, 현재 북한의 핵개발 등 여러 가지 현안에 대해 많은 질문을 했다.

언론의 편향된 보도 때문에 북한과 김정은 체제에 대해 매우 일방적인 판단을 가지고 있을 것이라고 전제하고 강의를 진행했다. 분단과 한국전쟁이 어떻게 오늘의 북한을 만들었는지, 그리고 오늘 한국의 청년들이 남북한 분단문제에 무관심한 상황 등에 대해서도 설명했다. 이 대학 한국학과에는 한류에 대한 높은 관심 등으로 130명 입학생 모집에 1000여 명이 몰려왔다는 소문도 들었다. 어쨌든 매우 고무적인 현상이라 생각했다."

우리나라가 세계평화와 환경위기 문제에 대해서 어떤 대책도 없는 2류 국가에 불과하게 된 원인이 어디에 있다고 보는가? 또 우리나라가 세계평화나 환경위기 문제 등에 관심을 갖고 참여하기 위해 어떤 노력이 필요하다고 보는가?

"개발주의와 자국중심주의의 틀에서 벗어나지 못했기 때문일 것이다. 분단과 냉전이 한국인들의 사고를 한반도의 틀 내에 머물게 만들었고, 김대중 정부 이후 문재인 정부까지의 민주정부도 박정희식의 개발주의로부터 제대로 이탈하지 못했다. 지식인들은 물론 언론도 국제뉴스에 대한 전문성이 부족하고, 학교에서도 국제문제를 다루지 않아서 거의 모든 국민이 인류가 오늘 부딪힌 문제, 한국이 지구의 환경위기나 분쟁과 갈등 등에 어떻게 기여해야 하는지 문제의식이 없다.

가장 중요한 책임 주체는 주요 보수언론과 정치권일 것이다. 국내 정치 투쟁에 사활을 걸고 있으니 막상 앞으로 한국이 맞게 될 환경, 에너지, 식량안보에 대해서 거의 관심이 없다. 경제제일주의가 그들의 유일한 철학이자 가치이다. 그러나 일부 청소년들이 청소년 인권문제를 유엔에 제소하고 기후위기 관련 시위까지 하는 것은 중요하고 의미 있는 변화다."

1월 파리에 머무르는 동안 연금개혁 반대파업을 현장에서 목격하면서 사회학자로서 느낀 점은?

"연금개혁안이 워낙 복잡해서 내가 이 문제에 대해 논평할 능력과 자격은 없다. 수령 연령을 늦추고, 직업별로 복잡한 연금구조를 통합하는 것이 핵심이고, 국가 재정위기를 극복하자는 게 취지인 것으로 보인다. 또한 실적주의에 기반해 대학 및 연구자들을 평가하는 건 신자유주의적인 성과주의에 기초한 것으로 보인다. 한국과 마찬가지로 세대문제가 결합되어 있는 것 같다. 한국의 공무원연금, 군인연금처럼 특권화된 부분이 있다면 조정이 필요할 것이다.

그런데 프랑스의 현재 연금구조가 일종의 세대 착취적 성격이 있는지는 잘 모르겠다. 단지 연대주의에 기초한 사회복지체제가 개인주의와 성과주의로 가는 것에는 심각한 문제가 있을 것 같다. 특히 연구자들에 대한 평가체제의 변화는 한국에서 이미 20년 전부터 진행되어 온 것이라, 그 결과가 매우 우려스럽다. 한국은 이러한 성과주의 때문에 이미 되돌릴 수 없을 정도로 대학과 지식사회가 망가진 상태다. 그 점에서 프랑스는 이제 시작인지도 모른다."

"공수처 설치 등은 현대사 대사건… 사법판결 통제도 있어야"
지금 문재인 정부가 검찰개혁을 진행하고 있지만 사법개혁도 시급한 것 같다. 검찰·사법개혁을 완수하기 위해 정부의 어떤 노력이 더 필요하다고 보는지?
"공수처 설치, 검찰권한 축소, 검경수사권 조정은 70년 현대사의 대사건이다. 이 정부의 최대의 성과라 생각한다. 단지 경찰에 대한 불신이 여전히 높기 때문에 경찰에 대한 민주적 통제, 특히 점진적인 자치경찰제도의 도입이 필요할 것 같다. 사법개혁은 아직 진도가 거의 나가지 않았다. 법원행정처 개편 등 행정 권력의 사법지배를 막을 수 있는 입법 작업이 빨리 이루어져야 할 것 같고, 사법판결에 대한 시민적 통제방안이 추진되어야 할 것 같다.
그렇게 하더라도, 정치의 사법화 현실은 극복되기 어려운데, 결국은 정치가 제자리를 잡아야 사법도 제자리를 잡을 것이다. 특권의식과 엘리트의식으로 가득 찬 청년들이 사법부를 채우는 이 현실은 매우 심각한데, 로스쿨과 변호사 시험제도의 전면 재검토가 필요할 것 같다. 지금 시점에서 검찰과 사법의 정치화를 막는 것이 가장 중요하지만, 더 중요하고 심각한 것은 검찰과 사법의 강자편향, 계급편향의 극복이다."

인혁당 사건에서 간첩조작으로 8년간 억울하게 옥살이한 이창복 선생이 그 후 재심 결과 무죄판결을 받았다. 하지만 '배상금이 과다 책정됐다'는 박근혜 정권의 조치로 인해 지금까지 국가에 의해 '빚 고문'을 받고 있다. 이런 분의 억울한 상황에 대해 문재인 정부에서는 '나 몰라라' 하고 방관하고 있다는 비판이 많다.

"안타까운 일이다. 민간인학살사건 피해자인 채의진 선생도 이것으로 무척 고통을 받다가 결국 일찍 돌아가셨다. 정부 예산 부족을 명분으로 한 박근혜의 검토 지시 한 마디가 이런 결과를 가져온 것으로 기억한다. 법원의 판결에 대해 대통령이 정치적 조치로 원상회복을 할 수 있을지는 잘 모르겠지만, 법원의 무리한 납부 독촉을 중지할 수 있도록 특별조치를 해 줄 수 있다면 좋겠다. 국가가 참으로 해서는 안 될 일을 하고 있다고 생각한다."

지난 1980년대 재일동포 간첩조작사건의 피해자 김병진 선생은 이렇게 하소연한 적이 있다. "한국의 법체계는 국가폭력의 피해자보다는 가해자에게 유리하게 되어 있다. 내 사건에 대한 진실규명이 국가기관에 의해 공식적으로 이루어졌는데도 내가 법적으로 구제나 보상받을 길이 전혀 없다." 인권변호사 출신 대통령이 당선됐지만, 이런 분이 보상받을 길을 마련해 줄 능력이나 의지가 없는 것이 아니냐는 지적도 나온다.

"'지연된 정의가 정의인가'라는 질문이 있다. 사실 지연된 정의가 정의에 최대한 가까이 가기 위해서는 국가가 최대한 원상회복 노력을 해야 한다. 그러나 진실위 등을 통한 진실규명은 기존 사법부에 의해서도 다시 심판 절차를 거쳐야 한다. 진실위의 기능은 보조적이고, 과거의 검찰 사법부 등 정부기관은 또다시 심판자의 역할을 하고 있다. 나는 법원이 재심을 하게 된 것 자체는 다행스러운 일이라고 본다. 하지만 사법부에 또다시 호소할 수밖에 없는 현실에 대해서는 오래전부터 절망스럽게 생각했다.

여순사건 피해자들은 72년 만에 무죄판결을 받았고, 판사가 사죄했다고 신문에 크게 보도했지만 검찰과 사법부가 그동안 무슨 기여를 했단 말인가? 사건의 진실규명에 앞장선 여수지역사회연구소 등 시민단체와 여순사건에 대한 진상규명을 벌인 진실위가 없었다면 이런 판결이 나올 수 있었을까? 이런 중요한 업적은 슬쩍 빠지고 사법부의 판결만 부각되는 이 현실에 대해 나는 큰 허탈감을 갖고 있다. 유족들도 이런 시민사회나 진실위의 역할들은 무시하고 변호사들만 대단하게 여긴다. 본말이 전도된 것이다.

사법부가 정의로운 역할을 하는 길은 멀고 험하다. 피해자의 심정은 이해할 수 있으나 국가권력 자체가 이러한 한계를 갖고 있다. 이것은 비단 한국만의 문제는 아니다. 문재인 대통령이 아니라 더 확고한 신념을 가진 인권변호사가 와도 이런 문제의 해결은 쉽지 않을 것이다. 결국 유족들은 물론 시민사회가 이런 문제에 대해 더 민감성을 가져야 한다."

지난 2013년 개정안이 발의된 과거사법은, 연로한 유가족들이 속이 새카

맑게 타가는 상황인데도 불구하고 지금 7년 째 국회를 표류 중이다.

"한국당의 반대보다는 민주당의 의지 부족이 더 큰 원인이 아닐까 생각한다. 2000년 이후 몇 년 동안 1기 진실위 설립을 위해 활동했던 사람의 입장에서 보면 유족 내부의 분열, 시민사회의 동력이나 여론의 지지를 제대로 얻지 못한 것도 한계로 보인다. 1기 진실위 유족들은 수십 년 생업까지 포기하고 투쟁을 했던 분들이다. 이런 운동의 이력이 지금 유족들에게 제대로 전달된 것 같지 않다."

"집권 초기 100일 동안 개혁의 골든타임을 놓쳤다"
사회학자의 입장에서 현재 우리 사회의 가장 큰 문제점, 개선이 절실한 점은 무엇이라고 보나?

"불평등, 주거 빈곤, 수도권 집중, 지역공동화, 청년실업, 청소년의 과도한 입시 압박과 미래 불안, 높은 노인자살률, 저출산, 소외감 등 수많은 문제점을 안고 있다. 그 중 첫째는 심각한 불평등과 집값 상승에 의한 불로소득이 제대로 환수되지 않는 일이라고 본다. 저출산, 주거 빈곤, 지방소멸 등도 사실 같은 문제다.
청년들이 살기 좋은 나라가 좋은 나라인데, 한국은 청년들을 가장 불행하게 만드는 나라다. 이 문제는 정치가 풀 수 없는 불가항력적인 문제가 아니다. 정치권과 관료 집단이 문제를 회피하고 있는 것이다. 한국이 남유럽형의 저복지, 가족책임체제로 가까이 가는 데서 생겨난 현상이고, 청년, 비정규직 노동자들을 대변할 정치세력이 없기 때문이다."

'문재인 정부의 비판적 지지자'로 알려져 있는데, 문재인 정부가 지금 비판받아야 할 점은 무엇이고 지지받아야 할 점은 무엇이라고 보나?

"초기 1년, 아니 집권 초기 100일 동안 개혁의 골든타임을 놓쳤다. 노무현 정부의 트라우마, 그리고 한국당과 조선일보의 반격을 과도하게 의식한 결과라고 본다. 부동산 정책이 가장 대표적이다. 지금 강남 집값이 내려가고 있다고는 하지만 이미 돌이킬수 없는 불로소득이 생겼다. 주거불평등은 지난 3년 동안 매우 심각해졌다.

검찰 문제, 조국 문제 등은 일반 대중들이 겪고 있는 경제적 고통과 심화된 불평등에 견주어 보면 부차적인 문제일 수도 있다. 교육 문제에 대한 무대책도 이 정부의 가장 큰 실책이다. 비정규직 정규직화나 최저임금 문제는 세밀한 준비 부족으로 성과가 반감됐다. 톨게이트 노동자 문제 등 법원 판결을 공기업이 받아들이지 않는 것은 매우 실망스러운 일이다.

남북관계 적극성, 대미관계에서의 자주성 견지 노력, 검찰개혁 의지 등은 높이 사줄 만하다. 미국의 방해에도 불구하고 북한 개별 관광을 추진하는 것도 바람직하다. 남북한 관계만 잘 풀어도 이 정부의 업적은 역사에 남을 것이다. 검찰개혁은 큰 진전을 거두었다. 사법개혁 시동을 걸어야 한다. 다가오는 총선에서 민주당이 의석을 확대하면 개혁의 드라이브를 다시 걸어야 한다."

8

영국에서 본
세월호

◆ "한국정부가 학생들을 죽게 놔둬"
◆ 외국인들 "박근혜, 국민들 분노 잘 모르는 것 같다"
◆ 항공사 협박에 맞선 영국정부
◆ 세월호 의사자 '박지영', 그가 살았더라면...
◆ 세월호 뉴스 본 영국인들 "North Korea인 줄 알았다"

"참사 대응은 달팽이처럼, 가족 행진 진압은 번개처럼"

"한국정부가
학생들을 죽게 놔둬"

오마이뉴스 2014.05.02.

"너무 비참해서 기사를 더 읽을 수가 없네요."

"불쌍한 학생들…."

영국 언론들이 보도한 세월호 관련 기사 아래 달린 독자들의 댓글이다. 사실 영국 언론에 대한민국의 이슈가 보도되는 일은 다른 아시아국가에 비해 드물다. 역사적으로 한국과 영국이 큰 인연이 없어서일 수도 있다. 가끔 한반도에 관한 뉴스가 등장하지만, 대부분 북핵이나 장성택 처형 등 북한 관련이거나 충격적인 일이 발생했을 때다.

그러나 세월호 침몰 사고 발생 후 영국 언론들은 며칠 동안 앞다퉈 관련 소식을 전했다.

2014년 4월 29일 영국 방송 〈BBC〉는 '한국 대통령 페리 참사에 대해 사과'라는 제목의 기사에서 "박근혜 대통령의 사과는 이번 참사와 관련한 국민들의 분노와 비판 중에 나온 것"이라며 "박 대통령은 빈소에도 갔지만 분노한 유가족들이 야유를 퍼부었다"고 현장 분위기를 전했다.

같은 날 일간지 〈가디언〉도 '페리 참사 : 한국 대통령 정부 실패에 대해 사과'라는 기사에서 "박근혜 정부의 부패와 느슨한 안전기준이 이번 참사를 초래했다는 비판을 받고 있다"고 전했다. 존이라는 이름의 영국 시민은 이 기사에 대해 "한국 국민들은 정부로부터 더 나은 대접을 받을 자격이 있다"며 "(한국 국민들이) 정부의 잘못을 고칠 수 없다면 정부를 제거할 필요가 있다"는 댓글을 남겨 눈길을 끌었다.

지난 4월 27일 영국의 일간지 〈인디펜던트〉는 정홍원 국무총리의 사임 소식을 보도했다. '[한국 페리 참사] 수 백 명을 사망하게 한 '뿌리 깊은 악'에 대해 책임지고 정홍원 총리 사임'이란 제목의 이 기사는 정부가 느린 대응과 실수로 유가족들의 격렬한 비판을 받고 있는 모습을 그렸다. 특히 "사망자 신원을 잘못 확인하여 사망자 가족이 아닌 다른 가족에게 시신을 인계하는 모습도 보였다"고 보도했다. 또 정 총리가 참사 후 실종자 가족들을 찾았다가 야유를 받았고, 물병까지 맞았다고 전했다.

이 기사를 접한 영국 시민들은 "사임해야 할 사람은 총리가 아니라 대통령 아닌가요?"라며 "어차피 한국의 총리는 형식적 권한만 있고 실제 권한은 대통령에게 있는데 총리 사임이 별 의미가 있나요?"라고 피력했다.

같은 날 〈스카이뉴스〉도 '페리 참사로 한국 총리 사임'이라는 제목의 기사를 내보냈다. 〈스카이뉴스〉는 이 기사에서 "(한국에서) 실제 권한은 대통령에게 있기 때문에 정 총리의 사임의사는 상징적인 것에 불과하다"며 "정부의 느린 구조와 빈번한 말 바꾸기에 국민들은 분노하고 있다"고 강조했다.

한 영국 독자는 이 기사에 대해 "한국정부는 그냥 앉아서 구경만 하는가?"라며 "배가 해안가에서 저렇게 가까운데도, 정부는 그냥 불쌍한 학생들이 배안에서 죽은 것을 지켜보고 있다!"라고 분노했다.

"참사 대응은 달팽이처럼, 가족 행진 진압은 번개처럼"

하루 전날인 4월 26일 〈BBC〉는 '한국의 페리 참사 : 세월호 선원 전부 구속'을 주요뉴스로 꼽았다. 〈BBC〉는 한국정부 구조책임자의 "시신 수습이 얼마나 걸릴지 전혀 알 수 없다"는 말을 인용하며 정부의 늑장 대응에 분노한 유가족들의 모습을 보여주었다. 한 영국시민은 "한국은 뭐든 '빨리 빨리' 하는 나라로 소문이 나 있는데 왜 이번 참사 수습은 이렇게 늦는지 이해할 수 없네요"라는 반응을 보이기도 했다.

시사주간지 〈이코노미스트〉는 4월 26일 '한국의 침몰된 페리, 바다에서 실종'이라는 제목의 기사에서 "이번 참사의 대응과정에서 정부 부처 사이의 조율이 부족하다는 것을 드러냈다"고 꼬집었다. 특히 "참사 대응 유닛을 구성하는데 거의 한 시간이 걸렸고 첫 번째 시신을 회수하는 데 무려 3일이나 걸린 점"을 언급했다. 반면 정부의 늑장 대응에 분노한 가족들이 400km나 떨어진 서울의 청와대로 행진을 하겠다고 나선 것을 경찰이 제지한 일에 대해 "정부가 과도하게 대응했고 (결국) 가족들의 분노를 더욱 악화시켰다"고 진단했다.

이 기사에 대해 한 독자는 "어차피 피해자 가족들이 행진해서 서울까지 400km를 걸어갈 수도 없다"며 "정부가 참사 대응은 달팽이처럼, 가족들의 행진 진압은 번개처럼 하는지 도저히 이해할 수 없다"

고 밝혔다.

4월 25일 〈BBC〉는 '한국 페리참사 : 분노한 유가족들 정부 관리들과 대치'란 기사를 게재하기도 했다. 이 기사에는 분노한 유가족들과 해양수산부장관/해양경찰청장이 밤샘 난상 토론하는 내용을 담았다. 〈BBC〉는 "생존가능성이 줄어들면서 가족들은 느린 정부의 구조작전에 점점 더 분노하기 시작했다"며 "해수부장관과 해양경찰청장의 밤샘 난상토론에 이어, 정부의 고위관리(최상환 해양경찰청 차장)는 지난 4월 24일 구조작전에 대하여 거짓말을 했다는 이유로 분노한 가족들로부터 공격을 받았다"고 덧붙였다.

영국 언론들, 유병언 전 회장에 대해서도 집중 보도

〈스카이뉴스〉는 4월 24일 '한국 페리 참사: 희생자 가족들 해양경찰청 공격'이라는 제목으로 최상환 차장이 유가족들에게 봉변을 당하는 장면을 적나라하게 보여줬다. 기사는 "희생자 가족들은 해양경찰청 임시사무실에 진입하여 최상환 해양경찰청 차장을 공격했다"며 "분노한 가족들은 최 차장이 구출작전의 규모를 과장해서 발표했다고 주장하며, 자신들이 직접 구출현장에서 목격한 장면과 최 차장이 발표한 규모가 전혀 맞지 않는다고 분통을 터뜨렸다"고 보도했다.

또 "20여 명의 가족들이 최 차장을 밖으로 끌고 나와 최 차장의 뺨을 때렸다"며 "사망한 학생들의 부모들 중엔 정부의 구출작전이 너무 늦어서 학생들이 사망했다며 사망한 자녀들의 시신을 부검해 달라고 요구했다"고 보도했다.

마이크라는 이름의 독자는 이 기사에 이런 댓글을 남겼다.

"학생들을 구조하는 데 이렇게 늑장대응하는 것은 전혀 변명의 여지가 없다. 한국은 위성을 이용해서 수백만 마일 떨어진 화성의 물체도 맞힐 수 있는 나라 아닌가? 한국은 침몰한 배에 들어가서 죽어가는 학생들을 구할 수 있는 충분한 과학기술을 갖춘 나라가 아닌가? 결국 돈 몇 푼 아끼자고 학생들을 죽게 놔두었다고 볼 수밖에 없다."

4월 24일 〈데일리메일〉은 '세월호 주인 별명 '얼굴 없는 백만장자' 3배 용량 초과선적으로 경찰조사'에서 청해진해운의 실질적 소유주 유병언 전 세모그룹 회장에 대해 다루었다. 또 세월호 뱃짐이 권장용량의 3배를 초과한 점과 청해진해운의 선원 훈련에 단지 521달러만 사용한 것을 부각했다.

〈인디펜던트〉도 4월 23일 '한국 페리 참사: 조사관들 페리회사 설립자 유병언씨 집 조사, 사망 110명'을 통해 유 전 회장의 부패혐의를 집중 보도했다. 특히 유 전 회장의 세금문제와 불법으로 외화를 빼돌린 혐의에 대해 다루었다. 또한 유씨가 1990년 초 사기죄로 수감된 적이 있다는 사실에 대해서도 보도했다.

이 기사에 대하여 독자들은 "이 참사의 원인은 부패군요", "이윤이 안전보다 앞설 때 지옥을 경험할 수밖에 없다"라는 반응을 보였다.

4월 23일자 〈파이낸셜타임스〉는 '잘못된 문화가 아니라 부적절한 정책이 원인'이라는 제목의 기사에서 세월호 참사는 성장제일주의에 국민의 삶의 질이 희생될 수 있다는 걸 보여준다고 지적했다. 또 "성장을 우선해온 가치를 조정하고 적절한 안전과 위기관리 정책을 강화하는 것이 이번 참사에 대처하는 올바른 접근법이 될 것이다"라고 조언했다.

박 대통령, 유가족들 앞에서 머리 숙여 사죄해야 한다

〈데일리미러〉는 4월 22일 '구해주세요! 세월호 첫 구조 전화한 학생'이라는 기사를 보도했다. 이 기사는 "전통적으로 수직적인 계급 사회"라고 한국 사회 문화를 분석했다. 이어 "그래서 많은 어린 학생들은 기성세대나 어른들의 지시에 질문하지 않고 복종한다"며 "그 복종의 대가로 많은 학생들이 생명을 잃었다"고 지적했다. 이 기사는 왜 학생들이 침몰하는 배에서 본능적으로 탈출하지 않고 '가만히 있으라'는 선원의 지시에 묵묵히 순종해 생명을 잃었는지 '문화적' 이유를 설명해 눈길을 끌었다.

4월 22일 〈데일리메일〉은 '세월호에서 첫 구조요청 전화한 학생에 이어 20여 명 학생도 구조요청 전화'라는 제목의 기사에서 학생들의 적극적 역할에 주목했다. 그러면서 학생들에게는 '배안에 그대로 있으라'고 지시한 후 선장과 다수 선원들이 침몰하는 배에서 탈출했다고 보도했다. 반면 22세의 여성 박지영 선원은 탈출하지 않고 침몰하는 배에서 학생들의 탈출을 돕다가 사망했다고 전했다.

〈파이낸셜 타임스〉 4월 21일자는 '경찰 대응, 전복된 세월호 참사 유가족들에게 분노 더하게 해'라는 제목의 기사에서 정부의 과잉 대응을 보도했다. 특히 "분노한 유가족들의 청와대 행진 시도를 경찰이 과잉 진압해 정부에 대한 비판이 증가하고 있다"며 "행진 중인 유가족들을 촬영하고 원천적으로 차단한 것은 과잉 진압"이라고 피력했다.

이 기사에 대하여 앤드류라는 독자가 남긴 댓글이 눈길을 끌었다.

"한국에서는 합법적인 시위에 대해서도 경찰이 과잉진압하고 있다. 제주 강정마을에서 해군기지건설을 반대하는 합법적인 시위자들은 매일 수많은 경찰력에 의해 강제 진압되고, 체포, 구금되어 벌금형을 받기도 한다. 박근혜는 독재자의 딸로 지금 박근혜 정권은 과거 독재시대로 돌아가려고 하고 있다. 그가 세월호 선장을 살인자라 부르고 선원들을 유죄라고 비난하며 이들에게 중죄를 내리겠다고 하는 것은, 바로 자기가 잘못 다루고 있는 재난상황에 대하여 남에게 책임을 전가하고 있는 것이다. 박근혜는 문명사회와 민주주의 전제조건이라고 할 수 있는 법치와 공정한 재판을 받을 권리를 모욕하고 멸시하는 발언을 서슴없이 하고 있다."

최근 며칠 동안 영국 언론에 실린 세월호 관련 기사를 접하며, 박근혜 정부의 무능함에 분노와 부끄러움을 느꼈다. 정부는 모든 국민이 납득할 수준에서 이 참사의 원인을 명백하고 상세하게 밝혀야 한다. 그리고 박근혜 대통령은 국무회의 자리에서가 아닌, 실종자와 사망자, 유가족들 앞에서 머리 숙여 사죄해야 한다.

외국인들 "박근혜, 국민들 분노 잘 모르는 것 같다"

오마이뉴스 2014.04.24.

최근 영국 일간지 〈가디언〉에 실린 세월호 관련 기사가 눈길을 끌었다.

2014년 4월 21일 〈가디언〉에는 '한국의 페리 참사, 정말 끔찍했다. 하지만 살인은 아니다'라는 제목의 기사가 실렸다. 〈가디언〉은 이 기사에서 세월호 침몰 사고 소식을 전하며 최근 논란이 된 박근혜 대통령의 "선장은 살인자 같다" 발언을 비판했다.

〈가디언〉은 이 기사에서 대통령이 감정적으로 살인 이야기를 한 것은 적절하지 않고 서방에선 이런 재앙을 겪은 뒤 지지도가 떨어지기 때문에 대통령이나 지도자가 자리를 유지하기 힘들다고 전했다. 또 아이를 잃은 부모나 대중의 여론을 무시하기 힘들고, 나라마다 문화가 다르지만 살인의 정의는 모호하다고 밝혔다. 아울러 영국에서도 과거 비슷한 선박 침몰사고가 발생했지만, 실수를 한 선원은 이렇게 비난받지 않았다고 밝혔다. 결국 〈가디언〉이 내놓은 이 기사의 골자는 서방에서 이런 비극에 정부가 이렇게 부실하게 대처한다면 지도자가 신뢰와 지위를 온전히 유지할 수 없다는 것이다.

이 기사를 정독하면서 내가 내린 결론은 '대통령이라는 고도의 리더십과 책임감이 필요한 자리에 무책임하고 리더십이 없는 사람이 물러나지 않고 앉아 있는 것은 결국 국민들의 책임이다'는 것이었다. 물론 이번 세월호 침몰 사고 발생 당시 승객들의 안전을 돌보지 않고 탈출한 선장과 일부 선원들은 법에 따라 중형을 받아야 마땅하다. 그러나 세월호 선장과 몇 몇 선원에게만 죄를 묻고 이들을 교도소에 보내면 앞으로 이런 참사가 다시 안 일어날 것인지에 대해 우리는 자문해 봐야 한다.

사고 발생 후 몇몇 언론들은 세월호 선장을 비롯해 선원들의 절반 이상이 비정규직인 점을 들어 안전교육 등이 제대로 이뤄지지 않았다고 지적했다. 6개월~1년 단위로 계약이 갱신되던 상황에서 제대로 된 안전교육이 이뤄졌을 리는 만무하다. 그런데, 장래가 보장된 넉넉한 마도로스가 아닌 하루살이 같은 생계형 계약직 선장과 선원들에게 돌을 던지고 그들의 직업윤리만 따지는 것이 박 대통령이 보여 줄 수 있는 최선일까.

선장에게만 책임 뒤집어씌우는 사회, 옳은가

민주국가의 지도자는 자기를 믿고 뽑아준 국민에게 사과하는 것에 결코 인색해서는 안 된다. 그러나 박 대통령은 이번 세월호 침몰사고에 대해서도 자신이 직접 사과하지 않고 총리를 내세웠다. 박 대통령이 진정으로 상심한 국민의 마음을 하나로 모으고 싶다면 피해자 가족들과 국민들에게 '나라의 안전체계를 이 지경으로 만들어서 정말 면목이 없다'고 머리 숙여 사과하고 용서를 빌어야 한다.

세월호 침몰사고를 통해서 박 대통령은 국가재난상황에 자신이 얼마나 무능하게 대처하고 비겁한가를 국제사회에 공표한 셈이다. 개인적으로 또 한 가지 안타까운 점은 이번 침몰 사고 발생 후 박 대통령이 국민을 봉사해야 할 대상이 아니라 다스려야 할 대상으로 인식하는 모습을 보여줬다는 점이다. 지금 우리는 21세기를 살고 있지만 그는 여전히 20세기 권위주의 시절에 살고 있는 듯하다.

국가의 재난시스템 부재, 선령 규제 완화, 불안정한 비정규직, 직업적 무책임, 갈팡질팡하는 정부, 영혼 없는 일부 정치인, 진실을 보도하지 않는 공영방송, 책임을 회피하는 대통령…. 이런 것들이 쌓이고 쌓여 이번 사고를 만들었다고 해도 과언이 아니다.

이번 사고의 근본 원인을 찾아 들어가면 결국 최종책임이란 화살은 박 대통령에게로 향한다. 한국이라는 몰락하는 배의 선장은 바로 박 대통령 자신임을 그는 정말 모르고 있는 것일까? 세월호 침몰 고는 선장이 일으켰지만 그 원인은 국가의 미비한 안전시스템에 있고 인명구조는 정부의 책임이라는 것을 박 대통령은 정말 모르는 것일까?

"박근혜, 참사 수습보다 선거에 더 관심 있는 듯"

〈가디언〉 기사를 읽고 나서 영국과 서구의 지인들에게 이 기사를 보냈고 그 중 몇몇 지인들로부터 이 기사에 대한 반응을 받았다.

"박 대통령이 세월호 참사 후 무려 6일 동안이나 공식적 입장을 밝히지 않았다는 뉴스를 보니 도저히 믿기기가 않더군요. 그는 도대체

6일 동안 무엇을 기다리고 있었던 걸까요? 그는 한국의 국군 최고통수권자로서 인명을 구조하는 해군구조팀의 최종책임자입니다. 그런데도 불구하고 이번 참사에 대해 한국 국민들에게 '죄송합니다'라는 사과 하나 없는 것도 정말 충격적입니다."

— 제인 정 트랜카(미국작가)

"박 대통령의 '살인자'라는 표현은 전혀 적절하지 않습니다. 학생들을 구하기 위해 노력하신 분들 또 그 와중에 학생들을 구조하다가 돌아가신 분들에 대해서도, 박대통령은 겸허하게 애도를 표하는 것이 바람직하다고 생각합니다."

— 실비아 클라우스(네덜란드 일간지 〈트로우〉지 동아시아 편집자)

"〈가디언〉을 읽고 느낀 점은 이번 참사를 교훈삼아 한국의 안전기준이 향상되어야 한다는 것입니다. 박 대통령이 어느 한 사람이나 집단을 '살인자'라고 부르는 것은 사건 해결과 예방에 전혀 도움이 안 됩니다. 더 중요한 것은 이런 참사가 재발하지 않도록 박 대통령이 국가안전관리체계를 총체적으로 점검하고 개선하는 것입니다. 그리고 그 결과를 한국 국민들에게 보고하고 봉사할 때 한국의 민주주의는 비로소 한 걸음 앞으로 나아갈 수 있을 것입니다."

— 앤 아이작(영국학교 교사)

"박 대통령은 한국국민들이 이번 참사에 대해 얼마나 분노하고 있는지를 잘 모르고 있는 것 같습니다. 선장은 자기 임무를 제대로 수행하지 않았지만 몇몇 선원들은 목숨을 걸고 구조 활동을 한 것을 읽을 수 있었습니다. 박 대통령은 참사에 대한 수습보다는 다가오는 선거에 더 관심이 있는 것 같습니다. 세월호에 충분한 구명선이 없었고, 있어도 작동하지 않았다는 것은 선장 개인보다는 선주, 크게는 한국정부의 관리책임 태만이라고 봅니다." -

— 진 카(영국시민)

"민주주의 국가에서, 행정부가 사법부의 영역을 침해하면 사고가 터집니다. 삼권분립의 원칙을 위반한 박 대통령에 대한 국제사회의 비판은 당연한 결과입니다."

— 스테파네 모트(프랑스 작가)

항공사 협박에 맞선
영국 정부

오마이뉴스 2014.04.22.

 지난 1982년 6월 24일 호주로 향하던 영국 항공기가 인도네시아 자바 섬 남단을 지나갈 무렵이었다. 영국 조종사들은 조종실 창문을 통해 비행기 엔진에서 예사롭지 않은 붉은색 불빛이 반짝이는 것을 보게 되었다. 동시에 객실에는 알 수 없는 연기가 차기 시작했다. 조종사들과 승무원들은 처음에는 담배연기라 생각했다. 하지만 시간이 지나면서 점점 연기가 짙어졌고, 연기에서는 유황냄새도 나고 있었다.

 그러다가 갑자기 1번 엔진이 꺼지더니 몇 분 안 되어 2번 엔진이, 또 다시 몇 분 후 3, 4번 엔진이 연달아 꺼졌다. 4개의 엔진에 연료가 충분히 남아 있었음에도 모조리 꺼져버린 것이다. 베테랑 조종사들은 이런 기이한 현상을 전혀 이해할 수 없었다. 하여간 모든 엔진이 꺼진 비상상황에서 영국항공기 747기는 순식간에 글라이더가 되어 급강하하기 시작했다.

 조종사들은 이대로는 항공기가 호주까지 도저히 못 가겠다고 판단하고 인도네시아 자카르타 국제공항에 비상착륙 하기 위해 기수를 자카르타 쪽으로 돌렸다. 그러면서 조종사들은 비행기 엔진에 화산재가 스며들어 시동이 꺼졌다는 것을 발견했다. 그리곤 승객들에게 비행기가 왜 다시 인도네시아로 돌아가는지 차분하게 안내방송을 했다.

그러나 안내방송을 들은 승객들은 창밖 비행기 엔진에 불이 붙은 것을 봤고 충격을 받았다. 또한 연기가 기내로 새어 들어오고 엔진이 꺼진 비행기가 급강하하고 있다는 것을 알게 된 승객들은 공포에 떨었다. 머리 위에서 산소마스크까지 떨어지자 승객들은 공포로 거의 실신할 지경이 되었다.

2010년 4월 15일 유럽에 닥친 '재앙'

많은 승객들이 기도를 하거나 아무 종이에다 가족이나 연인에게 남길 유언을 쓰기 시작했다. 초조한 조종사들은 꺼진 엔진을 되살리기 위해 계속 재시동을 반복했다. 하지만 꺼진 엔진은 다시 켜지지 않았다. 몇 번의 불안한 엔진 재점화 시도 끝에 조종사들은 마침내 4번 엔진을 재점화하는 데 가까스로 성공했다. 뒤이어 나머지 1, 2, 3번 엔진도 모조리 재점화되었다. 그 와중에 다시 4번 엔진이 꺼졌다.

베테랑 조종사들은 엔진 3개만으로 자카르타 공항에 비상착륙하는 데 성공한다. 승객과 승무원 중 사상자는 한 명도 발생하지 않았다.

그 다음날, 사고 항공기 상태를 조사한 정비사들은 인도네시아 갈랑궁 화산의 화산재가 엔진에 들어가 항공기 엔진이 꺼진 것을 알게 되었다. 사고 당일 인도네시아의 갈룽궁 화산이 폭발했고 화산이 폭발하면서 날아온 화산재가 엔진에 유입돼서 결국 엔진이 꺼진 것이다.

이 사고를 계기로 영국정부는 그동안 무관심했던 화산폭발과 항공기 운항 사이의 관계에 특별한 관심을 갖고 연구에 매진하게 된다.

그리고 그로부터 28년이 지난 2010년 4월 15일, 영국을 포함한 유럽 전 지역에 큰 재앙이 닥쳤다. 아이슬란드에서 화산이 폭발했고 그 화산재가 온 유럽 하늘을 덮어버린 것이다. 1982년 인도네시아 화산재로 항공기 대형 참사를 맞을 뻔했던 영국정부는 아이슬란드 화산이 폭발하자 즉시 영국으로 출입하는 모든 항공기의 운항을 금지시켰다. 이에 따라 전 세계에서 영국을 오가는 모든 항공편의 하늘길이 전면 폐쇄되었다.

영국의 비행금지가 발령되자 약 15만 명의 영국인들은 외국에 발이 묶였다. 이들이 한꺼번에 기차역과 항구로 몰리면서 기차와 선박의 모든 표는 매진되었다. 외국에 나가 있는 영국인들이 귀국할 길이 막힌 것이다.

사재 털어 국민 수송작전 벌인 영국 언론인

이런 와중에 영국의 언론인 댄 스노(1978~)는 2010년 4월 18일, 열차와 배 표가 매진되자 5척의 소형 고무보트를 자비로 임대해 개인적으로 '수송 작전'에 나섰다. 그는 트위터를 통해 유럽대륙에 발이 묶인 영국인들에게 자기가 임대한 보트로 프랑스에서 영국으로 데려다 주겠다는 메시지를 띄웠다. 그리고 스노는 프랑스 항구에 모인 25명의 영국인들을 한 차례 영국으로 수송했다. 그러나 그 후 스노는 이 보트 '수송 작전'을 중단해야 했다. 프랑스 정부가 보트 안전을 문제 삼아 추가 운항을 금지시켰기 때문이었다.

한편, 영국정부의 항공기 전면 운항금지 조치에 여러 항공사들의

고든 브라운 ⓒ위키피디아

발등에는 불이 떨어졌다. 하루에만 천문학적인 숫자의 영업 손실이 발생하게 되었기 때문이었다. 곧 세계 유력항공사들의 항의와 불만이 영국정부에 쇄도했다. 이 항공사들은 2010년 4월 15일부터 19일까지 무려 5일 동안 항공기 운항을 금지시킨 영국 때문에 유럽에 항공 대란이 일어났다고 영국정부를 성토했다.

　　5일간의 항공금지로 천문학적인 영업 손실을 입은 항공사들은 이후 "화산재 발생 후 시간이 많이 지나 이젠 안전하다, 그런데도 불구하고 영국정부의 계속적인 항공금지 조치는 너무 엄격하다"면서

"수십만 명의 영국국민들이 외국에 발이 묶여 있는 상황에서 영국정부는 세계 항공사들에 대해 지나치게 가혹한 규제를 가하고 있다"고 한 목소리를 냈다.

급기야 국제항공운송협회 지오바니 비시냐니 회장은 같은 해 4월 19일 "화산재 성분에 대한 측정도 없이 이론적 접근으로만 비행금지가 이뤄졌다"며 영국정부에 강한 불만을 제기했다. 더욱이 일부 국제항공사들은 천문학적인 영업 손실에 대하여 유럽연합과 영국정부에 막대한 액수의 손해배상 소송을 하겠다고 으름장을 놓았다.

영국 정부는 승객안전이 가장 중요하다

이런 세계 유수 항공사들의 압력 때문인지 유럽의 몇몇 공항들은 즉시 운항을 재개했다. 하지만 유럽에서 가장 규모가 큰 5대 공항 가운데 4개가 있는 영국, 프랑스, 독일, 네덜란드 정부는 여전히 '승객안전'을 이유로 항공사들의 손해배상 소송 '협박'에도 굴하지 않고 항공운항을 전면 금지했다. 그리고 4월 19일, 당시 영국 총리였던 고든 브라운은 비상각료회의를 소집하면서 특명을 내렸다.

특명의 내용은 아이슬란드 화산폭발로 해외에서 발이 묶인 영국국민을 데려 오기 위한 비상조치를 선언한다는 것이었다. 브라운 총리는 해외에 있는 영국국민들이 스페인 마드리드로 집결하면 버스와 군함을 이용하여 귀국시키겠다고 발표했다. 당시 화산재의 영향에서 그나마 조금은 자유로운 나라가 스페인이었고 그래서 스페인행 비행기는 일부 정상 운행되고 있었다.

브라운 총리는 특명을 발표하면서 "스페인 총리로부터 비상 수송에 대한 협조를 약속받았다"고 밝혔다. 피터 맨덜슨 영국의 상무장관은 "상황이 악화하면 민간 선박도 동원해 국민들을 집으로 데려올 계획입니다"라고 발표했다. 이후 특명에 따라 스페인으로 보내진 영국 군함은 최초로 항구에 모인 영국인 490명을 태우고 도버항구로 출발했다.

기업하기 좋은 나라보다는 사람 살기 좋은 나라

브라운 총리의 특명이 발표된 다음날인 4월 20일 아침이 밝자, 영국의 하늘은 화산재의 영향에서 완전히 벗어났다. 그러자 영국정부는 화산재 영향으로 기상이 악화되지 않는 한 항공금지조치를 풀겠다고 발표했다. 그리고 그날 밤 10시를 기해 런던 히스로 공항에 영국 항공운항 금지가 풀리고 처음으로 영국 국민들의 귀국행렬이 시작되었다.

세계 유력 항공회사들의 단체 손해배상 소송 '협박'에도 영국정부는 "영국 국민의 안전보다 중요한 것은 없습니다"라는 신념과 정책을 내세우며 아랑곳하지 않았다. 1982년 인도네시아 항공사고에서 얻은 역사적 교훈을 잊지 않고 "국민의 안전을 무엇보다도 우선순위"로 두고 대안을 마련한 영국의 관료들. 또 온갖 어려움과 불편함에도 불구하고 역시 '안전이 가장 먼저'라며 인내심을 갖고 차분히 기다려준 영국 국민들. 정부의 전면 항공운항금지 조치를 비판하지 않고 정부의 선택을 지지해 준 영국 언론인들.

사람의 생명을 희생해 기업에 막대한 이윤을 남기는 것은 아무리 명분이 좋다고 해도 결코 정당화될 수 없다. 국민 한 명 한 명의 생명과 안전이 거대 자본이나 이윤을 앞세우는 기업의 횡포로 말살되지 않고 보장받고 존중되는 사회, 우리는 만들 수 없는 것일까? 우리가 함께 추구하고 가꾸어 나가야 할 나라는 결코 '기업하기 좋은 나라'가 아니다. 그것은 '사람살기 좋은 나라'여야 한다.

세월호 의사자 '박지영',
그가 살았더라면…

프레시안 2014.05.15.

박지영! 그는 이번 세월호 참사현장에서 승객들의 탈출을 돕다가 변을 당한 아까운 인물이다. 그는 지난 2011년 대학교에 입학했지만, 부친이 암으로 세상을 떠나면서 가족 생계를 책임지기 위해서 휴학을 해야 했다. 남의 생명을 구하기 위해 자신의 생명을 바친 그의 짧은 삶을 보면서 너무나 고맙고 안타까웠다. 요즘처럼 남을 가차 없이 짓밟고 '성공'을 위해 수단 방법을 가리지 않는 삭막한 사회에서 그가 보여준 이타적인 삶의 모습에 저절로 머리가 숙여진다.

부친이 돌아가시고, 그가 다니던 대학을 휴학한 것은 결국 돈 때문이었다. 이런 분이 돈 걱정 없이 대학과 대학원을 다니고 졸업할 수 있는 나라가 되어야 우리나라가 희망이 있는 나라가 될 것이다. 교육은 개인의 잠재력을 극대화해 준다. 교육을 통해 개인이 자기 잠재력을 극대화해 꿈을 이룰 수 있도록 국가가 지원해주면 결국 그 개인이 자아실현으로 행복할 뿐 아니라 국가도 그 개인으로 인해 덕을 본다.

부모가 돈이 없어서 한 개인이 대학을 제대로 못 다니거나 마음껏 그 잠재적 능력을 못 살리고 사장되면, 결국 그것은 그 개인의 불행일 뿐 아니라 그가 속한 국가의 손실이 된다. 모든 개인이 자기 잠재력을 극대화할 수 있도록 최대한 지원해주는 나라와 오직 선택된 극소수 계층만이 잠재력을 극대화할 수 있는 나라가 세계무대에서 경쟁할 때 과연 어느 나라가 국제사회에서 승리할까? 답은 뻔하다. 국민 다수의 잠재력을 사장시키는 국가는 국민 다수의 잠재력을 최대한 발휘하게 해주는 국가와의 경쟁에서 백전백패할 수밖에 없다. 국가경쟁력의 기초는 유능한 개인이기 때문이다.

그래서 국가가 국민 다수의 잠재력을 극대화시켜 주면, 즉 유능한 개인이 될 수 있도록 지원해주면, 국가경쟁력이 강화될 수밖에 없다. 그래서 보편적 복지는 단순히 국민에 대한 국가의 '시혜'가 아니라 국가경쟁력 강화를 위해 반드시 국가가 국민에게 취해주어야 할 의무와도 같다. 그래서 사회복지에 대한 투자는 곧 국가경쟁력 향상을 위한 투자이고 다수 국민의 능력, 행복도와 삶의 질을 높여주는 투자인 것이다.

북유럽 복지국가들이 그렇다. 북유럽 국가들은 다수 국민의 행복도와 삶의 질을 높이기 위해 국민에 대한 교육과 복지에 많은 투자를 하고 비정규직을 철폐하고 있다. 북유럽 국가의 특징은 곧 보편적 복지다. 벌금이나 과징금도 우리나라처럼 일률적이지 않고 재산과 수입에 따라 다르다. 지난 2002년 핀란드 노키아 부회장이 과속으로 1억 6000만 원 범칙금을 낸 것과 지난 2010년 스위스 갑부가 과속으로 3억2000만 원의 벌금을 낸 것도 재산과 수입에 따라 벌금을 부과하는 정부의 조세제도 때문이다.

벌금의 목적이 범죄예방에 있다면 현재 우리나라 벌금제도는 부자들에게는 아무런 의미가 없다. 예를 들면, 과속 범칙금을 실업자나 한 달에 1조 원 이상을 버는 재벌사 회장이나 다 똑같이 5만 원을 낸다. 그러나 이렇게 재산과 수입을 고려하지 않은 일률적 범칙금은 재벌들에게는 단지 '껌값'에 불과하며, 그래서 전혀 범죄예방의 효과가 없다. 그러니 재벌들의 똑같은 범죄와 탈법 행위는 잊을 만하면 계속해서 다시 반복된다.

보편적 복지국가 북유럽, 국가경쟁력도 높아

스웨덴 등 북유럽 국가들의 복지 지출규모는 세계에서 가장 높은 수준이다. 그러면서도, 양호한 성장세와 높은 국가경쟁력을 유지하고 있다. 예를 들면, 지난 2013년 세계 국가경쟁력 지수에서 북유럽 국가들은 거의 다 10위 안에 들었고 반면 우리나라는 25위였다. 특별히 우리나라 경우는 노무현 정부 시절인 지난 2007년 13위를 기록했다. 하지만 '기업하기 좋은 나라'를 강조했던 이명박 정부 시절인 지난 2010년 국가경쟁력은 무려 9계단인 22위로 하락했고 지난 2013년엔 다시 25위로 떨어졌다. 결국 이명박근혜 정권을 지나면서 '기업하기 좋은 나라'는 되었을지 모르지만 국가경쟁력은 계속 추락하고 있는 것이다.

사회복지에 대한 투자가 곧 국가경쟁력 강화에 막대한 도움이 된다는 것은 이미 밝혀진 지 오래다. 세계경제 10대 강국인 우리나라가 돈이 없어서 보편적 복지를 할 수 없다는 것은 전혀 설득력이 없다. 1945년 2차 세계대전을 막 치른 영국은 전쟁비용 등으로 미국에 대한

존 러스킨 ⓒ위키피디아

국가부채에 있던 상황에서도 전 국민 무상의료, 무상교육, 아동양육비 등을 포함한 보편적 복지를 강화했다.

　이러한 영국의 보편적 복지 정책의 사상적 뿌리를 심어준 인물은 빅토리아 여왕(1819~1901)과 동갑내기인 존 러스킨(1819~1900)이다. 러스킨은 영국의 노동당 창당(1900)에 사상적 배경을 제공해주고 결정적 영향을 미친 인물이다. 러스킨은 처음에는 미술평론에 천착했다. 하지만 산업혁명과 대영제국의 전성기 중에도 일반 영국 서민들의 삶은 피폐해져 가는 상황에 대해 러스킨은 우려와 분노를 표출한다. 그러면서 그는 공공교육을 포함한 사회복지문제의 중요성에 집중하게 된다.

러스킨은 그의 명저 〈나중에 온 이 사람에게도〉(1862년 발간)에서 영국 자본주의의 폐해와 경제적 모순을 지적하면서 정부가 '악마의 경제' 대신 '인간의 얼굴을 한 경제'를 선택할 것을 주장했다. 2차 대전 직후인 1945년부터 1951년까지 영국의 수상을 지낸 노동당의 클레먼트 애틀리(1883~1967)는 전후 복지국가 영국을 건설하는 데 있어서 러스킨의 사상이 자신에게 결정적 영향을 미쳤다고 술회하기도 했다. 영국의 초기 노동당 정치인 중 다수도 러스킨이 자신들에게 미친 영향이 칼 마르크스나 〈성경〉보다 컸다고 인정할 정도였다.

〈나중에 온 이 사람에게도〉 등 다수 저작을 통해 러스킨은 국가는 사회정의를 보장해야 한다고 역설하며 국민에 대한 국가의 의무를 제시했다. 그 중 몇 가지를 소개하면, 무상교육, 무료공공도서관, 공공임대주택, 대중교통 공영화, 무료박물관 및 예술관, 국민연금, 실업수당, 무상의료, 최저생계비, 환경오염예방, 유럽경제공동체 구축 등이었다. 물론 19세기 러스킨이 영국 정부에게 제안한 이런 사항은 거의 실현되지 않았다. 그러나 그의 사후 약 반세기가 지나서 '요람에서 무덤까지'의 보편적 복지사회가 영국을 넘어 북유럽 등으로 실현되기 시작한 것이다.

19세기 러스킨 사상이 20세기와 21세기 영국과 유럽의 정치사회 문화 전반에 미친 영향을 보면 결국 사회복지가 단순히 인도적인 것으로 끝나는 것이 아니라 국가경쟁력과 국가신인도 강화에도 막대한 도움이 된다는 것을 알 수 있다.

보편적 복지는 단지 저소득층을 위한 것이 아니다. 보편적 복지의 단계가 되면 결국 내가 내는 세금이 나와 내 가정, 내가 속한 공동체로 돌아오는 것을 체감할 수 있다. 그러나 우리나라는 안타깝게도 미국 신자유주의 강풍과 분단 대치 상황으로 인해 극소수 기득권층과 수구언론의 '종북몰이'가 너무도 잘 먹힌다. 그래서 유럽식 사회복지를 주장하면 곧 '빨갱이'와 '포퓰리즘'으로 몰리는 우스꽝스러운 현상이 벌어진다. 그러나 보편적 복지가 자본주의 선두주자인 영국과 유럽에서 성숙한 자본주의, 인간의 얼굴을 한 자본주의의 결실로 등장한 것을 생각하면 오늘 우리의 시대착오적인 냉전시대 현실인식은 참어이가 없는 현상이다.

보편적 복지, 개개인의 잠재력을 극대화해 주는 투자

우리나라 복지예산은 OECD 국가나 비슷한 경제규모의 국가군에서 최하층에 속한다. 그러나 경제규모에 비해 복지수준이 극히 열악하다는 인식이 사회 전반에 퍼져 있음에도 불구하고, 보편적 복지보다는 선별적 복지에 대한 개념이 우세한 것도 정말 아이러니라고 할 수밖에 없다.

그러나 보편적 복지는 결코 낭비가 아니라 투자다. 국민에 대한 사회투자(복지)가 확대되면 국민 각자가 자신의 잠재력을 극대화할 수 있고 유능한 개인이 될 수 있다. 그리고 그러한 유능한 개인, 극대화된 국민의 잠재력을 바탕으로 결국 국가경쟁력도 상승한다는 명백한 실례가 있지 않은가. 하지만 극소수 기득권층과 권력자들은 애써 이러한 결과를 외면한다. '그들만의 리그'를 위한 이기적인 탐욕과 독점욕, 그리고 기득권 지키기 때문이다. 참으로 안타까운 일이다.

　박지영! 그는 이번 '세월호 참사' 현장에서 승객들의 탈출을 돕다가 변을 당한 아까운 인물이다. 그가 생계 때문에 대학을 포기하지 않고 대학과 대학원을 무사히 졸업하고 자신의 잠재력을 극대화할 수 있었더라면 얼마나 좋았을까. '세월호 참사' 현장에서 인간의 생명에 대해 무한한 애정과 헌신을 보여준 박지영! 그가 살아서 그 아름다운 잠재력을 극대화해 자기가 속한 공동체인 우리나라와 지구촌을 위해 마음껏 쏟아부을 수 있었더라면, 그랬더라면 미래에 우리의 삶은 훨씬 더 행복해지지 않았을까!

세월호 뉴스 본 영국인들
"North Korea인 줄 알았다"

한수진의 SBS 전망대 2014.04.22.

▷ **한수진/사회자** : 영국투명성기구 김성수 연구원 전화로 만나보
겠습니다. 안녕하세요.

▶ **김성수(영국)/영국투명성기구 연구원** : 안녕하세요.

▷ **한수진** : 지금 영국 언론들도 세월호 침몰 사고를 주요 뉴스로
다루고 있다고요?

▶ **김성수** : 네, BBC에서 헤드라인으로 거의 실시간으로 보도가 되
고 있습니다.

▷ **한수진** : 어떤 점에 주로 초점을 맞추고 있어요?

▶ **김성수** : 유가족들 상황과 반응을 보여주고요. 유가족들이 청와
대로 행진하는 장면을 다루면서요. 정부가 과잉반응하지 않나,
또 사건이 났을 때 정부 반응이 왜 이리 느리냐, 이런 반응도
있고 특별히 여기가 섬나라이니까, 선장이 먼저 탈출한 것에
대해서 도저히 이해할 수 없다, 그런 것도 나옵니다.

▷ **한수진** : 이런 보도에 영국인들 반응은 어떤가요?

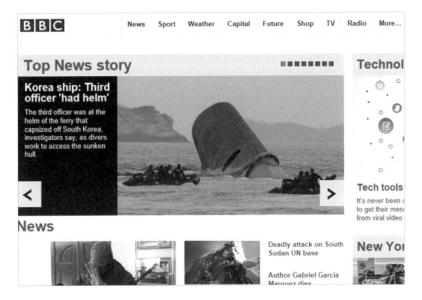

BBC뉴스에 보도된 세월호 침몰 참사

▶ 김성수 : 처음 뉴스를 듣고 'North Korea'라고 생각하는 사람도
있습니다. 이유는 한국 하면 보통 굉장히 하이테크이고 굉장히
발달한 나라라고 생각하는데 초기 대응이 미숙하고 느려서, 북
한 아닌가, 그런 반응도 나왔습니다.

▷ 한수진 : 설마 대한민국, South Korea가 이 정도 수준일 수 있
느냐, 이런 이야기네요.

▶ 김성수 : 네, 맞습니다.

▷ 한수진 : 우리가 졸지에 북한 같이 아주 뒤처진 나라가 되어 버
렸어요. 김성수 연구원도 많이 놀라셨을 텐데요. 이번에 세월
호 침몰 특히 수학여행 갔던 학생들의 희생이 크지 않았습니

까. 영국이라면 어땠을까요?

▶ **김성수** : 특별히 영국 사람들은 학생이라든가 사회적 약자에 대해서 굉장히 안전 문제에 관심이 많은데요. 제 아내가 학교 교사를 하는데 교사 시험에 이런 문제가 나옵니다. "학생들 20명이 내일 야외 활동을 하기로 했는데 교사가 학교에 출근해서 보니까 학생은 20명인데 야외용 조끼가 10개 밖에 없다. 그러면 어떻게 하겠는가", 라는 문제가 나오거든요. 원래 객관식에서 주관식으로 답을 간단히 한다면, '야외 활동을 아예 취소한다.' 이것이 답입니다. 안전이 확보되지 않으면 아예 행사 자체를 안 한다, 그럴 정도로 우리가 보기에 고지식할 정도로 안전에 대해서 민감하다고 할 수 있을 것 같습니다.

▷ **한수진** : 이런 문제가 교사 시험에 있다는 거예요?

▶ **김성수** : 네, 그렇습니다. 교사뿐 아니라 학교에서 심지어 요리하는 요리사라든가 청소부, 경비까지 있고요. 또 양로원이나 장애인 시설에 근무하는 사람도 안전 교육 과정을 수료하거나 자격증을 취득해야만 일을 할 수가 있고요. 또 심지어 자원봉사자들도 안전 교육과정을 밟지 않거나 범죄 경력서를 제출하지 않으면 할 수가 없게끔, 미성년자라든가 아이들에 대해서 굉장히 안전이 우리가 보기에 너무할 정도로 되어 있죠.

▷ **한수진** : 안전 문제에 관한 한 고지식할 정도로 중시한다, 이런 말씀이세요. 그리고 영국의 경우에 책임을 다하지 않은 기업에 대해서 처벌을 무겁게 한다는 이야기가 있던데요, 이건 어떤 이야기인가요?

영국 이야기

▶ 김성수 : 2007년에 '기업 과실치사 및 살인법'이라고 제정이 되었는데요. 줄여서 '기업 살인법'이라고 보통 이야기하는데요. 2008년에 시행이 되었는데요. 줄여서 이야기하면 산재한 기업에 대해서 형사적인 책임을 묻겠다, 이런 겁니다. 예를 들면 이번에 세월호처럼 안전 조치를 기업이 하지 않아서 사망 사고가 발생했을 경우에 기업에게 범죄의 책임을, 살인죄를 적용하는 건데요. 그럴 경우에 기업에게는 아예 상한선이 없는 징벌적 벌금부과가 가능하게 되어 있습니다.

▷ 한수진 : 벌금이 얼마인가요?

▶ 김성수 : 1인당 최소 3억 2천만 원, 최대는 9억 원 정도, 1인당. 그리고 범죄 기업을 언론에 다 공표해야 하고요. 그리고 다시 말하면 기업의 부주의로 발생한 산업 재해에 대해서 아예 형사로 처벌을 하고 범죄 행위로 규정하는 거죠.

▷ 한수진 : 이번에 세월호 같은 경우에도 선사의 책임을 아주 무겁게 묻게 되겠군요, 영국 같은 경우에는.

▶ 김성수 : 그렇죠. 1인당 3억만 잡아도 3억 곱하기가 되고요, 9억을 잡으면 9억 곱하기가 되는 거지요, 사망자 수로 따져서요.

▷ 한수진 : 어떤 일이 있었기에 영국이 이런 법을 만들었을까요?

▶ 김성수 : 영국 정부에서 조사를 해보니까 각종 사건이나 재해의 70% 이상이 기업의 잘못이었다, 라는 조사결과가 나왔거든요. 물론 기업에서 반대를 많이 했죠. 경제라든가 기업발전을 저해한다. 그렇지만 정부에서 결국 국민의 생명이나 안전이 담보가 되어야 하니까 이런 법이 필요하다. 그래서 말씀드

린 대로 2008년에 시행이 된 거죠, 2007년에 통과가 되고요.

▷ **한수진** : 그러면 이 법이 시행된 이후에 유죄판결이 나온 사례가 있습니까?

▶ **김성수** : 지금까지 3건이 나왔고요. 2008년에 시행되고 나서 바로 하나 소송을 해가지고 그 사람은 광구에서 일하던 사람인데 사고사를 했어요. 그래서 2011년에 7억 원을 우리나라 돈으로 받게 되었고요. 그리고 거의 1년에 하나 정도 나와서 그 다음 사건은 북아일랜드에 나온 건데요. 3억 2천만 원정도 나왔고 최근에 나온 게 9억 원 정도 나왔고요. 지금 4번째 소송이 진행 중에 있습니다.

▷ **한수진** : 지금 보면 이번에 기업 탓도 크지만 재난관리 시스템 전반에 대한 수정, 개혁이 필요하다, 이런 말도 나오고 있습니다. 이번 사고, 침몰에 대한 우리 정부의 대응 보시면서 많은 생각 하셨을 텐데 어떤 점이 가장 아쉬우셨어요?

▶ **김성수** : 위 질문과 연관이 되는데요. 우리나라 기업의 산재 사망률이 OECD 국가 중 최고이거든요. 기업 살인법을 적용하는 영국은 최하이거든요. 우리의 1/25밖에 안 되는데, 산재 사망률이. 그런 원인이 뭐냐고 하면 그런 산재 사망을 일으킨 기업에 대해서, 정부에서 아주 사정을 봐주는 게 아니라 아주 강력하게 재제를 가하거든요, 기업이 문을 닫을 정도로. 그 정도로 하지 않으면 사실 국민의 생명이나 안전이 담보가 될 수 없는 거죠. 국가가 기업보다는 국민의 입장에서 정책을 실현해야 하지 않을까, 생각합니다.

▷ **한수진** : 기업에 대한 책임도 무겁게 물려야 한다, 이런 말씀, 그리고 앞서서 안전교육, 안전에 대한 문제를 아주 고지식할 정도로 원칙적으로 지키고 있다, 이런 말씀이 참 무겁게 와 닿네요. 오늘 좋은 말씀 잘 들었습니다. 지금까지 영국 투명성 기구 김성수 연구원이었습니다. 감사합니다.

장례식과
물대포

◆ 한국 '가짜 장례식' 본 외국인들 "변태스럽다"
◆ 물대포 거부한 영국 경찰, 이유는 '전통' 때문

'강제로 웃기'를 할 시간에 일찍 퇴근을 시켜 직원들이 가족들과 단란한 시간을
보낼 수 있게 해주면 어떤가. 그리고 '가짜 장례식' 대신에 그 비용을 보너스로
직원들에게 나눠주면 어떨까.

한국 '가짜 장례식' 본 외국인들 "변태스럽다"

오마이뉴스 2015.12.22.

2015년 12월 18일 과학고를 조기졸업한 한 서울대 재학생이 자살을 예고한 뒤 건물에서 투신해 숨졌다. 이 학생은 투신하기 전 자신의 페이스북과 학내 온라인에 "유서를 퍼뜨려 달라"며 글을 올렸다. 학생은 유서에서 "생존을 결정하는 것은 '수저 색깔(부모의 재력)'"이라고 꼬집었다. 국내 최고 명문대를 다니는 10대 후반의 대학생도 삶에 대한 비관과 걱정으로 스스로 생명을 끊었다.

일부 언론에서는 이 학생의 자살을 단지 우울증에 걸린 순진한 학생의 일시적 충동이나 무기력한 '개인 탓'으로 돌렸다. 그러나 이 학생의 죽음을 단지 개인 문제로 돌리기에는 우리 사회의 구조적 문제가 너무 크다. 소위 일류대를 다니는 대학생도 '빽이나 돈이 없으면' 희망이 없다고 느낄 정도로 지금 우리나라는 큰 사회구조적 중병에 걸려 있다.

마치 구한말의 다수 소작농과 소수 지주처럼. 농민은 아무리 열심히 뼈 빠지게 농사를 지어도 살림이 전혀 나아지지 않는다. 소득 대부분을 아무것도 하지 않는 소수 지주에게 거의 다 바쳐야 하기 때문이다.

구한말의 소작농과 지주와의 관계는 지금 대한민국에서 임차인과 임대인으로 명칭만 바뀌었다. 그래서 다수 임차인, '흙수저'의 자녀들은 아무리 열심히 일해도 아무런 희망과 꿈을 가질 수 없도록 되어가고 있는 것이다.

이 서울대 학생이 투신하기 며칠 전 영국 BBC, 가디언지, 미국 CNN 그리고 호주 언론에서는 한국의 세계 최고 수준으로 높은 자살률 문제를 잇달아 다뤘다.

한국의 '가짜 장례식' 잇달아 다룬 외국 언론들

2015년 12월 14일 BBC는 '관속에 갇힌 직장인들'이라는 제목의 기사를 보냈다. BBC는 한국이 세계 최고 수준의 자살률을 기록하고 있고, 한국 직장인들이 많은 스트레스에 시달리고 있다고 전했다. 그래서 몇몇 기업들은 관속에 들어가 보는 '가짜 장례식'을 통해 인생의 의미를 다시 생각해 보도록 하고 있고, 직원들의 반응도 좋다고 보도했다. 그러면서 BBC는 한국이 아주 가부장적인 사회이기 때문에 직원들이 회사 정책을 비판하기 어렵다는 것도 지적했다.

BBC는 아침마다 '억지로 웃는 의식'을 시행하고 있는 한 기업도 소개했다. 직원들이 출근 후 한 곳에 모여서 마치 나귀 울음 소리 같이 큰소리로 억지로 웃는 것은 이상한 모습이었다고 기자는 표현했다.

또한 BBC는 이 기사에서 한국의 '눈치 문화'에 대해서도 보도했다. 일이 없으면서도 상관의 눈치를 보느라 상관이 출근하기 전에 회

The employees shut inside coffins

By Stephen Evans
BBC News, Seoul

🕐 14 December 2015 | Magazine

BBC뉴스가 보도한 한국의 가짜 장례식

사에 출근해야 하고, 상관이 퇴근한 후에야 퇴근해야 하는 한국 직장인들의 고달픈 삶의 모습을. 그리고 이런 직장 풍토 때문에 한국인들이 높은 스트레스에 시달리고 있다고 대한신경정신의학회 자료를 인용하여 전했다.

이 외에도 BBC는 한국에서 수능 당일 벌어지는 진풍경도 상세하게 보도했다. 63만 수험생들의 미래가 결정되는 날, 후배들의 수능 시험장 응원 모습, 직장인 출근 시간 늦추기 조치, 늦은 수험생들을 위한 경찰의 오토바이 수송 서비스, 영어 듣기 시험을 위한 항공기 35분 출발 지연, 수험생의 어머니들과 할머니들이 절에서 기도하는 모습까지.

BBC는 이런 모습을 보며 한국인들의 스트레스가 높은 것이 놀라운 일이 아니라고 전했다. 이러한 가운데 기업들은 '가짜 장례식'과 '억지로 웃기 의식'을 통해 직원들에게 삶의 긍정적인 측면을 일깨워 주려 한다. 하지만 BBC는 "강제된 웃음은 진정한 웃음이 아니다"라며 기사의 끝을 맺고 있다.

2015년 12월 14일 미국 CNN 역시 '생명을 구하기 위해 죽음을 실험하다'라는 제목의 기사에서 한국의 '가짜 장례식' 절차에 관해 자세하고 심층적으로 보도했다. CNN은 한국이 OECD 국가 중 가장 높은 자살률을 기록하고 있다고 덧붙였다.

CNN은 '가짜 장례식'을 참관한 한 프랑스인 사진작가의 말을 인용해, '가짜 장례식'을 하는 장소에 스트레스에 시달리는 이들을 위한 정신건강 치료는 없었다고 지적했다. 이 프랑스인 사진작가에 따르면, '가짜 장례식'을 체험한 이들은 "가짜 장례식 후 기분이 나아졌다"며 '가짜 장례식'의 효과를 "믿는다"고 했지만, 그는 이러한 경험이 자살을 줄일 거라고 생각하지 않는다고 말했다.

세계 자살 수도 한국

2015년 12월 16일 호주 언론 News.com.au도 '높은 자살률 줄이려 산 사람 관속에 가두는 한국'이라는 제목의 기사를 보도했다.

호주 언론은 "매일 43명의 사람들이 한국에서는 자살한다. 이 수치는 세계에서 가장 높은 수치다"라고 서문을 시작했다. 그리고 이런 문제를 해결하기 위해 '세계 자살 수도 한국(the suicide capital of the world)'에서는 기업들이 대형 '가짜 장례식'을 시행하고 있다고 전했다.

이 외에도 호주 언론은 지난 10년 동안 한국의 서민들뿐만 아니라 유명 연예인, 슈퍼모델, 유명 운동선수, 가수 등도 자살로 목숨을 끊었다고 소개했다.

이 기사는 인기 절정의 영화배우이자 가수 33세 박용하씨와 슈퍼모델 20세 김다울씨의 지난 2009년 자살 사건을 전했다. 그리고 지난 2005년 영화배우 이은주씨의 자살 사건도 보도했다. 기사는 이들 인기 절정의 연예인들과 슈퍼모델도 높은 스트레스와 압박감으로 자살한 것으로 보인다고 진단했다. 또 "한국에서는 어디서나 성형수술 광고를 쉽게 볼 수 있다"며 외모지상주의 문제도 지적했다.

한국의 뒤를 이어 자살률이 높은 국가로는 헝가리와 일본이 2, 3위를 차지하고 있다고 기사는 전했다.

호주 언론과 인터뷰한 한 외국인은 "한국인들의 삶이 이런 상황에까지 이른 것이 너무 슬프다"라고 말했다.

'가짜 장례식' 기사 읽은 영국인들 반응

우리나라의 '가짜 장례식' 기사들을 읽은 내 주변 영국인은 '변태스럽다', '기괴하다', '웃긴다' 등의 반응을 보였다.

한국인들이 자살률이 높은 이유는 극심한 경쟁구조, 세계 10대 경제 대국에 어울리지 않는 열악한 사회복지, 세계 최고 수준의 비정규직 비율과 최저 수준의 노조가입률, 살인적 근무 시간 등이 그 이유라고 나는 생각한다.

그런데 정부나 기업들은 이런 근원적 문제들을 해결하지 않고 '가짜 장례식'이나 '강제로 웃기 의식'을 통해 개인적 차원에서 사회 구조적 문제를 해결하려고 한다. 그러나 이런 처방은 근원적 문제 해결 방법이 아니라 현상만을 다룬 단순한 표피적 처방이다.

차라리 '강제로 웃기'를 할 시간에 일찍 퇴근을 시켜 직원들이 가족들과 단란한 시간을 보낼 수 있게 해주면 어떤가. 그리고 '가짜 장례식' 대신에 그 비용을 보너스로 직원들에게 나눠주면 어떨까.

박근혜 정부에서는 OECD 국가 중 최저 수준인 우리나라 사회복지비율을 최소한 OECD 국가 평균 수준만이라도 올리라고 권고하고 싶다. 한국의 사회복지지출 비율(10.4%)은 OECD 평균(21.6%)의 절반에도 미치지 못하고, 가장 높은 비중을 차지한 프랑스(31.9%)나 핀란드(31%)의 3분의 1에 불과하다.

열악한 사회복지를 최소한 OECD 평균수준으로만 올려도 세계 최고 수준의 자살률과 세계최저 수준의 출생률 문제는 자연스레 해결될 것이라 확신한다.

물대포 거부한 영국 경찰,
이유는 '전통' 때문

오마이뉴스 2015.11.22.

2015년 11월 14일 서울에서 열린 민중총궐기 집회에서 물대포에 맞아 중상을 입은 농민 백남기씨가 사경을 헤매고 있다. 그러나 새누리당 의원들은 백씨가 중태에 빠진 이유가 경찰의 물대포가 아닌 시위대의 폭행 때문일 수 있다며 의혹을 제기하고 있다.

살수차 업체 전 직원이 "물대포 직사는 살상행위"라고 말했는데도 그들의 귀에는 안 들리고 안 보이는 것 같다. 국민의 생명과 재산을 보호하기는커녕 위협하는 정부와 경찰, 이대로 괜찮을까? 영국의 사례를 보면 조금 다른 점이 보인다.

"물대포는 민주주의적 도구가 아니라 살인무기"

지난 2010년 9월 30일 독일 슈투트가르트에서 독일인 엔지니어 디트리히 바그너씨(당시 65세)는 철도역 재개발에 반대하는 시위에 참여 중이었다. 당시 그는 경찰이 쏜 물대포에 얼굴을 맞아 뒤로 쓰러졌고 그후 실명했다.

2014년 바그너씨가 영국 런던의 시청을 방문했다. 독일에서 수입한 물대포 사용을 추진 중인 보리스 존슨 런던시장에게 경고하기 위해서였다. 바그너씨는 물대포가 "민주주의적인 도구가 아니라 폭력적인 살인 무기"라고 주장하며 런던시장에게 물대포의 사용을 중단하라고 촉구했다

바그너씨의 노력은 헛되지 않았다. 지난 7월 테레사 메이 영국 내무부 장관은 물대포를 사용하게 해달라던 보리스 존슨 런던시장의 요청을 전면 거부한다고 발표했다.

메이 장관은 의회 발언에서 "철저한 의학적·과학적 실험결과, 물대포에 맞은 사람이 척추파열을 포함한 중상을 입을 수 있다는 결론에 도달했다"고 밝혔다. 또한 물대포가 "시민의 동의를 바탕으로 일하는 영국 경찰의 전통을 훼손시킬 수 있"어서 물대포 사용을 불허한다고 말했다.

그러면서 메이 장관은 물대포의 위험성에 대해 시위 도중 물대포를 맞고 실명한 독일인 바그너씨의 경우를 예로 들었다.

메이 장관의 물대포 사용 거부 결정은 존슨 런던시장에게는 정치적으로 치명타가 됐다. 존슨 시장은 메이 장관과 같은 보수당이다. 또한 평소 캐머런 수상과 친분이 깊었던 존슨 시장은 자신의 물대포 사용 요청이 설사 메이 장관에 의해 거부당하더라도 캐머런 수상이 메이 장관을 '설득'해 줄 것으로 기대했다. 그러나 캐머런 수상은 메이 장관의 물대포 사용 거부 결정에 중립적인 위치를 취하고 전혀 관여하지 않았다.

테레사 메이 ©위키피디아

영국 경찰도 반대한 물대포 사용

더욱이 영국 경찰조차도 "런던 거리에서 시위대에 물대포를 사용하겠다"는 존슨 시장 정책을 지지하지 않는다는 입장을 분명하게 밝혔다. 한 경찰서장은 시위대에게 물대포를 사용하는 것은 "시위 진압에 전혀 도움이 안 된다"며 존슨 시장의 물대포 사용 정책에 반대했다.

메이 장관의 물대포 사용 거부 결정에 대해 영국 노동당 의원들도 환영한다는 입장을 밝혔다. 특히 노동당의 런던시장 후보인 사디크 칸 하원의원은 "만약 내가 런던시장에 당선된다면 영국 경찰이 보유하고 있는 물대포를 판매 처분하겠다"는 공약을 발표했다. 아울러 "합법적으로 사용할 수 없는 물대포를 25만 파운드(약 4억4천만 원)를 들여 구매한 것은 런던 시민의 세금을 낭비한 스캔들"이라며 존슨 시장을 정면 비판했다.

영국의 인권단체인 '리버티'도 메이 장관의 물대포 사용 거부 결정을 환영한다는 성명을 발표했다. '리버티'의 사라 오길비 정책의원은 "시민의 동의를 바탕으로 일하는 경찰을 가진 사회에서 물대포는 결코 사용할 수 없는 장비"라며 일침을 가했다

한편 지난 14일 영국 BBC 뉴스는 "최근 서울에서 가장 큰 대규모의 시위대가 경찰과 충돌했다"고 전했다. BBC는 "박근혜 대통령의 사퇴를 요구하는 시위대에 한국 경찰이 최루액과 물대포를 사용했다"고 보도했다. 이후 보도된 것처럼 강경한 진압은 시민과 경찰 양쪽에 많은 부상자를 낳았다.

정부가 소중한 것은 국민의 생명과 재산을 보호할 것이라는 신뢰 때문이다. 그리고 그런 신뢰 때문에 국민은 기꺼이 세금을 내서 정부를 운영하고 경찰을 채용하는 것에 동의한다. 국민의 세금을 받고 일하는 대통령이나 경찰에게 국민의 생명과 재산을 보호하는 일보다 중요한 것이 있을까. 테레사 메이 내무부 장관과 영국 경찰의 결정이 어떤 의미를 갖는지 돌아볼 때다.

영국을 점령한
BTS

◆ "BTS는 영국 소녀를 우울증에서 구해냈다"
◆ 영국 대학생들에게 물었다 "대체 BTS가 왜 좋아?"

흔히 BTS를 '21세기의 비틀즈'라고 하는데, 그 이유가 무엇일까? 1964년 미국에서 비틀즈 열풍이 불기 시작했을 때 많은 평론가들은 "비틀즈의 음악은 계급과 인종 간의 벽을 허물었다"고 논평했다. 그렇다면 영국의 젊은 세대가 한국의 BTS에게 매료된 이유가 무엇일까?

"BTS는 영국 소녀를
우울증에서 구해냈다"

오마이뉴스 2020.09.24.

2020년 9월 1일 방탄소년단(BTS)의 신곡 다이너마이트(dynamite)가 미국 빌보드 핫 100에서 한국 가수 중 처음으로 1위를 했다. 다이너마이트는 최근 영국 오피셜 차트에서도 3위를 차지했다.

게다가 BTS는 영국 MTV의 올해 최고 여름 슈퍼스타로도 선정되었는데 무려 3320만 표를 받았다. 2위는 또 다른 케이팝 그룹인 블랙핑크로 320만 표를 받았다. 다음은 MTV 여름 슈퍼스타 1위부터 10위까지 득표수와 순위다.

1. BTS - 33,203,280

2. BLACKPINK - 3,248,886

3. twenty one pilots - 821,499

4. 5 Seconds Of Summer - 491,691

5. Justin Bieber - 470,968

6. Taylor Swift - 320,564

7. Little Mix - 177,863

8. Ariana Grande - 169,133

9. Niall Horan - 152,080

10. Lady Gaga - 124,101

2020년 9월 1일 영국 일간지 〈가디언〉은 BTS가 세계적인 가수인 저스틴 비버나 레이디 가가 등도 누르며 세계 음악사의 새로운 이정표를 세웠다고 보도했다. 영국 공영방송 BBC는 2020년 9월 2일 BTS와 인터뷰를 하며 코로나19로 "전 세계가 정지한 상태에서도 BTS는 두각을 나타냈다"고 극찬했다. 영국 일간지 〈데일리텔레그래프〉도 2020년 9월 5일 "올해 한국은 영화 기생충에 이은 BTS의 선전으로 세계 문화의 슈퍼 파워로 등장했다"고 보도했다.

비틀즈의 고향인 영국은 왜 BTS에 열광할까.

2018년 "대체 BTS가 왜 좋아?"라는 기사를 쓰면서 영국 대학생들 사이에 부는 BTS 열풍을 실감한 바 있다. 지난해 6월 2일 영국 런던 웸블리에서 열린 BTS 공연에 다녀왔다. 그날 웸블리 전철역 앞에서 공연장까지는 6만 명의 '아미'(BTS 팬들)가 뿜어내는 열기로 넘쳐흘렀다.

몇 년이 지나도 식을 줄 모르는 BTS 열기에 대해 로즈, 라라, 리아 이렇게 영국 여성 3명에게 물었다. 로즈는 현재 영국 브리스톨 미대 재학 중인 나의 딸로 지난 2001년 1월부터 2008년 12월까지 한국에서 살았다. 로즈와 라라는 지난 2018년 인터뷰한 이들이기도 하다.

그래서 2년이 지금 지금도 여전히 BTS를 좋아하는지 물어봤다. 라라
와 리아는 직장을 다니고 있다.

전 세계인들에게 영감

지난 9월 1일 BTS가 미국 빌보드 핫 100에서 한국 가수 중 처음으로 1위
를 했다. 이 뉴스를 듣고 들었던 생각은?

로즈　“미국 빌보드 차트에서 다양성을 보게 되어 좋았다. 특히
　　　BTS가 한국인뿐 아니라 미국인을 넘어서 전 세계인들에
　　　게 영향과 영감을 준 것에 감동했다.”

리아　“놀랍다. 나는 BTS가 미국 빌보드 차트 1위를 하기 원했
　　　다. 이번 일은 BTS는 물론 아미들에게도 기쁜 소식이다.
　　　아미가 한국과 미국을 넘어 점점 더 전 세계로 퍼져나가고
　　　있다는 것을 보여주었다. 나는 BTS가 자랑스럽다.”

라라　“뉴스를 들었을 때 아주 흥분했다. BTS의 성취에 나도 큰
　　　자부심을 느낀다. 지난 몇 년 동안 BTS가 서구에서 많은
　　　인기를 얻는 것은 당연한 결과라 생각한다. 늦게나마 이
　　　런 좋은 결과가 나와서 매우 기쁘다.”

BTS의 신작 다이너마이트는 영국 오피셜 차트에서도 3위를 차지했다.
BTS가 미국에서처럼 영국에서도 조만간 1위를 차지하리라고 보나?

로즈　“이전에 영국에서도 정상에 아주 가까웠다. 다이너마이트
　　　는 어느 때보다 인기가 있어서 가능성이 높다고 생각한다.”

리아　“물론 영국에서도 곧 1위가 될 것이다. 이제 영국의 아미가

BTS의 팬인 한복을 입은 로즈

소셜미디어, 여러 모임이나 파티 등을 통해 BTS의 음악을 퍼뜨릴 것이다. BTS의 꿈은 곧 나의 꿈이고 아미의 꿈이다. 나와 아미는 BTS의 꿈을 이루기 위해 최선의 노력을 다할 것이고 그 꿈은 곧 이뤄질 것이다. BTS가 지난 2018년 출연한 영국의 유명 토크쇼(Lorraine)에 따르면 BTS의 소셜미디어 영향력은 도널드 트럼프와 저스틴 비버, 둘을 합친 것보다 훨씬 막강한 것으로 나왔다."

라라   "1위가 확실히 가능하다고 생각한다. 다이너마이트는 음악이 좋을 뿐 아니라 영이 가시라 영국인들 마음에 더욱 가까이 다가갈 것이다."

BTS의 이번 신작 다이너마이트를 평가한다면?

로즈   "한 마디로 놀라웠다. 음악이 아주 강력하고 힘찼다. 코로나19로 지금 모든 인류가 어려운 세상을 살고 있는데 BTS가 밝은 빛을 가져왔다고 생각한다. BTS 음악은 운율과 리듬이 좋아서 꼭 영어 앨범이 필요하다고는 생각하지 않지만 전 세계 팬들을 위해 영어 앨범을 내준 것에 대해 무척 고맙게 생각한다."

리아   "나는 다이너마이트가 나온 후에 쉬지 않고 반복해서 듣고 있다. 반복해서 듣지 않고는 견딜 수 없게 만든다. 70~80년대 복고풍도 섞여 있어 영국의 젊은 층뿐 아니라 40대에서 70대까지도 좋아한다. 부모님은 이 음악을 들으면 아름다운 어린 시절이 회상된다고 하셨다. 곡명처럼 다이너마이

트는 세대 간의 벽도 무너뜨렸다. 영어로 된 노래라 국제적
으로 BTS의 영향력이 더욱 확대되리라 확신한다."

라라 "다이너마이트는 기존 BTS 음악의 느낌을 유지하면서도
동시에 한 단계 향상된 모습을 보여준다. 한 곳에 정체하
지 않고 끊임없이 다른 음악과 소통하고 영향을 주고받은
흔적을 볼 수 있어서 훌륭한 음악이라고 생각한다."

삶의 어려움 극복할 힘

도대체 BTS가 왜 그렇게 좋은가?

로즈 "BTS가 부르는 노래에는 정신질환이나 삶, 사회의 다른
문제에 대한 깊은 의미가 가득 차 있다. 그래서 어려운 시
기에 사람들이 잘 극복할 수 있도록 힘과 도움을 준다."

리아 "BTS는 어린 시절 나를 역경에서 구해줬다. 학창시절 사
춘기 때 나는 우울증에 걸렸다. 나를 미워하고 비관했다.
그때 친구가 BTS를 들어보라고 했다. 나는 BTS의 음악을
통해 치료 받기 시작했다. 노래 가사처럼 나를 사랑하기
시작했다. BTS 없이는 오늘의 행복한 나는 존재하지 않았
을 것이다. BTS는 가식적이지 않아서 좋다. 아주 솔직하
다. 아미에게도 BTS는 자신들의 어려움과 걱정, 슬픔을 감
추지 않고 나눈다. 그래서 BTS를 보면 위로와 힘을 얻는
다. 내 친구뿐 아니라 부모님, 조부모님도 방탄을 좋아하
신다. 그저 놀라울 뿐이다!"

라라 "나는 BTS의 음악뿐 아니라 그들의 원칙과 가치관도 지지

한다. BTS는 음악을 통해 다른 가수들이 회피하는 문제들, 예를 들면 정신질환 등에 대해 지적한다. 나는 이 점이 너무 좋다."

BTS 음악 중 가장 좋아하는 곡은 무엇인가.

로즈 "제일 좋아하는 노래는 '세이브 미(Save me)'다. 이 음악을 처음 접했을 때 이전의 다른 가수들과는 달리 특수 효과나 화려한 무대 배경 없이 오로지 춤과 노래 그 자체로 뛰어난 실력을 보여줘서 크게 감동했다. 그때부터 아미가 돼버렸다."

리아 "다 좋다. 하지만 특별히 하나를 고르라면 '페이크 러브(Fake Love)'다. 이 노래는 내가 누구인지 내 정체성을 발견할 수 있게 도와줬고 나를 우울증에서 구해냈다. 이 음악은 나를 우울한 여성에서 행복한 여성으로 바꿨다. 이 음악을 통해 나는 나 그대로의 모습을 감추지 않고 직시하고 사랑할 수 있게 되었다."

라라 "'매직 샵(Magic Shop)'을 제일 좋아한다. 이 곡은 따라 하기도 쉽고 환상적일 뿐만 아니라 어렵더라도 자신을 존중하고 사랑하는 것이 얼마나 중요한지 내게 일깨워 주었다."

사회문제에 대해 깊은 의미 전달

제일 좋아하는 BTS 멤버는 누구인가.

로즈 "제일 좋아하는 멤버는 RM(김남준)이다. 아주 영리하고 착한 사람인 것 같다. 그는 랩을 통해 사회 문제에 대해 깊은 의미를 전달하려고 한다. 뛰어난 영어로 BTS가 미국에서도 성공할 수 있도록 큰 공헌을 한 것 같아 항상 고맙게 생각한다."

리아   "뷔(김태형)를 좋아한다. 그를 보면 나 자신을 보는 것 같다. 심각한 면과 어린아이 같은 면이 혼재된 사람. 그도 나처럼 자기 감정을 감추지 않는다. 모든 게 멋지다. 박지민을 통해서도 나 자신을 본다. 그는 귀엽고 웃기고 사랑스럽게 보이면서도 또 자신에게 비판적이고 완벽주의자다. 그를 통해서도 나의 모습을 볼 수 있어서 좋다. 하지만 전부 다 좋다."

라라   "무지개처럼 나는 일곱 멤버 모두가 소중하다고 생각한다. 그 중에서도 슈가(민윤기)의 랩핑 솜씨와 무대 매너는 정말 엄청나다. 그는 남들이 이야기하기 꺼리는 주제를 내가 공감할 수 있게 쉽고 자연스럽게 음악을 통해 전해준다. 격조를 유지하면서도 불편한 주제를 편안하게 전달해줘서 좋다."

지난해 6월 2일 런던 웸블리에서 열린 BTS 공연을 봤다고 했다. 그때 어땠나?

로즈   "공연장에서 끓어오르는 에너지가 완전 대박이었다. 실생활에서 아미를 많이 못 만났는데 6만 명의 아미가 한 곳에 모였다. 정말 멋졌다. BTS와 아미들이 서로 소통했다. 많은 아미가 울면서 환호하는 광경에 감동했다. 아미들이 빠른 랩을 한국말로 따라하는 것도 너무 멋있었다."

리아   "6만 명의 아미를 한 장소에서 만나서 그저 꿈만 같았다. 그 소중한 경험을 평생 못 잊을 것이다. 시작부터 끝나는 순간까지 현장에 압도하는 에너지를 실감했다. 유튜브나 TV와는 전혀 차원이 달랐다. 꿈이나 동화가 현실이 되는 느낌이었다. 언어로는 표현이 불가능한 격정의 순간이었다. 대화를 통해 아미와 교감하는 시간도 있었는데 그 감동은 도저히 말로 표현할 수 없다."

좋아하는 다른 케이팝 그룹도 있나.

로즈   "스트레이 키즈도 좋다. 스트레이 키즈는 음악이 강렬하고 공감할 수 있어서 많이 좋아한다. 스트레이 키즈도 모든 노래에 열정과 감정을 담은 것이 느껴진다. 특히 스트레이 키즈의 호주 멤버들이 나를 웃게 해 더욱더 좋아한다."

리아   "빅뱅, 슈퍼주니어, 샤이니, TXT, 몬스타엑스, 블랙핑크, 트와이스, 레드 벨벳, K.A.R.D, 수지, 현아, EXID, 마마무, 빅스, SF9, 버즈 등 너무 많다. 케이팝은 음악이 좋고 춤도 재밌다. 나는 이들의 춤과 노래를 배우고 따라한다. 나는 미국이나 영국 혹은 다른 나라의 음악은 전혀 안 듣고 오직 케이팝만 듣고 따라한다. 다른 음악보다 훨씬 낫고 재미있고 새롭기 때문이다."

라라   "드림캐쳐, 세븐틴도 좋아한다. 그들의 음악은 다양하면서도 높은 질을 유지한다. 그들의 음악을 보고 들으면 항상 재미있고 흥미롭다."

한국을 세계에 알리는 데 공헌

BTS 때문에 한국에 대한 시각이 바뀐 것이 있는지?

로즈 "난 아빠가 한국 사람, 엄마가 영국 사람이라 어려서 생후 6개월 때부터 만 8살 때까지 8년 동안 한국에서 살았기 때문에 BTS로 인해 한국에 대한 견해를 바꾸지는 않았다. 하지만 BTS가 한국을 국제 사회에서 더욱 인기 있게 만들었다고 생각한다. 서방 국가에 한국을 알리는 데 BTS가 큰 공헌을 했다. 지난 2008년 12월 내가 영국으로 돌아왔을 때 초등학교 영국 친구들 중에 한국에 대해 들어본 친구들은 아예 없거나 한국과 북한을 혼동하는 친구들이 많았다. 하지만 BTS 덕에 요즘은 영국 친구들이 오히려 나보다 한국을 훨씬 더 많이 알고 있는 것 같다."

리아 "학창 시절 학교에선 한국 전쟁과 북한 미사일 외에 한국에 대해서 긍정적인 면을 배운 것이 거의 없다. 그러나 케이팝을 통해서 한국 문화를 접하고부터 한국에 대해서 긍정적이고 놀라운 면을 많이 배웠다. 나는 몇 년째 케이팝뿐만 아니라 한국 드라마, 영화, 쇼, 코미디, 다큐멘터리 등을 닥치는 대로 본다. 그 덕에 한국말도 조금씩 배운다. 언젠가 한국말도 잘하면 좋겠다. 한국말은 듣기 좋고 너무 아름답다. 한복도 인형처럼 참 예쁘다. 언젠가 내 한복을 한 번 마련해 입고 싶다. 한국 돌잔치에 대한 프로그램도 봤는데 재밌었다."

라라 "BTS를 들으면서 한국어와 한국 문화를 관심을 두고 배우게 되었다. 한국인들의 생활 습관이 영국인들과 다른 것에도 아주 흥미를 느끼게 되었다. BTS가 없었다면 한국의 훌륭한 전통과 문화유산을 접해보지 못했을 것이다."

한국에 대해 호감과 비호감이 있을 텐데 어떤 것인지?

로즈 "제일 좋은 건 당연히 음식이다. 한식이 세상에서 제일 맛있는 거 같다. ㅋㅋ. 아쉬운 것은 한국인이 혼혈인을 조금 더 인정해줬으면 좋겠다는 점이다. 어린 시절 한국에서 나는 한국말 잘하고 김치 잘 먹는 신기한 외국인으로 여겨졌을 뿐 한국인으로 인정을 못 받을 때가 많았다. 혼혈인도 한국인이라는 것을 한국인들이 알아주면 좋겠다."

리아 "한국 음식과 양념을 좋아한다. 틈나는 대로 한국 음식을 요리해 먹는다. 한국을 보여주는 사진과 동영상을 보고 경치가 아름다워 넋을 잃었다. 언젠가 한국에 꼭 가고 싶다. 한국에 대한 비호감은 한국인들이 아이돌 스타가 너무 완벽하기를 바라는 것 같아 안타깝다는 점이다. 아이돌 스타도 사람인지라 음식, 공기, 사생활, 게으름 등이 필요하다. 에이전시들의 성화 때문에 다이어트하는 아이돌 스타를 보며 마음이 아팠다. 돈이 전부가 아닌데 좀 쉬면서 하고, 좀 못하고 틀려도 괜찮은데 정신건강도 돌봤으면 하는 아쉬움이 들었다. 한국도 이제는 부작용 많은 '빨리빨리'보다는 뭐든 천천히 여유 있게 하는 문화가 필요하다고 생각한다."

라라 "나는 한국 미술과 옷 패션, 그리고 문화에 아주 관심이 많다. 흥미롭다. 개량한복도 좋아한다. 한국에 대한 비호감은 성형수술 세계 1위라는 말에서 보듯 한국인들이 외모지상주의에 매달리는 것이다. 육체는 물론 정신건강에도 해롭다고 생각한다."

정신건강 문제 다뤄줘서 감사

끝으로 BTS나 한국인들에 하고 싶은 말이 있다면?

로즈 "음악으로 나를 포함해 세계의 많은 사람들에게 힘과 영감을 준 것에 대해 BTS에게 감사한다. 한국 분들에게는 영국에 오면 웨더스푼(Weatherspoon)이라는 체인점 식당이자 선술집(PUB)을 꼭 추천해 드리고 싶다. 보통 영국 식당은 한국 식당보다 음식값이 비싸다. 하지만 웨더스푼은 영국에서 제일 값이 싸고 맛있는 체인점이다. 강추한다(특별히 치킨버거)."

리아 "내 삶에 긍정적 변화를 준 BTS에게 감사드린다. BTS를 존경하고 영국에 또 오면 꼭 가서 다시 만나고 싶다. BTS 모두 건강하고 행복하길.

RM(김남준) : 모두가 공감하는 놀라운 작사에 감사.

진(김석진) : 너무나 멋있고 재밌는 분.

슈가(민윤기) : 새로운 랩송을 손꼽아 기다려요.

제이홉(정호석) : 나의 작은 선샤인, 나를 행복하게 해줘서 감사.

지민(박지민) : 당신의 멋진 춤은 몇 시간이나 봐도 좋아요.

뷔(김태형) : 내가 너무나 많이 공감한 분, 존경해요.

정국(전정국) : 부드러운 감성으로 내게 많은 가르침을 준 분.

한국인들에게 : 한국 문화, 음악, 드라마, 쇼를 통해 한국을 배울 기회를 줘서 감사하다. 한국을 통해 나는 더 이해심 많은 사람, 행복한 사람이 되었다. 모두 행복하고 건강하세요. 파이팅!"

라라 "젊은 세대가 대면하기 어려워하는 '자신을 사랑하기'나 정신건강 문제를 방탄이 음악으로 다뤄줘서 고맙다. 한국 문화, 언어, 음식, 풍습은 배울수록 재미있고 흥미롭다. 그런 훌륭한 문화유산을 잃지 않고 보존한 한국인들을 존경한다."

영국 대학생들에게 물었다
"대체 BTS가 왜 좋아?"

오마이뉴스 2018.10.29.

2018년 10월 9일과 10일 진행된 방탄소년단의 영국 공연은 현지 젊은이들 사이에서 큰 화제였다. 공영방송 BBC를 비롯한 영국 언론도 앞다투어 BTS 소식을 다뤘다. 흔히 BTS를 '21세기의 비틀즈'라고 하는데, 그 이유가 무엇일까? 1964년 미국에서 비틀즈 열풍이 불기 시작했을 때 많은 평론가들은 "비틀즈의 음악은 계급과 인종 간의 벽을 허물었다"고 논평했다. 그렇다면 영국의 젊은 세대가 한국의 BTS에게 매료된 이유가 무엇일까?

2015년 축구스타 박지성 선수가 유학을 가 유명세를 탄 영국 중부의 드몽포트 대학교 학생들과 'TS 현상'에 대해 이야기 나눴다. 인터뷰는 지난 21일부터 약 일주일간 이어졌다. 이들을 택한 것은 드몽포트 대학교가 내가 살고 있는 동네에서 제일 가까운 대학이기 때문이었다. 여건만 된다면 영국 북부과 남부의 대학생들과도 폭넓게 인터뷰를 하고 싶었지만 여러 가지 형편상 그럴 수가 없었다.

드몽포트 대학교에는 한국문화회(Korean Culture Society)가 있는

데 학생 회원이 500명이 넘고 회원 중 압도적 다수는 영국 대학생들이다. 이들은 매주 금요일 저녁 캠퍼스에 모여서 한국 음식 맛보기, K-POP 듣기, 한국 문화 알기 등 다양한 한국 관련 행사를 한다. 이 행사에 평균 참여 인원은 30~60명 사이다.

나는 이들 중 세 명의 대학생들과 BTS 관련 인터뷰를 했다. 조쉬는 한국문화회의 임원으로 컴퓨터공학과 2학년이며 지난 여름 한국의 고려대학교 여름학교에 다녀왔다. 로즈와 라라는 둘 다 미술을 전공하는 1학년으로 한국문화회의 열성 회원이다. 영국의 젊은 세대는 왜 BTS에 매료됐을까.

"BTS, 개성 있으면서 서로 부딪히지 않고 조화 이뤄"

왜 BTS를 좋아하나? BTS의 무엇이 특별하다고 느끼나?

조쉬   "BTS의 노래는 재미있고 재치 있어서 좋다. 평소에 길을 걸을 때나 친구를 기다릴 때 항상 BTS 노래 가사를 흥얼거린다. 모두 잘생기고, 가창력이 좋고 춤도 잘 추는 것이 인상적이다. 청각뿐 아니라 시각도 즐겁게 해준다. 그러나 나는 BTS에 완전히 미친 팬은 아니다. 그저 BTS가 부럽다. 내가 남자라 그런지 아무래도 여성 그룹을 더 좋아한다, 하하!"

로즈   "BTS는 너무 개성이 있어서 좋다. BTS의 모든 가수들은 정말 열심히 하고 겸손하며, 서로 소통할 때 항상 재미있고 진지해 보인다. 전부 개성이 강하지만 서로 부딪히지 않고 조화를 이룬다. 박력이 넘치는 활동을 보여주는 것이 인상적이다."

라라   "BTS가 좋은 이유는 모든 멤버가 개성적이기 때문이다. 또 노래 가사도 음미할수록 깊은 의미를 풍긴다. 그들은 가식적이지 않고 공손하다. 팬들과 자신의 작품을 진정으로 아끼는 마음을 느낄 수 있어서 좋다."

BTS의 어떤 노래를 가장 좋아하나? 그 이유는?

조쉬   "DNA다. 나는 항상 휘파람으로 이 노래를 따라 부른다. 또 (뮤직)비디오도 밝고 즐겁다. BTS의 노래를 듣거나 보고 있으면 모든 슬픔이 사라진다!"

로즈   "Not Today(낫 투데이)를 가장 좋아한다. 이 노래에선 역경을 이겨나가는 모습을 느낄 수 있다. 경쾌한 상승 기조의 음악과 강력한 톤은 항상 내게 힘을 준다. 내가 그림을 그릴 때 BTS 음악에서 종종 영감을 받는다."

라라   "Pied Piper(피리 부는 사나이)가 가장 좋다. 잘 만든 노래일 뿐 아니라, 곡이 너무 좋다. 가사도 좋다. BTS 때문에 공부나 나의 다른 중요한 활동이 방해받아서는 안된다는 의미가 가슴에 와 닿는다."

BTS 중 가장 좋아하는 가수는? 또 그 이유는?

조쉬   "정국을 좋아한다. 그는 아주 인상적인 댄서다! 제이홉도 좋다. 내 친구들은 내가 제이홉을 닮았다고 한다!"

로즈   "리더 RM(알엠)을 좋아한다. 리더로서 빛이 난다. 어려운 시기에도 그룹을 하나로 이끈다. 그의 지혜를 존경하고, 유창한 영어로 세계의 팬들과 BTS를 하나로 연결하는 데 고마움을 느낀다."

라라   "민윤기(활동명 슈가)를 제일 좋아하는데, 자신이 만든 노래에 뜨거운 열정을 보여주기 때문이다. 그는 많은 어려움을 극복했다. 그리고 어려움에 처한 다른 사람들을 노래를 통해 도와준다. 내가 꿈을 이룰 수 있을 것 같은 용기를 준다. 나는 그런 그를 너무 존경한다."

"예술은 국경이나 민족을 초월한다"

부모님, 가족, 친구들과 BTS에 대해 이야기하나? 이야기할 때 듣는 이들의 반응은 어떤가?

조쉬   "부모님들은 내가 왜 BTS를 좋아하는지 이해하지 못하시지만 그래도 내 취향을 존중해주신다. 처음 아빠는 내가 한국말을 배우기 위해 BTS를 좋아한다고 하니 '의심스러운데?'라고 하셨다. 내 영국 친구들 중에는 내가 한국 음악과 한국을 좋아한다고 놀리기도 했다. 그러나 그 친구들은 자기가 무엇을 놓치고 사는지 모르는 것 같아 내가 오히려 그들을 볼 때 안타깝다. 하하!"

로즈   "BTS에 대해 친구들과 많은 이야기를 한다. 팬이 아닌 경우에는 BTS를 이해 못하고 왜 내가 외국 노래를 좋아하는지 이해 못 한다. 하지만 나는 그런 친구들을 오히려 이해 못 한다. 예술은 국경이나 민족을 초월한다. BTS를 아는 사람들은 BTS 각 멤버들의 소질을 존중하고 존경한다."

라라　"부모님들에게 BTS 이야기를 많이 한다. 부모님은 BTS 노래를 좋아하는 세대는 아니다. 하지만 BTS가 아주 소질 있고, 특별히 가사가 젊은 세대들에게 좋은 영향력을 미친다고 생각하신다."

BTS 때문에 한국에 관심을 갖게 되었나? 그리고 한국에 대해 가장 관심이 있는 것은 뭔가?

조쉬　"사실 한국에 먼저 관심을 갖게 되었고 BTS는 나중에 알게 되었다. 처음에 유튜브에서 한국의 인디송을 발견하고 한국에 대해 궁금증이 발하기 시작했다! 지난 여름 방학 때 고려대학교 여름학교에 갔는데 한국의 음식과 패션이 너무 좋았다! 한국인들의 패션 감각은 영국인들보다 훨씬 좋다. 그리고 나는 너무나 한국의 매운 음식을 좋아한다!"

로즈　"한국 문화에 대한 궁금증을 가지게 된 후 BTS를 알게 됐다. 한국 문화를 알고 이에 동화할수록 BTS를 더 잘 이해하게 되는 거 같다. BTS를 통해서 한국 문화를 점점 더 알아가고 즐기게 되었다. 나는 특별히 한국의 음식 문화에 관심이 많다."

라라　"한국에 흥미를 갖고 있던 차에 유튜브를 통해 BTS를 보게 되었고 그러면서 한국에 대해 더 배우게 되었다. 지금은 한국어 공부도 하고, 한국 음식도 즐긴다. 한국문화를 알수록 너무 재미있다."

떡볶이, 김치, 삼겹살, 소주, 닭꼬치… "와!"

장래 한국을 (다시) 방문하고 싶나? 한국을 (또) 방문하면 한국에서 뭘 하고 싶나?

조쉬 "물론 한국을 다시 방문하고 싶다. 한국 음식이 너무 그립다! 양념치킨!! 김밥! 소주! 김치찌개!! 내가 너무 좋아하는 한국 음식이다!"

로즈 "내년에 한국을 방문한다. 와! 떡볶이, 김치, 삼겹살, 소주, 닭꼬치, 김밥, 라면, 자장면을 좋아하는데, 새로운 한국 음식도 먹어볼 예정이다. 그리고 한국 문화를 더욱 깊이 알고 싶다."

라라 "한국을 방문하고 싶다. 외국 관광객들이 자주 가는 곳도 가고 싶지만 보통 한국인들이 어떻게 사는지 그 모습도 보고 싶다."

한국에 대해 가장 좋아하는 것은?

조쉬 "한국인들이다. 내게 한국어를 가르쳐준 선생님은 최고의 선생님이었다. 무엇보다도 인상적이었던 것은 내가 한국에서 만난 모든 한국인들이 한명의 예외도 없이 나를 너무나 다정하게 대해주었다. 한국인들은 배려심이 많다는 인상을 받았다. 나는 한국의 이방인이었고 외국인이었지만 나를 전혀 배척하지 않았고 따뜻하게 맞아주었다."

로즈 "한국 음식을 가장 좋아한다. 사람은 먹어야 산다!"

라라 "한국 문화가 내가 자란 영국 문화와 다른 것이 너무 좋다.

그래서 한국 문화에 대해 많이 배우고 싶다. 한국 음식도
너무 맛있다."

방탄소년단에게 묻고 싶은 말 "잠은 안 자나요?"

BTS가 왜 요즘 전 세계적으로 돌풍을 일으키고 있다고 생각하나?

조쉬 "젊은 세대들에게 상상력을 심어주기 때문이라고 생각한
다. 일반인들은 일상 생활에서 탈출하고 싶은 욕구가 있는
데 BTS가 그 답을 준다. 일반인들은 장시간 일하고 좁은 집
에서 산다. 뉴스는 전쟁, 피난민, 브렉시트, 트럼프 같은 이
슈로 도배된다. 사람들은 이런 부정적인 뉴스에 염증을 느
낀다. 그러나 BTS는 행복하고, 멋지고, 부티나고, 유명하고,
능숙하고, 예의가 바르다. 매일 쏟아지는 부정적인 뉴스와
는 달리 BTS는 삶의 긍정적인 면과 희망을 보여준다!"

로즈 "언어 장벽에도 불구하고 음악을 통해서 전 세계인들과 소
통하고 공감할 수 있다는 것을 BTS가 보여주었다. 팬들과
소통할 때 항상 겸손하고 진지한 것도 감동을 준다. BTS는
각 사람에게 각각 다른 의미를 준다고 생각한다. 어떤 팬
들은 경쾌한 음악이나 좋은 리듬 때문에 좋아하는 것 같
다. 또 다른 팬들은 BTS의 가공하지 않은 서정적인 가사와
강력한 메시지에서 감동과 영감을 받거나 어려움을 극복
할 힘을 얻는 것 같다."

라라 "음악이 아주 따라 하기 쉽고 장르와 주제가 아주 다양하
다. 많은 BTS 노래들의 가사와 운율이 팬들이 처한 상황에

잘 들어맞는 것 같다. 그래서 그들의 노래를 들으면 내게 개인적으로 어떤 메시지를 주는 것 같은 느낌을 받는다."

마지막으로 BTS에게 전하고 싶은 말이 있다면?

조쉬 "BTS를 만난다면 이렇게 묻고 싶다. '어떻게 그렇게 많은 일을 할 수 있나요? 잠은 안 자나요?' 그들은 정말 엄청나게 일을 많이 하는데 나도 그 비결을 알고 싶다!"

로즈 "전 세계 젊은 세대들에게 당신들은 놀라운 롤모델입니다. 한국에 대해 긍정적인 인상을 심어줘요. 당신들은 내 예술 활동에 영감과 동기 부여를 해줍니다. 당신들이 한 모든 것을 존중하고 존경해요. 그러나 아무리 바쁘더라도 휴식을 취하는 것도 꼭 잊지 마세요. 모두가 당신들 열심히 살고 좋은 일하는 것을 감사해하지만, 우리는 또 휴식과 재충전의 시간이 필요합니다. 건강하세요!"

라라 "당신들이 준 영감에 고맙습니다. 또 주류 언론이 다루기 두려워하는 정신 건강 같은 주제를 음악을 통해 드러내줘서 감사해요. 무엇보다도 당신들의 음악은 내게 큰 행복감을 불러일으켜 줍니다."

영국에서 본
국정원 해킹사건

◆ "난 증거 삭제한 그의 '고백'을 믿을 수 없다"
◆ "언론인-운동가 해킹 프로그램, 한국 정부도 사용한 정황 있다"

"국정원 직원은 자신의 결백을 주장하면서도 국정원에서 구입한 스파이웨어는 대북용이지 한국의 민간인 사찰용이 아니라는, 그 중요한 증거를 삭제했다. 이 것은 논리적으로 전혀 말이 안 된다. 자신의 결백을 증명할 수 있는 결정적 증 거를 왜 스스로 삭제하나? 그에게 되묻고 싶다. 그래서 난 증거를 삭제한 그의 '고백'을 믿을 수 없다."

"난 증거 삭제한 그의 '고백'을
믿을 수 없다"

오마이뉴스 2015.07.22.

2014년 2월, 나는 영국의 한 친구로부터 이런 내용의 연락을 받았다.

"내 친구 중에 미국 버클리대학교에서 컴퓨터 박사과정을 하는 친구가 있어. 그 친구는 '시티즌랩'이라는 캐나다 토론토 대학 사이버 연구팀에서 연구원으로도 일하고 있는데, 최근 한국을 포함 21개 국가에서 이탈리아 '해킹팀'의 스파이웨어를 구입한 것으로 추정되는 자료를 발견했다고 하더라."

나는 영국 친구를 통해 곧 시티즌랩 연구원인 빌 마크젝과 연락할 수 있었고 2014년 3월 〈오마이뉴스〉에 '언론인-운동가 해킹 프로그램, 한국 정부도 사용한 정황 있다'란 기사를 게재했다.

기사를 쓰면서 이 사실이 한국 언론과 한국 사회에 큰 파장을 미칠 거로 생각했지만, 뜻밖에도 한국 사회는 너무 조용했다. 난 당시

빌에게 "한국 정부가 이탈리아 '해킹팀' 스파이웨어를 구입했다는 구체적 증거가 있나?"라고 물었고 그때 빌은 이렇게 답변했다.

"물론 우리에겐 한국 정부와 이탈리아 '해킹팀'사이의 스파이웨어 매매계약서 같은 증거는 없다. 우리는 컴퓨터 관련 전공 연구자들이다. 우리 연구 결과는 우리 연구팀이 발견한 컴퓨터 기술 분석 결과에 기초하고 있다.

〈오마이뉴스〉나 시민단체들이 한국 정부에 이탈리아 해킹팀 스파이웨어를 구입했는지 물어야 할 것이다. 그리고 정부에만 판매하는 해킹팀 스파이웨어가 왜 정부기관이 아닌 KT의 IP 주소에서 감지되는지도 물어야 할 것이다. 또 통신회사에 왜 해킹용 스파이웨어가 필요한지에 대해서도 KT가 답해야 할 것이다.

만약 한국 정부가 국민의 세금으로 이탈리아 해킹팀 스파이웨어를 구입했다면, 정보공개법을 통해서라도 왜, 어떤 목적으로, 얼마를 주고 그것을 산 것인지 물어야 하고 또 한국 정부는 답변할 의무가 있다."

"국정원, 민간인 컴퓨터 감염 위해 첨부파일 사용"

빌을 인터뷰한 기사가 나간 뒤 1년 4개월이 지난 2015년 7월, 그가 당시 인터뷰에서 밝힌 내용이 대부분 사실인 것으로 드러났다. 최근 이탈리아 '해킹팀'의 자료가 해킹을 당하면서 한국 정부와 해킹팀 간 스파이웨어 매매 계약이 이뤄진 것으로 밝혀졌다.

이탈리아 '해킹팀'의 스파이웨어 활동에 대한 연구를 하는 빌과 '시티즌랩' 연구원들은 그동안 한국을 포함해 아제르바이잔, 콜롬비아, 이집트, 에티오피아, 헝가리, 이탈리아, 카자흐스탄, 말레이시아, 멕시코, 모로코, 나이지리아, 오만, 파나마, 폴란드, 사우디아라비아, 수단, 태국, 터키, 아랍에미리트 연합국, 우즈베키스탄 등에서 '해킹팀'의 스파이웨어를 산 것으로 보인다고 주장하고 있다.

다음은 국정원의 이탈리아 해킹팀 스파이웨어 구입 관련, 최근 며칠 동안 빌과 인터뷰한 내용을 정리한 것이다.

1년 4개월 전 인터뷰에서 주장한 내용들의 증거들이 최근 드러났다. 인터뷰 당시 당신은 한국의 경우 한국통신 KT의 IP(아이피) 주소가 이탈리아 '해킹팀' 스파이웨어와 일치한다고 주장했다. '원격조종장치(Remote Control System, RCS)'라는 이탈리아 '해킹팀'의 스파이웨어를 구매한 한국 정부가 스마트폰과 컴퓨터를 감염시킨 후 그 사람의 메일, 메시지, 전화 내용, 스카이프 등을 해킹할 수 있고 한 번 감염시키면 어떤 파일이나 패스워드도 알아낼 수 있다고 했다. 또 사용자의 마이크와 웹캠을 이용해 컴퓨터와 전화통화 내용을 다 보고 들을 수 있다고도 했다. 이번 상황을 어떻게 보고 있나.

"결국 시티즌랩(Citizen Lab)이 지난해 2월부터 주장한 것처럼 한국 정부기관에서 이탈리아 '해킹팀'의 스파이웨어를 샀다는 사실이 뒤늦게라도 확인이 된 셈이다. 우리 '시티즌랩'은 이미 지난해 2월 '기술적'으로는 (한국 정부의) 은폐사실을 알고 있었다. 단지 우리에겐 한국 정부와 이탈리아 '해킹팀'간 스파이웨어 매매계약서 같은 구체적 증거가 없었을 뿐이었다. 우리는 컴퓨터 관련 전공 연구자들로 연구 결과는 우리 연구팀이 발견한 컴퓨터 기술 분석 결과에 기초한다. 하여간 뒤늦게나마 명백한 증거가 드러나서 보람을 느낀다."

최근 이탈리아 '해킹팀' 자료가 유출되면서 시티즌랩의 주장이 상당 부분 사실인 것으로 드러났다. 지난해 2월 이후 한국 민간인에 대한 한국 정부의 해킹 스파이웨어 사용 관련 연구 중 진전된 부분이 있나.

"나는 그동안 한국 국정원과 이탈리아 '해킹팀' 사이의 서포트 포털(support portal)에 대한 교신내용(communications)을 분석했다. 그 결과, 한국 국정원이 한국 민간인의 컴퓨터나 스마트폰을 감염시키기 위해 다음과 같은 명칭의 문서명을 사용한다는 것을 발견했다. 즉 아래와 같은 첨부파일을 열었다면 당신의 컴퓨터가 국정원에 의해서 감염되었다고 볼 수 있다.

◆ '천안함 조사 문의'라는 제목의 첨부문서(2013년 10월 4일자)

◆ 'Happy New Yea'를 제목으로 한 첨부 문서 6개(2013년 7월 24일자)

◆ 스탠포드 대학교 수업의 '기계학습(Machine Learning)'이라는 제목의 파워포인트(2013년 5월 20일자)

◆ 'Save you privacy!'라는 제목의 파워포인트와 '아이폰 웹 검색기록 삭제법'이라는 제목의 첨부문서(2015년 4월 27일자)

◆ 뉴욕 엠버 엔지니어링 회사의 '기밀 이력서'라는 제목의 첨부문서(2013년 5월 21일자)

◆ '[긴급] 중국 수출 결제 정보'라는 제목의 첨부문서(2013년 6월 4일자)

◆ '암치료 행동계획 보고서'라는 제목의 첨부 문서와 암치료와 관련된 컨

퍼런스 내용의 첨부 파워포인트(2015년 5월 4일자)

◆ '2014년 월드컵과 2016년 하계올림픽'이라는 제목의 첨부 파워포인트
와 '브라질 올림픽'이라는 제목의 첨부문서(2015년 4월 24일자)

◆ 'Invitation_2015_Meeting,'이라는 제목의 문서와 'Echo [sic] Vision.'
'Welcome.'이라는 제목의 파워포인트(2015년 4월 23일자) 첨부 문서

이 문서들을 열어봤다면 당신의 컴퓨터는 감염됐을 가능성이 크
다. 이외에도 그동안 내가 연구한 결과에 의하면 'free_korean_
movies'라는 제목의 파일 등도 국정원에서 구입한 '원격조종장
치(Remote Control System, RCS)' 스파이웨어로 의심된다.

이미 언론에 보도된 것처럼 한국 국정원에서는 이탈리아 회사
'해킹팀'에 한국에서 많이 사용하는 카카오톡을 지원하는 원격조
종장치 스파이웨어를 요청한 적이 있다. 아울러 국정원이
2014년 6월 '해킹팀'에 아이폰과 안드로이드 스마트폰을 해킹하
기 위한 스파이웨어를 요청한 증거도 있다.

또 국정원이 대상자의 노트북이나 휴대전화에 악성코드를 심을
수 있는 TNI(Tactical Network Injector) 장치 프로그램을 구입한 사
실도 드러났다. 이 TNI를 이용하면 한 건물 전체에 있는 사람들
의 컴퓨터를 LAN을 통해 해킹할 수 있다. 아울러 국정원은 TNI
를 통해 가짜 와이파이 핫스팟을 만들 수 있다. 이것을 이용하면
와이파이 이용자들도 마음대로 해킹하고 감염시킬 수 있다.

이번에 유출된 '해킹팀'의 정보에 의하면 국정원은 www.
boardingpasstohome.com, www.mywealthpop.com, reflect.

dalnet.ca, pantheon.tobban.com 등의 사이트를 이용해서도 민간인의 컴퓨터를 감염시키고 원격조종장치 스파이웨어를 사용한 것으로 드러났다."

"국정원의 토르 브라우저 관련 요청, 외부 노출 꺼려서일 것"

이번 사태에 대해 국정원은 대북전략에 이용하고 연구하기 위해 해킹팀으로부터 스파이웨어를 구입했을 뿐이지 한국 민간인을 대상으로 하려고 한 것이 아니라고 주장하고 있다. 그동안 '해킹팀'과 국정원의 커뮤니케이션을 연구한 전문가 입장에서 이런 국정원의 주장을 어떻게 생각하나?

"해킹팀과 국정원이 주고받은 이메일을 보면, 국정원은 한국인들을 해킹하기 위해 스파이웨어를 구입한 것으로 보인다. 앞에도 언급했듯이 국정원은 카카오톡 해킹용 스파이웨어를 '해킹팀'에 주문했고 카카오톡은 한국에서 가장 많이 쓰는 프로그램이다. 그리고 앞에서 보여준 위장 첨부파일들도 대북용으로 사용했다고 생각되지 않는다. 내가 알기에 '인터넷 강국'은 북한이 아니라 한국 아닌가? 이외에도 국정원이 한국 민간인이 이용하는 안드로이드폰을 감청하기 위해 '해킹팀'에 도움을 요청한 자료도 발견했다. 하여간 국정원이 누구를 대상으로 스파이웨어를 사용했는지는 계속 조사해야 한다고 생각한다."

지난달 국정원에서 '해킹팀'에 토르 브라우저(Tor Browser) 사용을 위해 도움을 요청한 사실도 드러났다. 토르 브라우저가 뭔가? 왜 국정원이 '해킹팀'에 토르 브라우저 사용을 위한 도움을 요청했다고 보나?

"토르 브라우저는 자신의 위치를 드러내지 않고 익명으로 검색할 수 있게 하는 웹브라우저로, 토르 브라우저를 사용하는 이유는 보통 ① 검색기록을 은폐하고자 할 때 ② 검색하는 웹사이트에 흔적을 남기고 싶지 않을 때 ③ 검색자 국가의 검열 등으로 특정 웹사이트를 접속할 수 없을 때 등 세 가지다.

국정원이 '해킹팀'에 토르 브라우저와 관련하여 왜 도움을 요청했는지에 대한 이유는 정확히 알기 어렵다. 아마도 국정원이 '해킹팀' 웹사이트나 다른 웹사이트에 접속하는 것을 국정원 외부나 외국에 알리고 싶지 않아서일 것으로 추정된다."

국정원에서 해킹업무를 담당했던 것으로 알려진 국정원 한 직원이 최근 스스로 목숨을 끊으면서 남긴 유서에 해킹팀으로부터 구입한 스파이웨어가 테러방지 대북용이라 자료를 삭제했다고 말했다. 이 내용은 〈뉴욕타임스〉와 BBC 등 주요 외신들에도 보도됐다. 그가 남긴 내용에 대해 어떻게 생각하나.

"아주 의심스럽다. 그는 자신의 결백을 주장하면서도 국정원에서 구입한 스파이웨어는 대북용이지 한국의 민간인 사찰용이 아니라는, 그 중요한 증거를 삭제했다. 이것은 논리적으로 전혀 말이 안 된다. 자신의 결백을 증명할 수 있는 결정적 증거를 왜 스스로 삭제하나? 그에게 되묻고 싶다. 그래서 난 증거를 삭제한 그의 '고백'을 믿을 수 없다."

영국 이야기

이번 사건과 관련, 한국 언론들과 인권운동가들에게 하고 싶은 조언이 있다면?

"국정원의 비행과 국정원이 사용하는 스파이웨어에 대한 정보를 가능한 많이 구체적으로 한국 시민들에게 알리는 일이 최선이라고 생각한다. 언론인들과 인권운동가들은 한국의 시민들이 국정원의 스파이웨어에 최대한 감염되지 않도록 도움을 주어야 한다. 그래도 자신의 컴퓨터나 휴대전화가 국정원의 스파이웨어로 감염되었다고 생각하면 우리 시티즌랩(Citizen Lab)에 도움을 요청하면 최선을 다해서 조사하겠다."

"언론인-운동가 해킹 프로그램,
한국 정부도 사용한 정황 있다"

오마이뉴스 2014.03.19.

이탈리아에는 '해킹팀(HackingTeam)'이라는 회사가 있다. 이 회사는 남의 컴퓨터에 침입해 개인정보를 빼가는 데 사용되는 소프트웨어인 '스파이웨어'를 제작해 각국 정부에 판매하는 것으로 알려져 있다. 이 회사 홈페이지에 올라온 광고 동영상에는 이런 내용이 나온다.

"우리 프로그램을 이용하면 아무 흔적 없이 상대방의 이메일, 스카이프, 컴퓨터, 메신저, 스마트폰 등을 해킹할 수 있습니다."

캐나다 토론토 대학 사이버 연구팀 '시티즌랩(Citizen Lab)'은 지난 2월 이탈리아 해킹팀이 그동안 한국을 포함 세계 21개국에 이 스파이웨어를 판매한 흔적을 찾았다고 발표했다. 이 내용은 2014년 2월 12일과 23일 〈워싱턴포스트〉〈보이스 오브 아메리카〉 등 해외언론에는 보도되었지만 한국 언론에는 거의 보도되지 않았다.

〈워싱턴포스트〉는 관련 기사에서 스파이웨어로 인해 과거 미·중·러 등 엘리트 스파이 기관들의 전유물이었던 해킹·사이버공격이 다른 국가에서도 벌어지고 있고 일부 국가들은 인권 관련 운동가들에게 사이버 공격을 가하기도 한다고 비판했다.

시티즌랩은 지난달 사이버 스파이와 인터넷 검열에 관한 사실을 폭로한 공로를 인정받아 맥아더재단으로부터 미화 백만 달러를 상금으로 받았다.

미국 버클리 대학에서 컴퓨터 박사과정을 밟고 있는 빌 마크젝(Bill Marczak)은 '시티즌랩' 연구팀의 일원으로 이탈리아 '해킹팀'의 스파이웨어 활동에 대한 연구를 하고 있다. 빌과 '시티즌랩'의 연구결과에 따르면 그동안 한국을 포함 21개 국가(아제르바이잔, 콜롬비아, 이집트, 에티오피아, 헝가리, 이탈리아, 카자흐스탄, 대한민국, 말레이시아, 멕시코, 모로코, 나이지리아, 오만, 파나마, 폴란드, 사우디아라비아, 수단, 태국, 터키, 아랍에미리트 연합국. 우즈베키스탄)에서 '해킹팀'의 스파이웨어를 구입한 것으로 추정된다.

해킹팀 스파이웨어 구입 국가 명단에 한국 포함

빌은 한국을 포함한 21개국에서 이 스파이웨어를 이용해 언론인이나 인권운동가들의 정보를 해킹하고 있다고 추정했다. 그는 해킹팀의 스파이웨어를 이용하는 것으로 확인된 한국 내 IP가 KT의 것임은 확인했지만 그 이상의 추적은 불가능했다고 밝혔다. 또 해당 IP 주소는 프록시(proxy : 데이터를 가져올 때 해당 사이트에서 바로 자신의 PC로 가져오는 것이 아니라 임시 저장소를 거쳐서 가져오는 것)가 아니라 엔드포인트(endpoint: 종착점)임을 확인했다고 덧붙였다.

시티즌랩 연구팀은 이탈리아 해킹팀이 스파이웨어 프로그램을 정부에만 판매한다고 인정했기 때문에, 한국 정부가 언론인이나 인권 운동가들의 활동을 감시하는 데 이 프로그램을 사용하고 있을 것이라고 추정했다. 이들 주장에 따르면, 다른 나라의 경우 특별히 정부에 비판적인 언론인과 인권운동가들을 감시하는 데 사용된다.

지난해 국내 언론에도 이탈리아 해킹팀을 다룬 기사가 게재됐다.

"이탈리아의 감청 소프드웨이 개발사 '해킹팀'의 원격 스파이웨어가 메신저 등의 암호화된 통신도 뚫을 수 있어 경찰이 웹캠을 감시하는 데도 쓸모가 있다."

— 〈경향신문〉 7월 19일자 〈'빅브러더' 미국, 실리콘밸리와 100여 년간 은밀한 '정보 공조'〉

"이탈리아 스파이웨어 업체인 해킹팀도 대표적인 사례다. 경찰이 범죄 타깃을 모니터링하는 데 사용하는 공식적이고 합법적인 프로그램 '다빈치'를 판매한다. 프라이버시 인터내셔널에서 일하는 매트 라이스는 다빈치가 원래 목적과 달리 감시 활동에 사용된 게 명백하다고 말했다. 다빈치는 핀피셔와 마찬가지로 사용자 PC를 감염시키는 프로그램이다. 라이스는 '이런 기술은 인간의 사생활 보호와 자유 표출의 권리를 침해할 가능성이 크다'."

— 〈전자신문〉 2013년 11월 25일자 〈프라이버시 인터내셔널, 산업 스파이 활동 추적한다〉

결국 '해킹팀'의 스파이웨어를 이용하면 정부가 메신저와 웹캠

영국 이야기

등을 통해 언론인과 인권운동가 등에 대한 감시활동을 벌이는 게 가능하다는 이야기다. 이와 관련 지난 몇 주간 '시티즌랩' 연구원인 빌과 해킹팀 스파이웨어 프로그램에 대한 심층 인터뷰를 진행했다.

언론인과 인권운동가 감시에 사용되는 스파이웨어

다음은 빌과 한 인터뷰를 정리한 것이다.

우선 '시티즌랩'의 이탈리아 해킹팀 스파이웨어 연구팀 구성원을 소개해 달라.

"모두 4명이다. 나는 미국 버클리 대학에서 컴퓨터공학 박사과정을 하고 있다. 팀원 클라우디오(Claudio Guarnieri)는 컴퓨터 보안 전문가다. 팀원 모간(Morgan Marquis-Boire)은 '시티즌랩' 연구원으로 캐나다 토론토 대학에서 근무하고 있으며 또 구글을 위해 일한다. 마지막으로 존(John Scott-Railton) 역시 '시티즌랩' 연구원으로 캐나다 토론토 대학에서 근무하고 있다."

이탈리아 해킹팀은 어떤 회사인가? 어떤 제품을 만들고 누구에게 판매하나?

"해킹팀은 지난 2003년 설립됐고 이 회사의 주제품은 '원격조정장치(Remote Control System, RCS)'라는 해킹 스파이웨어로 오직 각국 정부에만 판매한다. 이 프로그램을 구매한 정부는 스마트폰과 컴퓨터를 감염시킨 후 그 사람의 메일, 메시지, 전화내용, 스카이프 등을 해킹할 수 있다. 감염만 한 번 시키면 어떤 파일이나 패스워드도 알아낼 수 있다. 또 사용자의 마이크와 웹캠을 이용해 컴퓨터와 전화통화 내용을 다 보고 들을 수 있다."

'해킹팀' 스파이웨어를 구입한 정부에서 언론인들과 인권운동가들을 감시 한다고 했는데 증거가 있나?

"증거가 있다, 지난 2012년 해킹팀의 스파이웨어가 아랍에미리 트연합국의 인권운동가 아메드 만수어(Ahmed Mansoor)의 이메 일을 해킹하여 활동을 감시하는 데 사용됐다. 지난 2012년 7월 만수어의 컴퓨터가 해킹팀 스파이웨어에 감염되었고 그의 지메 일 패스워드가 도난당했다.

해킹팀에서 범죄감시를 위해 정부에만 이 스파이웨어를 판매한 다고 밝힌 상황이라, 그의 이메일은 아랍 정부에서 해킹했다고 추정할 수 있다. 자기 컴퓨터가 정부에 의해 의도적으로 감염됐 고 정부요원이 수시로 자기 이메일에 로그인해서 읽는 것을 피해 자가 파악하기는 아주 어렵다.

또 지난해 12월 미국에 거주하고 있는 반정부 에티오피아 언론인 들의 컴퓨터를 에티오피아 정부가 해킹해 스카이프와 메시지를 감청한 사실이 드러났다. 2012년 8월에는 정권에 비판적인 모로 코 언론인들의 이메일을 모로코 정부가 해킹한 사건이 있었다. 2006년 4월엔 터키의 교육제도에 문제를 제기한 미국 활동가조 차 터키정부로부터 이메일을 해킹당했다. 위 사례는 단지 대표적 인 몇몇 사례일 뿐이다."

해킹팀에서 스파이웨어를 구입한 21개 국가에 한국정부도 포함된다고 했다.

"시티즌랩이 아랍에미리트 연합국에서 자국 인권운동가 아메드 만수어의 이메일을 감시하고 있다는 사실을 찾던 중에 우연히 발견했다. 우리는 아랍에미리트 연합국 서버와 다른 서버들을 프로브(probe: 초음파 탐상기를 사용할 때 피검사물에 접촉시켜서 초음파의 송수를 하는 것)했는데 그 결과 이 서버들이 '해킹팀' 스파이웨어와 일치하는 것을 발견했다. 우리는 이 서버들이 어떻게 우리 프로브에 반응하는가를 기록했다. 그 후 같은 프로브를 우리가 찾아낸 약 40억 개의 모든 인터넷 IP 주소에 보냈다. 그 IP 주소 중 우리 반응과 일치하는 것이 해킹팀 원격조정장치(Remote Control System: RCS) 스파이웨어 서버라는 것을 알 수 있었다."

"KT 아이피 주소, 해킹팀 스파이웨어와 일치"

한국의 경우 KT IP(아이피) 주소가 이탈리아 해킹팀 스파이웨어와 일치한다고 했다.

"그렇다. 하지만 안타깝게도 그 이상은 추적이 불가능하다. 그리고 KT의 그 IP 주소는 프록시(proxy: 데이터를 가져올 때 해당 사이트에서 바로 자신의 PC로 가져오는 것이 아니라 임시 저장소를 거쳐서 가져오는 것)가 아니고 엔드포인드(endpoint:종착점)임을 확인했다.

KT 서버가 엔드포인트이고 '해킹팀'에서 스파이웨어 프로그램을 정부에만 판매하기 때문에 우리는 한국정부가 '해킹팀' 스파이웨어 프로그램을 한국 언론인이나 인권운동가 등의 활동을 감시하기 위해 사용하고 있을 것으로 추정한다. 다른 나라의 경우

'해킹팀'의 스파이웨어가 특별히 정부에 비판적인 언론인과 인권 운동가 등을 감시하는데 사용되었기 때문이다."

한국정부가 이탈리아 '해킹팀' 스파이웨어를 구입했다는 구체적 증거가 있나?

"물론 우리에겐 한국정부와 이탈리아 '해킹팀' 회사 사이의 스파이웨어 매매계약서 같은 증거는 없다. 우리는 컴퓨터 관련 전공 연구자들이다. 우리 연구 결과는 우리 연구팀이 발견한 컴퓨터 기술 분석 결과에 기초하고 있다.

〈오마이뉴스〉나 시민단체에서 한국정부에 이탈리아 해킹팀 스파이웨어를 구입했는지를 물어야 할 것이다. 그리고 정부에만 판매하는 해킹팀 스파이웨어가 왜 KT의 IP 주소에서 감지되는지도 물어야 할 것이다. 또 KT는 통신회사에 왜 해킹용 스파이웨어가 필요한지도 대답해야 할 것이다.

만약 한국정부가 국민의 세금으로 이탈리아 해킹팀 스파이웨어를 구입했다면, 정보공개법을 통해서라도 왜, 어떤 목적으로, 얼마를 주고 그것을 산 것인지 물어야 하고 또 한국정부는 답변할 의무가 있다."

이탈리아 해킹팀이 각국 정부에만 스파이웨어를 판매한다고 했는데, 증거가 있나.

"지난해 3월 13일 해킹팀의 언론부장이 영국언론인 〈인터내셔널 비즈니스 타임스〉와 인터뷰를 하면서 '우리는 해킹 스파이웨어 프로그램을 개인이나 기업이 아닌 정부에만 판매한다'고 직접 말한 바 있다. 앞서 말했듯이 해킹팀의 스파이웨어는 컴퓨터에서 패스워드, 파일등에 관한 정보를 다 가져올 수 있다. 우리가 발견한 한국 KT 서버가 엔드포인트라는 것은 곧 해킹한 정보가 다른 나라가 아닌 한국에 있는 KT에 저장되어 있다는 것을 의미한다."

스파이웨어나 해킹 프로그램으로부터 내 컴퓨터나 스마트폰을 보호할 수 있는 방법은 없나?

"이 스파이웨어는 어떤 안티 바이러스나 안티 스파이웨어 프로그램으로도 감지가 안 된다. 그 이유는 제작사인 해킹팀이 인기가 있는 안티 바이러스나 안티 스파이웨어 프로그램으로 자기 스파이웨어를 매일 테스트하고 있기 때문이다. 만약 자기 스파이웨어가 감지되는 것을 발견하면, 감지가 안 될 때까지 스파이웨어 프로그램을 변경한다. 그 후 해킹팀은 변경된 프로그램으로 스파이웨어를 업데이트하고 그 업데이트 한 스파이웨어 프로그램을 구매 고객들에게 보내준다. 그 후 그 프로그램을 받은 정부가 감염된 컴퓨터를 업데이트하면, 감염된 사실이 감지되지 않는다.

이 스파이웨어에서 보호받을 수 있는 길은 내 컴퓨터가 이미 해킹되었다고 생각하는 것이다. 특히 링크나 첨부 파일을 조심해야 한다. 의심스런 링크나 첨부파일은 절대 클릭하거나 열어서는 안 된다. 이런 링크나 파일을 받으면 전문가, 예를 들면 '시티즌랩'에게 보내라. 특히 이 글을 읽고 있는 당신이 인권운동가이거나 정부를 비판하는 언론인이라면 이미 이 스파이웨어의 목표물일 것이다. 특별히 조심하라."

KT 관계자 "고객 IP… 이름 들어본 적 없는 일반회사"

'해킹팀' 스파이웨어 프로그램을 연구하는 이유가 뭔가?

"지난 2012년 4월 영국에 살고 있는 바레인 인권운동가를 만난 적이 있다. 어느 날 그녀는 의심스러운 첨부문서가 붙은 이메일이 오기 시작했다고 말했다. 나는 그녀의 이메일을 분석하다 첨부 문서에 핀피셔란 스파이웨어가 첨부돼 있는 것을 발견했다. 낭시 이 사건을 계기로 난 블룸버그와 인터뷰를 하게 되었고, 내인터뷰 기사를 본 아랍에미레이트 연합국 인권운동가 아메드 만수어씨가 연락해왔다. 그도 자기가 받은 의심스런 이메일을 내게 보내왔다. 나와 시티즌랩 연구팀은 그의 이메일을 분석했고 '해킹팀'의 스파이웨어가 담겨있다는 것을 찾아냈다. 그때부터 나는 해킹팀의 스파이웨어를 연구하게 되었다."

-이 일을 하면서 가장 어려웠던 적은 언제인가.

"해킹팀과 그와 유사한 회사의 스파이웨어를 추적할 때가 가장 힘들다. 이들은 항상 스파이웨어와 서버를 변경하고 업데이트한다. 업데이트는 항상 전체가 아닌 부분적으로 이뤄진다. 그래서 우리 연구팀은 종종 두 조각의 스파이웨어를 발견한다. 우리는 2개 스파이웨어의 공통점을 해킹팀 프로그램과 비교한다. 이때 시간이 많이 걸리고 극도의 주의 깊은 조사과정이 필요하다."

시티즌랩 연구소가 제기한 의혹에 대해 KT 관계자는 17일 〈오마이뉴스〉 기자와 한 통화에서 "해당 IP는 우리 회사에서 관리하는 건 맞지만 사내망으로 쓰는 건 아니고 고객이 쓰는 IP"라면서 "해당 고객이 누구인지는 전기통신사업법에 따라 수사기관 요청이 없으면 공개할 수 없다"고 밝혔다. 다만 "정부기관은 아니고 이름을 들어본 적이 없는 일반 회사"라고 귀띔했다.

가족이란
무엇인가?

◆ "평생 한 번도 보지 못했지만, 사랑해요... 아빠"
◆ "아이들은 나를 '쪽발이 깜둥이'라 불렀다"

모든 생명은 소중하다. 그리고 흔히 말하듯이 아이가 무슨 죄가 있나. 아이는
그저 한 남성과 여성이 낳은 사랑의 결실일 뿐이다. 그런데 사회가 만들어 놓은
경직된 형식과 인간성을 말살시키는 숨 막히는 껍데기 같은 제도 때문에 그 소
중한 사랑을 버린다면, 그래서 아버지가 딸을 보고도 못 본 체, 들어도 못 들은
체해야 한다면 그 얼마나 슬프고 불행한 일인가? 제도가 사람을 위해서 있지
사람이 제도를 위해서 있지 않다. 그래서 사랑엔 두려움이 없다.

"평생 한 번도 보지 못했지만, 사랑해요… 아빠"

오마이뉴스 2012.07.07.

헤롤드 맥밀란(1894~1986)은 1924년 영국 보수당 국회의원에 당선되고 1957년부터 1963년까지는 영국수상을 지냈다. 멕밀란 수상은 성공한 정치인이었지만 결혼생활은 그렇지 못했다. 그는 도로시(1900~1966)라는 귀족의 딸과 1920년 결혼해 1남 3녀를 두었는데, 막내딸 사라는 자신의 딸이 아니었다.

아내 도로시가 외간 남자와 바람을 피워 낳은 딸이었다. 그의 아내는 1929년부터 무려 30년간이나 로버트 부트비(1900~1986)라는 남자와의 외도에 탐닉했는데, 부트비도 보수당 소속 국회의원이었다. 막내딸 사라(1930~1970)는 아버지 맥밀란 수상보다 먼저 세상을 떠났다.

아내의 외도에도 헤롤드는 1966년 아내가 심장마비로 사망할 때까지 결혼 생활을 충실하게 유지했다. 해롤드는 아내 사망 후 20년을 더 살았다. 아내가 바람을 피웠지만 헤롤드는 그래도 변함없이 아내 도로시를 사랑했고 그녀가 사망하자 비탄에 빠졌다. 또 아내가 외도하여 낳은 딸인 혼외자식을 친자식과 함께 당연히 차별 없이 키웠다.

해롤드 맥밀란 ©위키피디아

사라가 대학을 무사히 마칠 수 있도록, 또 자신보다 먼저 세상을 떠난 그녀가 죽는 순간까지 열과 성을 다해 뒷바라지했다.

지난 세기부터 유럽은 법적 결혼 제도가 연성화됐다. 영국 경우는 동거하는 남녀가 결혼하는 남녀의 수를 추월한지 오래다. 이는 북유럽과 서유럽에 전반적으로 나타나는 현상이다. 대부분 사람들은 동거로부터 가정의 삶을 시작하고 자녀를 낳으며, 동거하는 파트너가 바뀌는 일이 흔하다. 법적 결혼 이후의 이혼과 재혼 역시 빈번하다. 그래서 아이들은 종종 자신의 혈통과 상관없는 아버지나 어머니와 함께 산다.

북유럽 경우 신생아의 50%가 동거하는 부모에게서 태어나고 심지어 아이슬란드는 신생아의 65%에 이른다. 많은 경우 친자녀와 혼외자녀들이 한 가정에서 살아간다. 첫 파트너의 자식과 둘째 파트너의 자식, 엄마가 데려온 자식, 아빠가 데려온 자식이 혈통이 다르다는 이유로 서로를 차별하거나 부모로부터 차별받지 않고 인간 공동체로서 한 가정을 이루고 산다.

동거의 파트너가 바뀐 일이나 이혼과 재혼이 더 이상 심각한 가족의 실패로 간주되지 않는다. 더구나 자녀들은 누구에게서 태어났는지에 상관없이 가족의 온전한 구성원으로서 살아간다. 자녀들은 죄가 없다. 혼전 동거파트너에게서 혹은 이혼부부 혹은 재혼부부의 자녀로 태어나기로 결정하고 태어난 것이 아니다. 어른들의 여정 혹은 실패를 자녀들에게 전가시키는 것은 가혹하고 범죄적이다.

우리 사회도 이제 가족의 형태에 대한 인식을 바꿔야 할 필요가 있다는 생각이 든다. 우리는 아직도 내용이나 본질보다는 껍데기, 체면, 형식을 더 중요하게 여기고 있다는 생각을 버릴 수 없다. 우리사회에도 혼외자식이 없는 것은 아니다. 혼외자식, 혹은 혼전자식들은 그들 스스로 그 삶을 선택한 것이 아니다. 자신이 선택하지 않은 삶에 대해서 처벌받는 일은 불공정하고 가혹하며 범죄적이다.

우리 사회는 연성화되지 못한 정상가족 이데올로기에 따라 혼외자식과 혼전자식을 차별하고 비가시화 시키는 사회다. 이것은 비극이다. 존재의 근원을 알고자 하는 자식들에게도 그리고 그들의 안위를 알고자 하는 낳은 부모들에게도 비극이다. 대표적인 경우가 해외로 입양간 입양인들이 한국의 친가족을 찾을 때 이런 일이 극명하게 드러난다. 내가 가족 찾기와 관련해서 인터뷰한 김강희씨의 경우가 그렇다.

친부를 코앞에 두고 돌아서야 했던 미국 입양인

김강희씨는 1986년 12월 2일 한국에서 태어났고 생후 3개월 후 한국사회봉사회에 의해 미국으로 해외입양 보내졌다. 그녀는 2000년 7월 입양부모와 함께 처음 한국을 방문한 후 지금까지 여섯 차례 모국을 드나들고 있다. 내가 만난 대부분 해외입양인들과는 달리 지난 5일 내가 만난 김강희씨는 미국입양인으로서 미국 입양부모와 어린 시절부터 행복한 시간을 보냈고, 지금도 무척 행복해 보였다. 풀브라이트 장학생으로 지난 1년간 한국에 와서 구미에 있는 한 고등학교에서 영어교사로 일했던 김강희씨는 7월 17일 미국으로 돌아간다.

1986년 12월 김강희씨를 한국의 한 병원에서 낳은 친모는 친부의 이름과 생년월일을 남겨두고 급히 사라졌다. 몇 년 전 한국을 찾은 김강희씨의 부탁을 받은 한국사회봉사회는 김강희씨의 친모가 남겨둔 메모에 기초해서 친부를 찾았다. 친부는 서울시 중구 순화동에 살고 있었고 전화번호를 알 수 있었다. 한국사회봉사회의 사회복지사는 조심스럽게 친부에게 전화를 했지만 친부는 대화를 거절했다.

한국사회봉사회의 사회복지사는 김강희씨의 친부가 낯모르는 여성의 전화를 받는 일을 거북해하는 것이 아닐까 하고, 김강희씨가 머무르고 있는 '뿌리의집' 김도현 목사에게 친부와 통화 시도해줄 것을 부탁했다. 김도현 목사는 김강희씨 친부와 마침내 통화를 했지만 친부는 딸을 만나는 것을 거부했다. 1주일 후 김강희씨로부터 다시 한 번 친부에게 전화를 해달라는 부탁을 받고 김도현 목사가 전화를 했을 때, 친부의 전화번호는 더 이상 사용하지 않는 번호가 돼 있었다. 혼전 혹은 혼외자식으로부터의 유일한 연결선인 기존 전화번호를 폐기해버린 것이었다.

한국사회봉사회를 통해서 김강희씨는 친부가 결혼해 세 자녀를 두고 있다는 것도 알아냈다. 그녀는 친부가 전화를 끊고 전화번호를 변경한 것이 '숨겨둔 딸이 친부의 새 가족에게 들킬까 봐 두렵고 놀라서' 그랬을 것이라고 짐작한다. 그녀는 "친부를 너무도 만나고 싶지만 친부가 자기를 두려워하고 피하면 억지로 친부를 만날 의도는 없다"고 한다.

김강희씨는 "한국사회봉사회로부터 주소를 확보해 친부의 집 앞에 가거나 집 문을 두드릴 수도 있을 것"이라면서도 "하지만, 친부의 자발적 만남이 존중돼야 하며 나는 친부의 두려움을 무시하고 들이미는 일은 하고 싶지도 않고 그렇게 해서도 안 되는 일일 것이라 생각했다"고 말한다.

불가피하게 헤어져도 자녀는 자녀다

"먼발치에서라도 한 번 안 보고 싶은 것은 아니지만…"이라고 말하는 그녀의 눈가에는 물기가 고인다. 친아빠를 만나지 못한 아쉬움에도 그녀는 행복해 보였다.

"저를 낳은 아빠가 어떻게 생기셨을까 궁금해서 아빠를 만나보고 싶을 뿐입니다. 아빠에게 피해를 끼칠 생각은 전혀 없습니다. 전 아빠를 미워하지 않아요. 전 행복하게 잘 있습니다. 오랫동안 친부모님을 보고 싶었습니다. 이상하게 들리겠지만 전 친부모님 모습을 못 봤지만 그래도 사랑합니다. 저는 행복한 어린 시절을 보냈고 지금도 행복합니다."

김강희씨는 미네소타주에서 성장했고, 미국의 가톨릭 전통 위에 서 있는 인디애나주 노트르담 대학교에서 영문학 학사와 석사를 마쳤다. 그녀는 영어교사로 일하다가 풀브라이트 장학생으로 선발돼 구미에 있는 한 고등학교에서 1년 동안 영어교사로 일을 했다. 이제 돌아가면 테네시 주 내슈빌에 소재하고 있는 사립 밴더빌트대학교에서 영어학 석사과정을 다시 밟은 후 계속해서 영어교사로서 일할 계획이다.

우리는 가족을 통해서 행복을 느낀다. 그러나 그 가족의 형태는 시대에 따라 다양한 모습을 취할 수 있지 않을까? 부모가 검은머리 파뿌리 되도록 함께 살면 자녀들도 좋겠지만 불가피한 사유로 부모가 헤어지더라도 부모는 부모고 자녀는 자녀다. 그렇기에 부모와 자녀 사이의 사랑은 결혼의 지속 여부와 무관하게 계속되면 안 되는가? 사회의 편견 때문에, 체면 때문에, 눈치 때문에 사랑을 버려야 하는가?

영국수상 헤롤드 맥밀란처럼 사랑하는 아내 도로시가 낳은 딸 사라를, 남의 눈치 안 보고, 체면 안 차리고, 죽을 때까지 그저 사랑해 주면 안 될까. 모든 생명은 소중하다. 그리고 흔히 말하듯이 아이가 무슨 죄가 있나. 아이는 그저 한 남성과 여성이 낳은 사랑의 결실일 뿐이다. 그런데 사회가 만들어 놓은 경직된 형식과 인간성을 말살시키는 숨 막히는 껍데기 같은 제도 때문에 그 소중한 사랑을 버린다면, 그래서 아버지가 딸을 보고도 못 본 체, 들어도 못 들은 체해야 한다면 그 얼마나 슬프고 불행한 일인가? 제도가 사람을 위해서 있지 사람이 제도를 위해서 있지 않다. 그래서 사랑엔 두려움이 없다.

"아이들은 나를
'쪽발이 깜둥이'라 불렀다"

오마이뉴스 2011.08.25.

나는 1남 1녀의 아버지다. 내 아이들은 한국과 영국의 혼혈아다. 내 아이들은 동네의 보통 유치원에 다녔고 초등학교에 다녔다. 아들이 초등학교 다니고 있을 때였다. 하루는 아들이 학교 갔다 집에 와서 머리를 검정색으로 염색해 달라고 했다. 아들의 머리카락 색깔은 짙은 갈색이었다.

"왜?" 하고 물었다. 반 아이들이 "넌 미국 사람이야. 한국 사람 아니야" 하고 놀린단다. 아빠가 한국 사람이라고 이야기해도 한국 사람은 머리 색깔이 까만데 자기는 머리가 갈색이라서 한국 사람이 아니란다. 아들은 "이 다음에 진짜 한국 사람이 되고 싶어요" 하고 말했다. 나는 가슴이 아팠다.

그 후 딸아이도 동네 초등학교에 다니게 되었다. 어느 날 딸이 학교에서 울면서 집에 왔다. 이유를 물었다. 아이들 여럿이 "○○는 미국 스파이, 고양이 눈깔에 이티래요" 하고 놀린단다. 어떤 아이들은 식사시간에 밥을 딸아이 얼굴에 던졌단다. 그 말을 들을 때 아빠로서 너무 가슴이 아팠다. "다르게 생긴 것이 무슨 죄인가?" 하는 탄식이 저절로 나왔다.

김수자씨를 처음 만났을 때 나는 그녀가 미국 흑인인 줄 알았다. 그러나 그녀는 한국계 미국 흑인 혼혈인이다. 그녀가 1958년 한국에서 흑인 혼혈아로 태어났으니 나는 그녀가 혼혈아로서 겪은 어린 시절의 고통을 충분히 짐작하고 남을 수 있었다. "우리 사회는, 아니 인간은 언제쯤 나와 다르게 생긴 사람을 차별하지 않고 받아들일 수 있을까"라는 한 가닥 희망을 품고 이 글을 쓴다.

다음은 2011년 8월 23일 '뿌리의집'에서 미국 입양인 김수자씨와 나눈 인터뷰 전문이다.

한국에서의 어린 시절에 대해 기억나는 대로 이야기해달라. 그리고 미국으로 입양 간 과정에 대해서도 아는 대로 말해달라.

"홀트 기록에 의하면 나는 1958년 9월 6일 인천에서 태어났다. 그 후 할머니가 나를 키우다가 친엄마가 1959년 5월 25일 고아원에 맡겼고 한 달 후인 7월 31일 홀트에 의해서 미국으로 입양되었다. 내가 생후 9개월이 넘어서 일어난 일이기에 나는 한국에서의 어린 시절에 대해서 아무런 기억이 없다.

홀트 기록에 의하면 내 엄마는 미국 흑인 군인과 동거했다고 되어 있다. 나는 친부모가 나를 포기한 것으로 추정할 뿐이다. 내가 고아원에 도착했을 때 설사를 많이 하고 몸이 많이 아팠다는 기록으로 미루어보아 친모는 병든 나를 돌볼 여력이 없으셨던 것 같다."

친모와 형제들에 대한 기록이나 정보는 없나?

"홀트 기록에 의하면 친모 이름은 김복애였고 인천 산곡동이 마지막 주소로 되어 있다. 내 형제에 대한 기록은 없다."

혼혈 입양인으로 미국에서 자라면서 가장 힘들고 어려웠던 점은 무엇이었나?

"입양인의 가장 힘든 점은 어느 곳에도 소속감을 갖기가 어렵고 확신을 갖기가 쉽지 않다는 것이다. 자신의 생일이 정말 자기가 태어난 날인지도 모르고 자기 이름이 실제 부모님이 지어준 이름인지도 모르고 이런 불확실한 상태는 입양인들의 삶을 정서적으로 아주 힘들게 한다.

내 양부모님이 흑인이라서 나는 흑인 지역에서 자라고 학교를 다녔는데 다른 흑인 아이들로부터 학교와 동네에서 수없이 괴롭힘을 당했다. 또 다른 충격은 한 인간으로서 자기의 출생의 역사에 대해서 전혀 알 수 없는 상실감이다. 특별히 내 양부모는 내가 어려서부터 내 친부모에 대해서 숨겨왔기 때문에 내 존재의 근원에 대해 나는 오랫동안 알지 못했다.

1987년 나는 내 친모가 살아 계실지도 모른다는 것을 처음으로 알게 되었고 그래서 홀트에 친모에 대한 정보를 요청했다. 나는 홀트에서 당시 답장을 받았는데 친모를 찾으려고 했지만 주소가 존재하지 않아 찾을 수 없다는 내용이었다. 그러나 최근에 내가 안 사실은 홀트는 1987년 당시 내 친모를 찾으려고 시도한 적이 전혀 없다는 것이었다, 결국 홀트도 내게 진실을 말하지 않은 것

필자와 인터뷰 중인 김수자씨

이다. 나는 참 실망했다. 이 세상에 누구를 믿어야 할지 말이다."

나는 흑인과 백인, 둘 다로부터 '미운오리새끼'였다

혼혈 입양아로서 미국에서의 생활에 대해 말해 달라. 특별히 기억에 남고
잊히지 않는 일이 있으면.

"내 어린 시절은 아주 힘들었다. 나는 거의 매일 학교와 동네에서
다른 아이들로 부터 놀림을 받았고 왕따를 당했다. 그 아이들은
항상 나를 '쪽발이 깜둥이(black jap)', '빨래판 얼굴(flat face)', '빨
래판 머리 쪽발이(flat head jap)' 등으로 불렀다. 또 나를 틈만 나
면 때리고 놀려댔다. 내가 동네에서 유일한 혼혈 흑인아이라서

나는 흑인과 백인 둘 다로부터 '미운오리새끼'처럼 항상 놀림을
받았던 것 같다.

가장 고통스러웠던 것은 내가 13살 때 성폭력을 당한 것이고 나는
지금도 그때를 생각만 해도 치가 떨린다. 내가 겪은 고통과 상처
를 극복하는 데는 정말 오랜 세월이 걸렸다. 내가 다니던 학교나
내가 살던 동네에 나와 같은 외모를 가진 아이들이 한 명도 없었
기 때문에 당시의 내 외로움과 아픔은 특별히 더 컸던 것 같다."

미국 양부모는 어떤 분들이었나? 친부모와 수자씨 입양에 대해 무슨 이야
기를 하신 적이 있나?

"양부모님은 나를 아주 사랑하셨지만 내가 친부모를 찾기를 원
치 않으셨다. 양부모님은 내 친부모가 한국전쟁 중 돌아가셨다고
말씀하셨다. 그래서 나는 항상 양부모님의 말을 믿고 자랐다. 그
러나 나중에 알았다. 한국전쟁은 1950년에서 1953년까지 일어났
고 나는 1958년에 태어났기 때문에 내 친부모님이 한국전쟁 중
에 사망할 수가 없다는 것을. 물론 내 양부모님은 내가 진실을 말
면 상처를 받을까 봐 내게 친부모님에 대한 사실을 숨기신 것으
로 생각한다."

반세기 만에 한국에 처음 오면서 당신은 미국 언론과의 인터뷰에서 "한국
에 오는 목적은 진실에 대해 아는 것이다"라고 했는데, 그 말의 의미를 좀
더 설명해 달라.

"1987년 나는 처음으로 친모가 살아 있을 수도 있다는 것을 알았

다. 그때 아마 한국에 올 수도 있었을 것이다. 허나 당시 나는 친모와 한국에 대한 미움과 증오로 가득 찼다. 나는 당시 나를 포기한 친모를 감정적으로 용서할 수 없었고 나를 거부한 한국사회를 이해할 수 없었다. 그러나 지금의 나는 그때와는 달리 감정적으로 그런 가슴 아픈 과거를 직면할 준비가 되어 있고 왜 친모가 나를 포기할 수밖에 없었는지를 이해할 수 있는 마음의 여유가 생겼다.

한때 나는 내가 한국과 미국 두 나라에서 다 버림 받은 것 같다는 심한 절망감에 빠진 적도 있었다. 그러나 나는 지금 좀 더 포용성과 열린 마음으로 내 모국 한국의 문화, 역사, 언어를 배우고 싶은 마음이 강렬하다. 나는 오랫동안 내가 정신적으로 고아와 마찬가지라는 심정을 벗어날 수 없었다. 그러나 신앙을 갖게 되면서 이러한 정신적 어려움을 조금씩 극복해 나갈 수 있었다.

나는 내 아픈 과거를 직면하고자 이번에 용기를 내서 한국에 왔다. 나는 내가 버림받은 사람이 아니라 사랑받는 사람이라고 스스로에게 의식적으로 주입시키고자 노력한다. 나는 또 나의 용기 있는 친모를 만날 준비가 되어 있다. 친모는 분명히 내가 미국에서 사는 것이 더 내 인생을 행복하게 할 것이라고 믿고 날 사랑해서 그런 결정을 내리셨다고 느낀다. 나는 친모가 지금 내가 과거의 아픔을 잘 극복하고 잘 있다는 것을 아시면 좋겠다.

나는 친모도 괜찮으시길 희망한다. 나는 친모가 나를 낳아주신 것에 대해서 그래서 이 삶을 주신 것에 감사하다고 말씀드리고 싶다. 나는 친모를 너무 그리워하고 만나고 싶다. 그것은 내 생애의 최고의 순간이 될 것이다. 그러나 친모가 나를 피하더라도 그 심정을 이해한다. 그래도 나는 최선을 다해 친모를 찾도록 모든 노력을 기울일 것이다. 혹시 아나, 내가 친모를 만날 수 있을지."

1986년 병원에서 첫 아들을 낳았을 때 친모가 아직 살아 있을지 모른다는 사실을 알게 되었다고 했는데 당시 상황을 좀 더 자세히 설명해달라.

"당시 내가 입원해 있던 산부인과의 한 간호사가 출산 후 나의 상태를 보기 위해서 왔다. 나는 동양계 그 간호사에게 하와이에서 왔느냐고 물었다. 그러자 그 간호사는 한국에서 왔다고 답했다. 그래서 간호사에게 나도 한국에서 왔다고 했다. 그러자 간호사는 내 얼굴을 유심히 보더니 '한국인처럼 보이지 않는데요?'라고 말하며 부모님 중에 한 분이 한국분이냐고 물었고, 또 한국말을 할 줄 아느냐고 물었다.

그 간호사가 나에게 너무 많은 질문을 해서 나는 좀 놀랐다. 나는 한국말을 할 줄 모르고 나의 친모가 한국전쟁 중에 돌아가셔서 만나본 적이 없고 그래서 미국 흑인 부모님이 나를 입양했다고 말했다. 그때 그 간호사의 얼굴 표정이 호기심 많던 눈빛에서 나를 동정하는 듯한 눈빛으로 변했다. 그리고 간호사는 내 침대 옆 의자에 가까이 앉으며 내 눈을 뚜렷하게 응시하며 말했다. '당신은 왜 당신이 입양이 되었는지 그 진실을 모르는 것 같군요'라고 말을 시작했다.

그 후 한 시간여 가량 그 간호사는 내게 한국이라는 나라와, 한국전쟁, 전쟁고아 등에 대해 이야기해주었다. 그리고 한국사회의 여러 면을 이야기해주며 내 친모가 나를 직접 양육하지 못하고 포기할 수밖에 없었던 것인지에 대해 이야기해주었다. 나는 충격을 받았다. 그때까지 나는 내 양부모님이 내 친부모님에 대해 해주신 이야기를 철석같이 믿고 있었기 때문에 내 충격은 말로 표현할 수 없을 지경이었다."

고국을 배우러 52년 만에 한국에… "그동안 어머니 찾았으면"
지난 8월 17일 인제대학교의 초청으로 입양간 후 처음으로 한국에 왔는데 이번 한국방문의 목적이 무엇인가?

"나는 인제대 해외입양인 공부프로그램에 등록했다. 나는 9월부터 인제대에서 한국의 문화, 언어, 유산에 대해 배우고 다른 입양인들을 만날 기회를 가질 것이다. 나는 연말까지 한국에 있을 것이기 때문에 이 기간 동안 친모를 찾았으면 좋겠다."

1959년 한국을 떠났고 올해 8월에 한국에 처음 왔으니까 52년 만의 모국방문이다. 이번 방문에 대한 감회가 있을 것 같다.

"나는 내가 태어난 나라인 한국에 오는 꿈을 오랫동안 여러 번 꾸었기 때문에 지금도 내가 한국에 온 것이 꿈만 같이 느껴진다. 나는 이번 방문을 통해서 나의 슬픔이 아름다움으로 변하는 기회가 되기를 염원한다. 과거 한국과 미국에서 다 버려지고 외면받던 혼혈 입양인 아이가 이제 비로소 두 사회에서 다 받아들여지는 것 같아서 기쁘다. 그동안의 내 고통스러웠던 삶이 오늘을 위해 준비된 것 같은 생각도 든다.

나는 지금 한국에 와서 너무 행복하고 왜 좀 더 빨리 못 왔을까 하는 아쉬움마저 든다. 1980년대 나는 결혼했고 세 자녀를 키우느라 한국에 오는 것이 불가능했다. 돈도 없었기 때문에 친모를 찾거나 한국방문은 생각도 할 수 없었고 그래서 감정적으로 많이 힘들었다.

또한 당시 내 양부모님도 생존해 계셨기 때문에 내가 친모를 찾고 싶어하는 심정을 이해하지 못하셨다. 그러나 나는 지금은 친모를 찾을 수 있고 제발 친모가 어느 곳에라도 꼭 살아계셨으면 좋겠다. 나는 친모를 만날 수 있을지도 모른다는 기대감 때문에 요즘 조금은 흥분되어 있다."

한국정부에 대해 해외입양정책과 관련하여 하고 싶은 말이 있나?

"나는 한국의 해외입양정책을 아직 잘 모르고 지금 배우고 있는 중이다. 그러나 한 가지 요청 사항이 있다. 한국정부에서 해외입양정책을 만드는 분들이 정책을 만들 때 꼭 해외입양인의 이야기에 귀를 기울어주셨으면 한다. 나는 해외입양 정책의 가장 중요한 것은 아동 위주가 되어야 한다고 믿는다. 그 아동이 '순수' 한국아이이건 혼혈아동이건 상관없이 아이들이 사랑스런 환경에서 안정적으로 친모와 자랄 수 있도록 해 주는 것이 정부의 역할이라 생각한다.

또한 입양을 갔더라도 나중에 한국에 돌아와서 자기 자신에 대한 기록이나 친부모의 기록을 볼 수 있게 되어야 마땅하다고 믿는다. 양부모가 아무리 좋고 훌륭한 분이라도 입양인은 친부모를 찾고 싶어한다는 심정을 이해해주면 좋겠다. 친부모에 대해 알고, 찾고 싶어 하는 것은 인간의 자연스런 본능이다. 그것은 자신의 존재를 알아가는 과정의 일부이기 때문이다.

입양 관련해서 내가 원하는 것이 하나 있다면 입양이 적은 사회일수록 좋은 사회라는 확신이다. 언젠가는 입양이 지상에서 영원히 사라졌으면 좋겠다. 그러나 아쉽게도 우리가 사는 사회가 완전한 사회가 아니라서 입양이 필요한 아이들은 항상 있을 것이다."

김수자씨는 2011년 기사가 나가고 7년 후인 지난 2018년 친부모를 찾았다.

영국사회
그리고 영국인

◆ 아인슈타인 살린 에딩턴, 한국에서는 나올 수 없다
◆ 우크라 모녀와 함께 사는 영국인 "할 수 있는 최소한의 일"
◆ 월 40만원에 내집 장만... 꿈을 가능케 한 '비결'
◆ 다운증후군 지방의원, 다음 목표는 '국회'
◆ 나는 왜 영국 시민권자가 되었나?

"과학자들에게 중요한 것은 진리(truth)입니까, 아니면 국가입니까? 영국과 독일이 국가 간 전쟁 중이라고 해서, 또 사랑하는 사람을 전쟁터에서 적국 '독일놈'들에게 잃어버린 아픔이 있다고 해서, 독일 과학자가 보여준 진리는 진리가 아닌 것입니까? 그것이 정말 진리를 추구하는 과학자들의 태도라고 생각합니까?"

아인슈타인 살린 에딩턴,
한국에서는 나올 수 없다

오마이뉴스 2016.02.17.

알버트 아인슈타인(1879-1955)이 1915년 주장했던 중력파 존재 이론이 지난 11일 미국 과학자들에 의해 1세기 만에 증명되었다. 100년 전 한 과학자의 혜안과 직관이 놀라울 뿐이다. 그러나 한 아이를 키우기 위해서도 온 마을 주민의 도움이 필요한 것처럼 아인슈타인의 '위대한 성취'는 아인슈타인 혼자만의 힘으로 이루어진 것이 아니다. 그래서 영웅은 시대가 만든다는 말이 있지 않을까.

1915년 독일의 과학자 아인슈타인이 '상대성 이론'을 논문을 통해 주장하지만 그때까지 그런 아인슈타인의 존재나 그의 이런 주장을 아는 사람은 전 세계에서 한줌 극소수 과학자들에 불과했다. 그리고 그의 상대성 이론도 과학자들과 일반인들에게는 그저 한 개의 '이론'일 뿐 아무런 주목을 받지 못하고 있었다. 이런 무명의 아인슈타인을 세계적 스타 과학자로 데뷔하게 만든 사람이 있었는데 그는 지금도 이름이 낯선 아서 에딩턴(1882-1944)이었다.

에딩턴은 1915년 아인슈타인이 상대성 이론을 발표했을 때 영국

알버트 아인슈타인 ⓒ위키피디아

케임브리지 대학의 천문학자였다. 에딩턴은 아인슈타인의 상대성 이론을 처음 읽고 이를 실험으로 증명하고 싶었다. 과학의 세계에서 증명되지 않은 이론은 물 없는 오아시스나 마찬가지였기 때문이다.

그러나 에딩턴이 아인슈타인의 상대성 이론을 실험과 검증을 거쳐 증명하기 위해서는 막대한 연구자금이 필요했다. 그래서 에딩턴은 자신이 몸담고 있는 케임브리지 대학을 통해 영국 정부에 연구자금을 신청한다.

그러나 1915년 당시 영국과 독일은 1차 대전 중이었다. 그래서 케

아서 에딩턴 ©위키피디아

임브리지 대학과 영국정부는 적국인 독일 과학자 아인슈타인의 업적 (?)을, 그것도 전쟁 중에, 돈과 자원을 들여서 증명하겠다는 에딩턴의 엉뚱한(?) 제안을 단호하게 거절했다. 아울러 적국의 학자가 쓴 논문 '상대성 이론'도 영국인들이 아예 읽지 못하도록 금서 조치까지 취한 다. 이 과정에서 케임브리지 대학의 일부 교수들은 에딩턴을 전쟁 중 인 적국인 독일을 이롭게 하는 '이적행위자'라고 비난하기도 한다.

또한 교수 중엔 자기 자식을 1차 대전에서 독일군에게 잃은 아버 지들도 있었다. 퀘이커 교도이자 양심적 병역거부자인 에딩턴을 못마땅하게 여긴 사람들도 있었다. 한 노교수는 "사랑하는 사람(아들)을 전쟁터에서 적국 독일놈들에게 잃어버린 아픔을 아느냐?"라고 에딩턴을 거침없이 나무라기도 했다. 에딩턴은 이런 비난에 아무런 답변도 하지 않았다. 사랑하는 사람을 전쟁터에서 잃어버린 아픔이 없어서가 아니라 그 아픔을 공개적으로 말할 수 없었기 때문이었다.

에딩턴은 그 당시 영국 사회에서도 금기시 되는 동성애자였다. 그리고 자신의 '사랑하는 사람(동성 애인)을 전쟁터에서 적국 독일놈들에게 잃어버린 아픔'이 있었다. 그러나 그 당시 영국 사회 분위기 때문에 에딩턴은 그 아픔을 남몰래 혼자서 삭여야만 했던 것이다.

한편, 막대한 돈과 자원이 없이는 상대성 이론을 증명할 수 없었던 에딩턴은 한동안 고민에 빠진다. 그리고 마침내 심사위원들을 설득하는 과정에서 에딩턴은 케임브리지 대학의 과학자들에게 이런 질문을 던진다.

"과학자들에게 중요한 것은 진리(truth)입니까, 아니면 국가입니까? 영국과 독일이 국가 간 전쟁 중이라고 해서, 또 사랑하는 사람을 전쟁터에서 적국 '독일놈'들에게 잃어버린 아픔이 있다고 해서, 독일 과학자가 보여준 진리는 진리가 아닌 것입니까? 그것이 정말 진리를 추구하는 과학자들의 태도라고 생각합니까?"

'이적행위'를 지원해준 영국 정부

에딩턴의 이런 힘겨운 설득과 노력에 힘입어, 몇몇 보수적 영국 과학자들의 반대에도 불구하고, 결국 영국정부는 적국 과학자 아인슈타인의 상대성 이론을 증명하겠다는 에딩턴에게 연구자금을 지원해 준다. 그 결과 1차 대전 중인 1916년부터 에딩턴은 연구를 시작하여 2년 후인 1918년 결국 아인슈타인의 상대성 이론을 실험으로 증명하고 1920년 논문을 통해 그 연구결과를 온 세상에 발표한다.

에딩턴의 각고의 증명 덕에 아인슈타인은 졸지에 무명의 과학자에서 세계적인 스타 물리학자로 등장하며 언론의 각광을 받고 전 세계인들의 주목을 받는다. 하지만 케임브리지 대학 동료와 영국정부의 온갖 비난과 반대를 물리치고 적국 과학자의 업적을 증명한 영국 과학자 에딩턴은 금방 언론과 대중으로부터 잊혀버린다.

이 사건은 지금으로부터 약 100년 전 영국에서 일어난 일이다. 아인슈타인이 100년 전 주장했던 중력파 이론의 존재가 미국 과학자들에 의해 1세기 만에 증명된 2016년, 아인슈타인과 에딩턴을 회상하면서 이런 생각을 해본다.

에딩턴이 100년 후인 현재 대한민국 박근혜 정부하에 생존해 있다면 어떻게 되었을까? 우선 그는 양심적 병역거부자로 대학에서 연구는커녕 이미 교도소에 수감되었을 가능성이 높다. 1950년대 한국 전쟁기에 생존해 있었다면 에딩턴은 이승만 정권에 의해 이미 처참하게 학살되었을 것이다.

에딩턴은 적국(우리 경우라면 북한)을 이롭게 한 학자로 박근혜 정부에서 이미 낙인찍혔을 것이다. 양심적 병역거부자로 수감생활을 마치고 석방되어서 설사 가까스로 대학에서 자리를 잡았다고 하더라도 연구비 지원은커녕 국가보안법 위반자인 '이적행위자'로 대학에서 이미 쫓겨나거나 또 다시 수감되었을 가능성이 높지 않았을까?

우크라 모녀와 함께 사는 영국인
"할 수 있는 최소한의 일"

오마이뉴스 2022.07.19

지난 2월 24일 러시아가 우크라이나를 침공한 이래, 현재까지 약 1200만 명의 우크라이나 피난민이 생긴 것으로 집계됐다. 영국 정부는 6월 28일까지 이들 중 약 14만 2500명에게 난민 비자를 발급해주었다.

6월 27일 기준, 그중 8만 6600명은 현재 영국에 피난민으로 입국해 살고 있다. 영국 인구가 약 6700만 명 정도이니 인구 1천 명당 현재 약 1.2명의 우크라이나 난민이 영국에 살고 있는 것이다. 나는 영국 중부 지방에 살고 있으며, 이 마을의 인구는 약 2만 5000명으로, 한국으로 치면 하나의 '읍' 정도에 해당할 것이다. 7월 5일 기준으로 내가 사는 동네에는 총 228명의 우크라이나 난민들이 살고 있다.

내가 알고 지내는 지인 중에는 자기 집에 우크라이나 난민을 초청해 함께 살고 있는 이들이 있다. 이들 중 한 명인 에반씨에게 요즘 우크라이나 난민들과 집에서 어떻게 지내는지 물어봤다. 다음은 6월 26일부터 7월 18일까지 이웃인 에반씨와 수차례 만나면서 인터뷰한 내용을 정리한 것이다.

"뉴스 보고 큰 충격…

영국 정부가 난민 받을 가정 모집했을 때 당장 지원했다"

먼저 에반씨와 가족에 대해 소개 좀 부탁한다.

"나는 올해 58세로 아내 웬디와는 결혼 35년차다. 아들 둘은 독립해 런던에서 살고 있다. 이 마을에 산 지는 20년이 되었다. 나는 과거에 IBM 시스템 엔지니어로 15년간 일을 했고 그 후 프리랜서로 일했다. 2년 전 작은 아들이 대학을 졸업했을 때 나도 은퇴했다. 그 후 우리 마을 자선단체를 위해 자원봉사로 운전기사를 하고 있다."

어떤 사연으로 우크라이나 난민을 집에 받아들이게 됐나.

"러시아의 침공으로 몇 백만 명의 우크라이나인들이 졸지에 피난민이 된 뉴스를 보고 큰 충격을 받았다. 내가 아무것도 할 수 없다는 것에 처음엔 큰 무력감과 우울증에 빠졌다. 그러던 중 영국 정부에서 우크라이나 난민을 받아들일 가정을 모집한다는 광고를 했을 때 아내와 나는 당장 지원했다. 마침 아이들이 독립해 집에 빈방이 있었고 나도 은퇴한 뒤라 시간 여유가 있었기에, 이건 내가 할 수 있는 최소한의 일이라 생각했다."

현재 집에 머무르는 우크라이나 난민들은 어떤 분들인지? 나이와 직업은? 이분들이 댁에는 언제, 어떻게 오게 된 것인지.

"우리 집에는 우크라이나 난민 모녀가 살고 있다. 엄마 나탈리아는 46세, 딸 크시나는 16세다. 나탈리아 남편이자 크시나의 아빠는 현재 우크라이나에 남아 있다.

처음에 영국 정부의 안내에 따라 인터넷(Host4Ukraine.com)에 내가 직접 영어로 광고를 했다. 우리 집에 빈방이 몇 개 있고, 몇 명의 난민을 받아들일 수 있는지를 명시했다. 광고를 낸 뒤 5분 만에 난민 다섯 분이 신청했고, 1시간 후 난민 열다섯 분이 신청했다. 신청한 분들 중에 두 분만 선정하는 일이 너무 힘들었다. 그래서 그냥 선착순으로 나탈리아와 크시나 모녀를 선정했다. 다행히도 이 모녀분들과 호흡이 잘 맞아서 잘 지내고 있다.

전쟁 전 나탈리아는 우크라이나 한 회사에서 메니저로 근무했었고 크시나는 학생이었다. 이분들이 살던 곳은 우크라이나의 크리비리크(Kryvyi Rih)라는 곳으로, 전쟁 초기 러시아의 침공을 받았다. 그래서 이 모녀는 지인들의 도움으로 먼저 폴란드로 피난을 갔고, 그 뒤 영국으로 오는 난민 비자를 신청해 5주 후에 받았다. 5월 1일 영국에 도착하자마자 지금까지 우리 집에 머무르고 있다."

구체적으로 이분들에게 어떤 도움을 주고 있나.

"우리는 최소 6개월에서 길면 1년간 이분들에게 무료로 숙식을 제공해 준다. 그동안 영국 정부는 이분들이 거주할 임대주택을 마련할 것이다. 우리는 이분들에게 각각 욕실이 달린 침실을 제공하고, 부엌과 다른 시설들은 우리 부부와 함께 사용한다.

처음 한 달이 가장 바빴는데, 왜냐면 이분들에게 영국의 다양한 복지와 의료제도를 이용하고 신청하는 방법을 알려줬기 때문이다. 또 여러 회의에 함께 동행해 안내해 주었다. 우리 마을에 200여 명 우크라이나 난민들이 있는데 1주일에 한 번씩 함께 만나서 회포도 풀고 소식도 주고받는 모임을 알려드렸다. 그 외에도 비자 연장을 위한 이민 행정, 쇼핑 안내 등 향후 실생활에 필요한 부분이라고 생각되는 여러 부분을 안내했다.

또한 나탈리아가 지방자치단체에서 운영하는 무료 영어 과정에 등록할 수 있도록 도와주었고, 딸 크시나가 동네 학교에 취학 등록을 할 수 있도록 도와주었다."

"우크라 모녀, 직장과 학교 다니며 잘 정착 중…
비용은 영국 정부가 지원"

나탈리아와 크시나의 하루, 일주, 한 달 일정은 보통 어떤지 궁금하다.

"다행히 나탈리아는 우리 동네 한 식당에서 직장을 구했고, 현재 1주일에 5-6일을 일한다. 크시나는 한 달 전 동네 학교에 입학했고 지금은 여름방학이라 집에서 쉬고 있다. 그전까지 크시나는 원격으로 우크라이나 학교 과정을 우리 집에서 공부했다. 크시나는 여름방학 동안 엄마가 일하는 식당에서 아르바이트를 할 계획이고, 동네 테니스 클럽에도 가입했다.

크시나는 엄마를 위해 쇼핑을 하고 나탈리아는 딸을 위해 요리를 한다. 보통 식사는 우리와 따로 하는데 가끔은 함께 한다. 우리가 요리할 때는 나탈리아와 크시나에게 영국 음식을 대접하고 그들이 요리할 때는 우리에게 우크라이나 음식을 대접한다.

우크라이나 모녀 나탈리아·크시나와 영국인 부부 에반·웬디(왼쪽부터)

이외에도 나탈리아는 온라인으로 전에 일하던 우크라이나 직장 일을 파트타임으로 하고 있다. 하지만 전쟁이 길어지면 이 일을 계속할 전망은 어둡다고 한다."

지방자치단체와 중앙정부에서는 어떤 지원과 도움을 주고 있는지?
"먼저 정부에서 난민 1인당 1만700파운드(한화 약 1700만원)를 지원해 준다. 그 외에도 난민들은 영국인들과 똑같은 사회복지 혜택(실업수당, 의료비, 아동수당, 교육비 등)을 받을 수 있다. 우리 부부는 한 달에 350파운드(약 55만원)를 최대 1년까지 정부로부터 지원받는다."

이분들이 얼마 동안 댁이나 영국에서 머무를 것인가.

"물론 최소 6개월은 우리 집에 머무를 수 있다. 그러나 현재로서는 그 후에 대해서는 아직 서로 논의해보지 않았다."

난민들과 한 지붕 두 가족으로 살면서 느끼는 어려움이 있을 것 같은데?

"사소한 것이지만, 부엌과 냉장고를 함께 사용하니 우리 부부만 살던 때와 비교해 냉장고 용량이 많이 부족하다. 또 식기도 부족해서 요리시간이 가급적 서로 겹치지 않게 피한다. 하지만 이런 문제는 우리 부부가 미리 각오하고 염두해 두었기에, 앞에서도 말했듯 이런 건 그저 사소한 불편일 뿐이다."

이분들이 우크라이나에 계신 분들, 영국 혹은 우리 마을에 있는 다른 우크라이나 분들과 접촉할 기회가 있는지?

"인터넷이 우크라이나에 여전히 가능해서 온라인으로 우크라이나에 있는 가족, 친인척들과 접촉하고 지낸다. 종종 인터넷으로 통화하는 모습을 보았는데, 나탈리아 남편이자 크시나의 아빠는 아직도 우크라이나에서 일하고 있다. 남편이 나이가 많아서 현역 군인은 아니고 후방에서 일하는 것 같다. 그리고 앞에서도 언급했듯이 나탈리아는 지금도 온라인 시간제로 우크라이나 회사와 일하고 있다.

크시나는 영국 학교에서 공부하는 것 외에도 온라인으로 우크라이나 학교 공부도 하고 있고 친구들과 온라인 대화도 한다.

우리 동네에는 200여 명의 우크라이나 난민들이 있는데 이분들이 삼삼오오 종종 만난다. 매주 토요일 아침에는 마을의 한 교회에서 이분들에게 커피와 다과를 내놓고 만남의 장소를 제공해 준다. 그리고 난민들끼리 서로 집에 초대해 식사를 함께하고 회포를 풀기도 한다. 이 외에도 우리 동네 우크라이나인을 위한 텔레그램 그룹이 있어서 서로 온라인으로 소통을 한다."

난민들을 댁에 받아들인 후 삶이나 세상을 보는 시각이 달라진 것이 있다면?
"우리 삶이 많이 달라진 것은 없다. 단지 우리는 나탈리아와 크시나에게 가능한 편하게 대해 주고자 한다. 이분들을 통해 우리 부부는 우크라이나인들의 문화, 전통, 관습을 많이 배웠다. 또 우리는 영국인들이 식욕이 우크라이나인들보다 많다고 느꼈다(웃음). 이분들이 영국에 차차 안정감을 갖고 정착해 가는 것을 보고 많은 기쁨과 보람을 느낀다."

우크라 모녀 "친절한 영국인들… 그래도 장래가 불투명한 게 두렵다"
우크라이나 모녀를 잠깐 만날 수 있었다. 아래는 나탈리아(엄마)와 크시나(딸)에게 직접 물어본 질문이다.

영국과 우크라이나의 가장 큰 차이점은 무엇인지?
모녀   "영국인들은 아주 친절하고 길에서 만난 낯선 사람들에게도 대화를 잘한다. 그에 비하면 우리 우크라이나인들은 훨씬 무뚝뚝한 것 같다."

나탈리아(엄마) "영국 음식은 우크라이나 음식에 비해 너무 싱겁고 밋밋하다. 우크라이나 음식은 냄새와 맛이 아주 강한 편이다. 내가 이 동네에 와 정육점에서 돼지고기를 처음 샀을 때, 냄새가 너무 나지 않아서 '이게 돼지고기 맞나?' 하고 의구심을 가졌을 정도다. 영국 음식은 우크라이나 음식과 비교해 포장이나 밀봉이 아주 많이 되어 있다."

타향인 영국에 살면서 지금 가장 힘들고 어려운 일은 무엇인지?"

크시나(딸) "물질적으로는 편하지만, 엄마와 나는 요즘 감정적으로 너무 힘이 든다. 장래가 불투명한 것이 두렵고, 우크라이나에 있는 아빠와 친척들이 너무 그립기도 하다. 엄마와 나는 요즘 만성 신경쇠약증에 걸린 것 같다."

딸과 달리 엄마인 나탈리아는 나의 이 질문에 아무 말도 못하고 그저 눈물만 줄줄 흘렸다. 나는 뭘 할 수 있을까 고민하게 되는, 안타까운 모습이었다.

월 40만원에 내집 장만…
꿈을 가능케 한 '비결'

오마이뉴스 2014.09.04.

남의 집에 처음 세를 들어 살기 시작한 건 1990년 영국으로 유학을 가서였다. 영국에는 월세만 있었는데, 그래서 대학 시절엔 기숙사나 영국인 가정집에서 방 한 칸에 대한 월세만 내고 자취생활을 했다. 장장 7년간 자취생활을 하던 내가 영국에서 방이 아닌 집 임대를 처음 하게 된 것은 1997년 박사과정 때였다. 당시 나는 같은 대학원과정에 있던 한 영국여학생과 사귀고 있었다. 우린 당시 각각 다른 영국 가정집에 방만 임대하여 살고 있었다.

그러던 어느 날 계산을 해보니, 둘의 월세를 합해 집을 임대하면 각각 30%의 생활비를 줄일 수 있다는 계산이 나왔다. 나는 바로 영국 여자친구에게 "생활비를 아끼기 위해 동거를 하자"고 제안했다. 그리고 곧 우리는 같이 살게 되었다. 동거한 지 한 달째인 1997년 10월 1일, 여자친구는 내게 뜬금없이 "결혼해 줄래?"라고 청혼했다. 나는 그렇게 하겠다고 했고, 우린 어느새 결혼 16년 차이자 1남 1녀를 둔 중년부부가 됐다.

결혼 후 1년 반 만인 1999년 우리는 25년에 걸쳐서 원금과 이자를 상환한다는 조건으로 대출을 받아서 영국의 한 중부지방에 민간임대주택을 샀다. 당시 우린 은행과 연 5% 정도의 이자를 25년 동안 내고 원금을 상환하겠다고 약속했다. 당시 우리 가족 수입은 한화로 한 달 200만 원 정도였다. 그 중 대출금 원금과 이자를 합해 월 40만 원 정도를 은행에 납부했다. 25년이란 단어만 놓고 보면 숨이 막힐지 모르겠지만, 향후 25년간 은행에 갚아야 할 액수가 고정된 것이라, 시간이 흐를수록 우리 부부에게 유리한 대출 계약이었다.

영국 일간지 〈가디언〉이 2014년 보도한 것에 따르면, 1997년 당시 일반 주택 가격은 지역 연평균 소득의 3배 정도였다. 브리스톨은 3.1배, 맨체스터는 2.3배, 버밍엄은 2.8배, 뉴카슬은 3.1배, 브라이튼은 3.8배였는데, 2014년 현재 맨체스터 4.6배, 뉴캐슬 5.2배, 브리스톨은 6.2배로, 18년여 전보다 2배 정도 오른 것으로 나타났다.

2000년 봄, 난 10년의 영국 유학 생활을 마친 뒤 아내는 영국에 둔 채 혼자 귀국했다. 직장은 얻었지만, 전세자금을 마련할 길이 없었다. 할 수 없이 6개월 동안 이산가족 생활을 했다. 결국 처가의 도움으로 조그만 아파트 전세를 마련했고 가족이 모두 함께할 수 있었다. 하지만 기쁨도 잠시, 2년 후 재계약 시점에 전세가 2500만 원이나 올랐고 이때도 처가의 도움을 받을 수밖에 없었다.

2000년부터 2008년까지 모든 가족이 한국에서 사는 동안 우리 영국집은 월세를 주었다. 우리 월세 수입의 50% 정도는 은행 대출 이자와 원금을 갚는데 쓰였고 15% 정도는 부동산에 지불하는 관리비, 또 15% 정도는 집수리비나 보험비 등으로 쓰였으며 20% 정도만 우리가 쓸 수 있었다. 2008년 12월 말, 아내는 다시 영국으로 들어갔고 그 사이 나는 여러 가지 일을 처리한 뒤 지난 2월 영국으로 돌아와 다시 가족들과 함께 살고 있다.

사회적 약자에게 더 많은 주거 혜택 주는 영국

한국과 영국에서 모두 세입자 생활을 해 보았지만 아내와 처가 덕에 심한 고생은 안 해 본 것 같다. 그러나 한국과 영국의 임대차제도에는 차이가 좀 있었다.

현재 우리나라 전월세 가격은 전적으로 부동산 시장에 맡겨져 있다. 주택임대료 산정에 있어 정부가 제시한 공적기준이나 임차인 보호를 위한 법과 제도는 무척 열악한 수준이다. 그러나 영국의 경우, 지역에 따라 지자체에서 마련한 지역별 주택 임대료 기준이 있다.

영국 임대주택의 주된 공급주체는 지자체다. 지자체가 해당 지역 내 주민에게 임대주택을 공급할 경우 중앙정부에서는 보조금 혹은 저금리로 자금을 빌려준다. 더욱이 임차인이 사회적 약자이거나 장애인일 경우 더 많은 혜택과 가산점을 받을 수 있다. 게다가 임대료 지불능력이 없는 빈곤계층에게는 임대료를 할인해주거나 보조해준다.

전직 보건부 공무원이었던 베티 윌리암슨씨는 나와 한 인터뷰에서 "현행 영국의 임대주택제도는 동성애자, 싱글맘, 사회적 소수자들에게만 지나치게 유리하게 되어 있는 면이 있다"라고 조심스레 불만을 털어 놓을 정도다.

지방자치 역사만 수백 년에 이르는 영국에서 또 눈여겨볼 만한 것 중 하나는 임대주택에 입주할 대상 계층, 입주자의 선정 관리 등

임대주택 운영과 관련된 사항 대부분이 지자체의 권한과 재량에 달려 있다는 것이다.

이뿐만이 아니다. 영국에는 공정임대료(Fair Rent)라는 제도도 있다. 공정임대료제도는 1965년부터 시행되고 있는데, 1977년부터는 런던 등 대도시를 포함한 모든 임대주택(공공과 민간)에 대해 지방정부가 기존 임대료와 물가상승률을 고려해 공정임대료를 산정하면 중앙정부가 이를 교차 검증한 뒤 전국에 공정임대료를 공시하는 방법으로 이뤄지고 있다.

또 영국 정부는 임차인이 거주하고 있는 곳에서 임대차 계약을 할 때, 정부에서 정한 공정임대료를 초과할 수 없도록 규제하고 있다. 이 공정임대료제도 역시 직접적으로는 각 지자체에서 운영하고 있지만 중앙정부로부터 다양한 법과 제도를 통해 지원을 받는다. 그러나 공정임대료는 주택의 신규임대계약에는 적용되지 않는다. 신규계약은 해당 지역의 주택시세 혹은 수요와 공급의 원칙에 따라 임대인이 보통 지역부동산의 자문을 받고 임대료를 공지한다.

영국정부가 공정임대료 제도를 만든 이유

영국에서 8년간 집을 임대했던 우리 부부 역시 매번 부동산의 조언과 시세에 따라 임대료를 공지했다. 시세보다 높게 집을 내놓으면 임차인을 얻기 힘드니 결국 빈집이 된다. 그럴 바에야 시세에 따라 적절한 임대료를 책정해 내놓는 편이 나은 것이다.

영국의 공정임대료 인상은 최대공정임대료법(Maximum Fair Rent Order)으로 제한한다. 최대공정임대료는 1999년부터 시행된 이 법에 의해 기존 등록된 공정임대료에 최종임대료 등록 이후의 소매물가지수 변화율을 더하며, 1999년 1월 이후 1차 재등록 시에는 7.5%, 그 이후 2차 재등록 시에는 5%를 가산하여 산정한다. 그러나 주택수리 등으로 새 임대료가 기존 임대료보다 15% 이상 증가하는 경우 최대공정임대료법을 적용받지 않는다.

영국정부에서 이런 제도를 만든 이유는 간단하다. 부동산 임대료가 과도하게 상승하면 서민생활이 불안해지고, 결국 경제 전반에 악순환이 초래되기 때문이다. 그렇다고 영국의 공정임대료제도가 임차인에게만 유리하게 돼 있는 건 아니다. 공정임대료제도는 임대인에게도 일정한 이윤을 보장해준다.

영국 레스터셔 지역에서 공인중개사를 하고 있는 질 그리피드씨는 최근 나와 한 인터뷰에서 공공임대주택과 민간임대주택의 장단점을 이렇게 이야기했다.

"일반적으로 공공임대주택 임차인들의 소득은 민간임대주택 임차인들보다 낮은 편이다. 보통 공공임대주택 임차인들은 장기 거주자가 많다. 거의 반영구적으로 거주할 수 있다. 그러나 단점은 아무래도 주변 환경이 민간임대주택보다는 상대적으로 열악하다. 반면 민간임대주택 지역은 상대적으로 주변 환경이 쾌적하다. 그러나 임대료가 공공임대주택에 비해 훨씬 비싸다. 그래서 민간임대주택에는 단기간 거주하는 임차인들이 많은 편이다."

영국에서 주택을 임대하고자 하면 정부기관인 감정평가청(Valuation Office Agency)에 의무적으로 임대주택을 등록해야 한다. 그럴 때 정부는 임대인이 임차인에게 등록된 공정임대료를 초과해 요구할 수 없도록 한다. 하지만 임대인이나 임차인 모두 공정임대료에 이의가 있을 때는 감정평가청에 이의를 신청할 수 있다.

그럴 경우 감정평가청 공무원인 임대료사정관(Rent Officer)이 신청인의 이의제기를 검토 한 후 합당하다고 판단되면 공정임대표를 재산정한다. 물론 재산정한 임대료를 납득할 수 없으면 법원에 제소할 수 있다. 이후 법원에서 최종 임대료를 결정하면 임대료사정관은 지방임대료등기소(Local Rent Register)에 이를 등록한다.

간혹 공정임대료 등록이 이루어지지 않은 주택도 있는데 이 경우 임대인과 임차인 양측이 합의하여 임대료를 결정한다. 그 후 임대료사정관에게 해당 주택에 대한 공정임대료를 산정하여 등록해달라고 신청할 수 있다. 그러면 임대료사정관은 주택 유지상태, 규모, 주거여건 등을 감안해 공정임대료를 산정하고 등록한다. 그러나 일단 임대료를 등록하고 나면, 2년 이내에는 새 임대료 등록이 불가능하다. 불가피하게 임대료 등록을 취소하려면 임대인과 임차인이 공동 명의로 신청서를 제출해야 한다.

악덕 임대인들 임대 못하도록 하는 방안 권고

하지만 공정임대료가 존재한다고 해서 영국 주택시장이 세입자만의 천국인 것은 아니다. 영국 하펜든 지역에서 부동산 임대업을 하고 있는 피터 케네디씨는 나와 한 전화·이메일 인터뷰에서 "1970년대까지만 해도 영국의 주택임대는 임차인에게 유리하게 되어 있었다"라며 "그러나 1979년 대처수상 집권 이후부터, 특별히 1980년대 말기부터는, 주택임대가 임차인보다는 임대인에게 더 유리하게 흘러

가고 있다"라고 평가했다.

1989년, 영국은 거의 모든 임대차 규제를 철폐했다. 영국 정부는 경기 회복을 시킨다며 주택담보 대출을 완화했는데, 이로 인해 집값 거품이 일어났고, 임대료도 치솟았다. 이후 주택가격 거품이 한창일 때인 2000년대 금융기관이 최초 주택구입자에 한해 100% 주택담보 인정비율(LTV)를 인정해주면서 문제가 더 커졌다.

이런 우려는 영국 사회 곳곳에서 나타나고 있다. 영국 노숙자를 위한 시민단체인 '쉘터' 역시 요즘 영국의 임대제도가 지나칠 정도로 임대인 편의 위주로 기울어져 있다고 우려했다. 지난 8월 30일 BBC 뉴스도 "비양심적인 악덕 임대인들 때문에 (임대주택과 관련하여) 더 효과적인 정부의 규제가 필요하다"고 보도했다.

BBC 등에 따르면, 최근에는 영국 국회의원들도 무주택자 가족들을 보호하기 위해 임대산업 방식에 대해 철저한 조사가 필요하다고 목소리를 높였다. 또한 영국 의회의 초당적 모임인 '민간임대부문 상하원 공동위원회(All-Party Parliamentary Group for the Private Rented Sector)'는 악덕 임대인들이 아예 임대업을 못하도록 하는 방안을 권고했다.

한편 영국정부는 공정임대료제도 외에 전국 임대료 상황을 있는 실시간으로 알 수 있는 '렌트맵'이라는 홈페이지를 운영하고 있다. 렌트맵에선 누구나 임대를 필요로 하는 지역의 우편번호를 입력하면 입주가 가능한 지역의 주택규모, 위치, 유형별로 분류된 임대료를 자유롭게 볼 수 있다. 렌트맵을 통해 임대가격을 실시간 점검할 수 있기 때문에 임대료의 투명성을 확보할 수 있다.

2010년 기준 영국의 자가 주택비율은 65.5%다. 1979년 대처 수상 집권 전까지 영국의 공공임대 주택 비율은 약 30% 정도였다. 하지만 대처 수상 집권 이후 공공임대주택 비율은 약 18%까지 떨어졌다. 반면 민간임대주택이 증가하여 2010년 기준 민간임대주택 비율은 16.5%다. 수치로 비교해 봤을 때 영국의 공공임대주택 현황은 과거보다 열악해졌다고 볼 수 있다.

하지만 2013년 기준 우리나라의 공공임대주택 비율은 약 5%에 불과하다. 이 수치는 경제협력개발기구(OECD) 국가의 평균인 11.5%의 절반에도 못 미치는 것이다. 더욱이 2013년 기준 네덜란드의 공공임대주택 비율이 32%, 오스트리아는 23%, 덴마크가 19%인 것을 보면 우리나라가 갈 길은 아직 아득하다고 할 수밖에 없다.

다수 서민들의 주거비 부담을 덜어주기 위한 박근혜정부의 적극적인 노력이 절실한 이유가 여기에 있다. 영국·프랑스·독일·네덜란드 등 유럽 선진국들은 물론이고 신자유주의의 극단을 달리는 미국에서조차 1970년대 초부터 서민들의 주택임대료 부담을 완화해주기 위해 주거비 보조금(Housing Benefit) 제도 등을 적극 도입하고 있다.

'엿장수 맘대로' 주택임대료가 결정되는 대한민국. 국민 다수가 마음 놓고 쉴 만한 내 집이 없어서 불안정하게 살고 있는데 정부에서는 아랑곳 하지 않고 부동산 활성화에만 혈안이 되어 있다. 국민다수의 안정된 생활 없이 과연 대통령이나 극소수계층만이 안정을 누릴 수 있다고 생각하는가? 가계부채가 1000조 원에 이르는 상황에서 박근혜 대통령에게 묻는다.

다운증후군 지방의원,
다음 목표는 '국회'

오마이뉴스 2014.07.11.

2014년 7월 8일 BBC 뉴스는 영국 노팅엄셔주의 너텔(Nuthall)이라는 한 교구의회(Parish Council)에서 의정활동을 하고 있는 스티븐 그린(49) 의원에 대한 보도를 내보냈다. 다운증후군 장애인인 그린 의원은 2012년 임기 4년의 너텔지역 교구의회 의원으로 당선됐다.

BBC의 보도는, 그린 의원이 모금 활동을 벌여 자기 지역구의 파손된 도로를 수리하는 등의 일을 하며 지역구민들에게 인정받고 있다는 내용이었다.

그린 의원은 또 지역 학교를 방문해 학생들에게 "장애인도 의정 활동을 통해 지역구민들에게 봉사할 수 있다는 감동을 주고 있다"고 BBC는 전했다. 그린 의원 지역구의 한 초등학교 교장인 피터 테일러 씨는 BBC 인터뷰에서 이렇게 말했다.

"그린 의원을 보면서 장애인들에 대한 고정관념을 버리게 되었습니다. 장애인들이 도움만 받는 사람들이 아니라 지역공동체를 위해 얼마나 많은 도움을 주고 있는지 그린 의원을 통해 볼 수 있었습니다.

지역구민을 위한 그린 의원의 다양한 의정활동은 자라나는 우리 학생들에게도 좋은 역할 모델이 될 것입니다."

그린 의원은 의사소통에 약간의 장애가 있다. 그래서 아버지 그린빌 그린씨가 그의 의정활동을 적극적으로 지원해주고 있다. 그린빌 그린씨는 지역구 상황을 수시로 아들에게 설명해준다. 그러면 그린 의원은 그런 문제를 어떻게 해결할 것인지 숙고한 후 의회에 나가 다른 의원들에게 발표하기도 하고, 때로는 직접 그 문제를 해결하고자 현장에 뛰어들기도 한다.

또 그린 의원의 아버지는 그린 의원이 지역구를 방문할 때마다 동행하며 의사소통을 도와준다. 특히 처음 만나는 지역구민은 그린 의원의 말을 잘 이해하지 못하는 경우가 있다. 그럴 때는 아버지가 그린 의원의 말을 친절히 '통역'해준다. 은퇴한 아버지가 장애가 있는 아들 의원을 위해 비서, 대변인, 통역사 등 다양한 역할을 해주고 있는 것이다.

그린 의원의 지지자인 피터 핸리 존스 성공회 신부는 BBC 인터뷰에서 "처음 그린 의원을 만나면 '의사소통에 장애가 있는 사람이구나' 하고 느낄 것입니다. 하지만 그린 의원은 만날수록 인품의 진정성을 느낄 수 있습니다. 그를 볼 때마다 '정말 우리 지역을 위해 많은 공헌을 하고 있는 의원이구나' 하고 실감할 수 있습니다"라며 칭찬을 아끼지 않았다.

그린 의원은 2005년에도 이 지역 교구의회 의원에 출마했지만 낙선의 고배를 마셨다. 그러나 그는 낙심하지 않고 다시 도전하였다. 그리고 7년 후인 2012년 10월 그린 의원은 영국 역사상 처음으로 다운증후군 장애인으로 교구의원에 당선되는 영예를 누리게 된다.

당시 그린 의원은 당선 소감에서 "제가 태어나고 평생 자란 이곳에서 지역 주민들을 위해 도움을 드리고 싶을 뿐입니다. 좀 어려움이 있겠지만 주위에 많은 분들이 제게 도움을 주고 있습니다"라고 밝혔다. 아버지 그린빌 그린씨는 "의원 당선은 아들이 이룬 큰 성취 중 하나입니다. 아들이 28세가 되던 1993년 아내가 죽고 아들이 많이 힘들었습니다. 그런데 그 모든 어려움을 극복하고 이번 의원에 당선된 아들을 보니 너무 기쁩니다"라고 감회를 밝혔다.

"그린 의원은 자라나는 학생들에게 좋은 역할모델"

그린 의원은 1993년 자신을 돌보아주던 모친이 사망했을 때 심정이 참담했다고 전했다. 모친은 그린 의원에게 유언으로 "아버지를 돌봐다오"라고 당부했다. 또 남편에게는 "우리 아들을 잘 돌봐주세요"라는 말을 남기고 운명했다. 고인의 유언을 따라 그린 부자는 21년이 지난 지금까지 서로를 잘 돌봐주고 있다. 너텔 행정 교구의회 누리집에 있는 그린 의원의 소개 페이지에는 이런 글이 있다.

"저는 다운증후군이 있습니다, 그래서 부모님이 저를 많이 도와주셨습니다. 1990년 전국 장애인 수영대회가 있었는데 아버지의 격려로 제가 선수로 참여한 적이 있습니다. 당시 메달을 받고 수상을 하게 되어 후원금을 받았습니다. 그래서 저는 그 후원금을 장애인들도 수영장에서 수영을 할 수 있도록 '입수(入水) 승강기'를 설치하는 데 기증했습니다, 그 결과 제 친구 장애인들도 수영장에서 수영을 즐길 수 있었습니다.

2008년에 저는 노팅엄대학교에서 열린 뇌종양 아동을 돕기 위한 수영대회에 참가하여 60파운드(약 11만 원)의 후원금을 받았습니다. 저는 이 후원금을 뇌종양 아동을 돕기 위해 기부했습니다. 또 저는 암환자를 돕기 위한 카누 경주에도 참여하여 400파운드(약 75만 원)의 후원금을 받았습니다. 이 후원금 역시 암환자들을 위해 기부했습니다.

그리고 지금 저는 매주 목요일 한 지역학교에서 장애인 학생들을 위해 음악 보조교사로 자원봉사를 하고 있습니다. 저는 악보를 읽을 줄 알고 피아노를 칠 줄 알며 춤도 꽤 춥니다. 제가 도와드리고 있는 학교 선생님은 연주를 잘한다며 제가 피아노 치는 장면을 유튜브에 올리기도 했습니다."

BBC 인터뷰에서 그린 의원은 "힘이 닿는 대로 도움이 필요한 분들에게 도움을 드리고 싶을 뿐입니다"라고 자신의 심정을 밝혔다. 또 향후 국회의원 선거에도 출마하여 국가를 위해서도 의정활동을 하고 싶다는 포부를 밝히기도 했다. 몇 년 후 영국에서 최초의 다운증후군 장애인 국회의원을 볼 수 있을지 기대된다.

한편, 그린 의원이 당선되기 한 달 전인 2012년 9월 영국의 백화점 '마크 앤드 스팬서'는 4살배기 다운증후군 아동, 샙 화이트를 백화점이 발행하는 그 해 크리스마스 잡지 모델로 선정해 언론의 주목을 받기도 했다. 당시 샙의 어머니 캐롤라인은 언론 인터뷰에서 이렇게 말했다.

"내 아들 샙의 모델 역할이 다운증후군으로 소외감을 느끼고 있는 다른 사람들에게도 힘과 용기를 북돋아 줄 수 있는 계기가 될 수 있다면 더없이 좋겠네요."

스티븐 그린 의원과 샙 화이트에 대한 영국 언론의 기사를 보면서 만감이 교차했다.

장애인 의원과 장애인 모델을 우리도 쉽게 볼 수 있는 날이 왔으면 좋겠다. 장애 때문에, 외모 때문에, 지역 때문에, 학벌 때문에 차별받지 않고 차별하지 않는 나라! 우리는 정말 만들 수 없을까?

행정 교구의회란?

영국에서 가장 작은 지방자치기관. 영국 전체 인구의 약 1/3을 관장하고 있고, 영국연방 중 잉글랜드(England)에만 약 8700개의 행정 교구의회가 있다.

인구가 100명 미만인 곳부터 7만 명이 넘는 곳까지 있다. 5명에서 20명 정도의 의원들이 있으며, 예산은 거의 없는 곳부터 100만 파운드(약 18억 원)가 넘는 곳까지 있다. 재원은 수수료·서비스 이용료나 부가세 징수를 통해 조달한다.

의회는 주로 다양한 지역시설의 보급, 유지 및 관리와 지역계획의 수립에 대해 지역주민들의 의견을 대변하는 일을 한다. 의원들은 소액의 기본수당과 출장비 등을 받고 집행직 의원들은 특별 직무수당을 추가로 지급받는다.

나는 왜
영국 시민권자가 되었나?

프레시안 2021.08.09.

영국에 처음 온 지 31년이 넘은 2021년 7월 22일 나는 영국 시민 권자가 되었다.

나는 지난 1990년 4월 영국 버밍엄에 있는 우드부룩 퀘이커 연구 소로 유학 와 그해 7월까지 석 달 동안 퀘이커주의에 대해 공부했다. 그리고 그해 9월 영국 에섹스대학교 역사학과에 입학해 학사와 석사 학위를 마쳤다. 1997년 4월 나는 영국 셰필드대학교 박사과정 중에 만 난 한 영국인 여성과 사랑에 빠졌다. 그 후 1998년 1월 우리는 영국에 서 결혼했고 그해 말 나는 〈함석헌 연구〉로 박사학위를 받았다.

그리고 1999년 나는 영국 영주권을 얻었고 그동안 영국에서 출 산한 1남 1녀를 데리고 아내와 함께 2000년 한국으로 돌아왔다.

2001년 나는 국영문판 〈함석헌평전〉을 출간했고 국문판은 베스 트셀러가 되기도 했다. 2006년엔 청소년용 <함석헌: 자유만큼 사랑 한 평화>를 출간했다.

한국에서 나는 과거사정리 기관인 대통령소속 의문사진상규명위원회와 진실화해위원회 그리고 반부패조직인 투명사회협약실천협의회와 한국투명성기구 등에서 일했다. 그러던 중 아내는 피부암에 걸렸다. 이유는 한국의 뜨거운 여름을 아내의 피부가 견디지 못했던 것이다. 의사는 아내가 살고 싶으면 영국으로 돌아가야 한다고 조언했다. 엎친 데 덮친 격으로 동네 초등학교에 다니던 아이들은 혼혈인이라는 이유로 하루가 멀다 하고 학교에서 '왕따'를 당하고 울면서 집으로 돌아왔다.

결국 깊은 고민 끝에 2008년 12월 한국 생활 8년 만에 나는 아내와 자녀를 영국으로 돌려보내기로 마음먹었다. 아내가 영국으로 떠나기 며칠 전 당시 진실화해위원회 안병욱 위원장은 아내와 나를 서울 시내 한 호텔로 초대해 이별의 만찬을 베풀어주셨다.

나는 진실화해위원회 활동이 끝나면(약 2~3년 후) 영국에서 가족과 합류하겠다고 아내를 설득했다.

그 후 2010년 4월 이명박 대통령이 임명한 극우 이영조 위원장 체제에서 나는 진실화해위원회에서 쫓겨났다.

그 후 영국으로 돌아가서 가족과 합류하고자 한 나와 아내에게 영국 정부는 청천벽력과 같은 소식을 보냈다. 내가 비록 영국 영주권자였지만 영국을 2년 이상 떠나 있었기에 내 영주권이 취소되었다는 통보였다. 뜻하지 않은 소식에 아내와 나는 큰 충격을 받았다.

영국 변호사들에게 문의한 결과 내가 영국에 있는 가족과 합류하여 함께 살기 위해서는 영국 정부를 상대로 법적 투쟁을 해서 승소해야 한다는 것이었다. 그래서 우리 부부는 영국 변호사를 통해 즉시 영국 정부를 상대로 법적 투쟁을 시작했다. 그런데 영국 정부를 상대로

2010년 나와 우리 가족은 이산가족으로 살았다
당시 가족들과 반가운 재회

법적 투쟁을 벌이자 영국 정부는 아예 나의 영국 입국을 불허했다. 그래서 나는 영국을 방문할 수 없어서 가족들과 프랑스에서 만날 수밖에 없었다. 결국 당시 나는 2개의 소송을 동시에 진행하고 있었다. 하나는 이명박 대통령이 임명한 극우인사 이영조 진실화해위원장을 상대로 한 소송이었고 또 하나는 영국 정부를 상대로 한 소송이었다.

마침내 2013년 11월 우리 부부는 영국 정부를 상대로 한 몇 년 간의 법적 투쟁에서 영국 정부가 내놓은 몇 가지 조건을 전제로 일부 승소 판결을 받았다. 그 조건은 지난 1999년처럼 내가 영주권이 아닌 2년 마다 갱신하는 임시 배우자 비자를 받고 영국에 들어와서 가족과 함께 살 수 있다는 것이었다.

그러나 그 임시 배우자 비자로는 내가 영국 정부로부터 실업수당, 병가수당, 구직수당 등 사회복지 혜택을 받을 수 없다는 것이었다. 그래서 그 후 내 몸은 21세기의 영국 사회를 살았지만 내 법적 지위는 사회복지가 전무한 19세기 영국 사회를 사는 처지가 되었다. 게다가 나는 유럽연합국가 출신이 아니라는 이유로 내 영국 직장에서 정기적으로 내는 국가보험 외에 추가로 1년에 약 100만 원 정도의 국가보험을 추가로 더 내야 했다. 이런 말 못할 사연을 거쳐 나는 2013년 12월, 5년간의 이산가족 생활을 마치고 영국에 있는 가족들과 간신히 합류할 수 있었다.

내가 영국에 돌아오기 전해인 지난 2012년 8월 5일 아버지가 돌아가셨고 어머니는 올해 3월 17일 돌아가셨다. 그러나 나는 연로한 부모님이 걱정하실까 봐 두 분이 생존해 계실 때 영국 정부를 상대로 한 소송에 대해 아무 말씀도 안 드렸다. 더구나 아버지는 지난 1951년 1.4후퇴 때 '바람찬 흥남부두'에서 북한에 있는 가족과 평생 생이별을 할 수밖에 없었던 한 많은 이산가족이었다. 그래서 나는 도저히 부모님께 내가 한국과 영국 사이에서 이산가족이 된 구구절절한 사연을 도저히 말씀 드릴 수가 없었다.

나는 그저 한국에 할 일이 아직도 남아서 영국에 있는 가족과 임시 이산가족 생활을 해야 한다고 부모님께 거짓말을 한 것이다. 모르는 게 약일 수도 있다는 것을 그때 절감했다.

한편 지난 2013년 임시 배우자 비자를 받고 7년이 흐른 지난해 2020년 11월 나는 영국 영주권을 다시 회복했다. 영국 영주권을 처음

필자와 가족들

받던 해가 지난 1999년 이었으니까 영국 정부와 기나긴 법적투쟁을 거쳐 21년 만에 영주권을 다시 받은 것이다. 영국 정부를 상대로 한 지난한 법적 투쟁은 어떤 면에서는 우리 부부에게 그저 '상처뿐인 영광'이었다. 영국 정부를 상대로 한 오랜 법적 투쟁 기간 동안 우리 부부는 엄청난 돈을 소송비로 변호사들에게 지불해야 했다. 그 결과 우리 부부는 지난 10년 간 한 번도 쉬지 못한 맞벌이 부부였지만 항상 생활비가 쪼들렸다. 그때마다 장모님이 수시로 경제적 도움의 손길을 주셨다.

아내와 장모님뿐 아니라 지난 오랜 세월동안 우리 아이들도 너무 고생이 많았다. 아이들은 내가 영국 정부를 상대로 소송을 하는 동안 심지어 영국 법정에서 아버지가 보고 싶고 함께 살고 싶다며 눈물어린 증언도 해야 했다. 절대 권력인 국가를 상대로 한 개인이 벌인 소송은 참으로 비용이 막대했고 그 과정에 우리 부부는 몸과 마음이 거의 녹초가 되어 탈진 상태가 되었다. 그러나 영국 정부를 상대로 벌인 지난 세월 동안의 법정 투쟁은 내가 '영국 신사'가 되기 위한 것이 아니었다. 세상에서 가장 소중한 가족과 그저 조용히 함께 살기 위한 필수불가결의 절박한 몸부림이었다. 세상에 노고나 고통 없이 이루어질 수 있는 일이 어디 있겠는가!

5년 동안 가족들과 떨어져서 한국과 영국에서 법정 투쟁과 이산 가족 생활을 하며 힘들고 외로울 때마다 레바논의 시인 칼릴 지브란 (1883-1931)의 '결혼에 대하여'라는 시가 내 마음에 수시로 위로를 주었다. 그 시의 일부를 소개하면 이렇다.

영국 정부 상대 소송 당시 입국 거부로 프랑스에서 자녀들과

영국 정부가 입국을 금지했을 당시 필자는 프랑스에서 가족들을 만날 수밖에 없었다

영국 이야기

함께 있되 거리를 두라

그리하여 하늘의 바람이 그대들 사이에서 춤추게 하라

서로 사랑하라 그러나 그 사랑으로 구속하지는 말라

그보다 그대들 영혼의 나라 속에서 출렁이는 바다가 되게 하라

서로의 잔을 채워 주되 한쪽의 잔만으로 마시지 말라

서로의 음식을 주되 한쪽의 음식에 치우치지 말라

함께 노래하고 춤추며 즐거워하되 때로는 홀로 있기도 하라

비록 현악기의 줄들이 하나의 음악을 울릴지라도 줄은 따로 존재하
는 것처럼

서로의 마음을 주라 그러나 서로의 마음속에 묶어 두지는 말라

오직 생명의 손길만이 그대들의 마음을 간직할 수 있으니

함께 서있으라 그러나 너무 가까이 서있지는 말라

사원의 기둥들도 적당한 거리를 두고 서있는 것처럼

참나무와 삼나무도 서로의 그늘 속에선 자랄 수 없으니

지난 2020년 내가 영국 영주권을 회복했을 때, 우리 부부는 향후
이런 일이 또 반복될 수도 있다는 우려에 내가 아예 이번 기회에 영국
시민권을 취득하는 것이 좋다는 결론에 이르렀다. 그래서 나는 영국
시민권을 신청했고 올해 7월 22일, 영국에 처음 온지 31년 만에, 나는
결국 영국 시민권자가 되었다.

하지만 이 과정에서 나는 내가 영국 국적을 받으면 한국 국적을
상실한다는 통보를 주영 한국대사관으로부터 받았다. 나는 주영 한국
대사관에게 그럼 내가 지난해 환갑을 지났으니 4년 후 내가 65세가

되면 복수국적을 받을 수 있는지 문의했고 이런 답장을 받았다.

"65세 이상 복수국적 허용은 무조건 65세 이상에 대해 복수국적을 허용한다는 내용이 아니니 혼란 없으시기 바랍니다. 외국 국적으로 귀화한 자는 당연히 국적상실신고를 하셔야 하며, 국적상실자가 한국으로 영주귀국을 하여 여생을 한국에서 보내고자 하는 경우 65세 이상이면 국내에서 국적 회복 업무를 하실 수 있습니다."

결국 한국 정부는 여생을 내가 한국에서 살지 않으면 한국 남성은 65세가 넘어도 복수국적을 영원히 받을 수 없다고 통보했다. 하지만 영국 정부는 복수국적을 남녀에 상관없이 다 인정한다. 그래도 때때로 나는 내가 한국과 영국 정부에서 둘 다 버림받은 인간이 된 것 같은 생각이 든다.

하여간 나는 시대에 뒤떨어진 이런 한국 정부의 법을 전혀 납득할 수가 없다. 세계 대부분의 선진국은 다 복수국적을 용인하고 있다. 국가 간 경쟁이 심해지는 상황에서 복수국적은 경제적으로는 더 많은 투자를 끌어들이고 인구감소도 막는다. 수출로 먹고 사는 나라라면 더욱 그래야 할 것이다. 또 원활한 문화교류를 위해서도 복수국적을 용인하는 것이 국익에 도움이 된다고 한국 정부는 판단을 못하는 것인가. 한민족에게 평화가 살 길이라면 이중, 삼중, 사중국적도 다 허락되어야 하지 않을까.

심지어 한국처럼 징병제를 실시하는 대만, 이스라엘, 독일, 핀란드 등도 모두 복수국적을 인정하고 있다. 남북분단이 문제라면 병역을 마치거나 면제받은 남성에게는 복수국적이 당연히 허락되어야 한다고 믿는다. 지금은 19세기처럼 쇄국정책을 실현하는 시대가 아니지 않은가. 그런데도 왜 한국 정부가 글로벌시대에도 소아병적인 옹고집을 부리고 있는지 나는 전혀 이해 할 수가 없다.

환갑이 넘은 나에게 사실 복수국적 유지 여부는 경제적으로 별로 중요하지도 않고 전혀 애로사항도 없다. 그러나 인간은 역사적 존재다. 나무가 그 뿌리가 잘리면 제대로 자랄 수 없듯 역사를 상실한 인간은 올바른 삶을 누리기가 어렵다. 대한민국은 나의 뿌리이자 정체성이다. 나는 여전히 "백골이 진토되어 넋이라도 있고 없고" 뼛속까지 한국인인 것이다.

다만, 세계 속의 한국인으로 미래를 뛰어야 할 젊은 남성들에게, 군복무를 마친 이들에게만이라도, 복수국적을 허용하면 그들이 향후 조국을 위해 여러모로 공헌할 수 있는 기회가 되리라 확신한다. 그런데도 한국 정부는 왜 이런 좋은 기회를 발로 차버리는 것인가. 너무나 안타까울 뿐이다.

복수국적을 금기시하는 한국정부의 조치는 마치 어린아이 철수가 영희에게 투정을 부리며 "영희야 네가 돌이와 놀면 나는 너와 다시는 안 놀 거야!" 하고 생떼를 부리던 유치한 아이들의 심술이 생각난다. 그래서 다시 한 번 정색을 하고 한국정부에게 묻는다.

"젊은 시절 병역의 의무도 이미 마치고 환갑이 넘은 한국 남성의 복수국적조차 결코 인정해 주지 않는 이유가 무엇인가요? 이런 시대에 뒤떨어진 법을 글로벌시대에 걸맞게 하루라도 빨리 개정해야 진정 세계 속의 한국이 되지 않을까요?"

한편, 나는 2021년 7월 20일 이 문제로 국민권익위원회에 민원을 제기했다. 그리고 8월 5일 이런 답장을 받았다.

"…귀하의 민원 내용은 '병역이행자의 국적회복 시 복수국적 허용'으로 이해되며, 문의 사항에 대해 검토한 의견은 다음과 같습니다…. 병역이행자에 대한 전면적 복수국적허용은 국민의 공감대를 형성해 가면서 검토해 나가겠습니다."

결국 나는 비록 지난 81년부터 84년까지 35개월 간 현역으로 병역의무를 다했지만 그럼에도 불구하고 대한민국 정부는 여전히 나의 복수국적을 허용해 줄 수 없다는 입장이다.

어쩔 수 없이 국적을 상실당했지만 나는 여전히 한국을 뿌리로 둔 활동을 이어가고 있다. 2021년 7월엔 해방 후 한국의 권위주의 정권 아래서 국가폭력에 의한 인권침해사건을 피해자 입장에서 다룬 책 〈조작된 간첩들〉을 펴냈다. 2023년 1월엔 한국전쟁기간의 민간인학살문제와 전후 권위주의정권 아래서 의문사 사건을 다룬 책 〈폭력의 역사〉을 펴낼 예정이다.

"악용 방지책 세우고, 복수국적자의 민간외교 역할 장려해야"

복수국적 인정이 나만의 생각은 아니다. 나와 비슷한 처지의 동포들이나 한국에 사는 이들도 복수국적에 대한 인식 개선과 제도 개선을 바라고 있었다.

한 재미동포는 "어쩔 수 없이 외국 국적을 선택한 한국인을 그저

'변절자' 혹은 '검은머리 외국인'으로 보는 것 같아 안타깝다"고 말했다. '어쩔 수 없이' 외국 국적을 택하는 일은 비단 개인의 영리를 위해서만은 아니다. 삶의 터전이 한반도 내에 머무르지 않는 경우, 가족 때문에 직장 때문에 타지에서의 안정성 때문에… 이유는 차고 넘친다. 한 호주동포는 "영주권자의 신분은 항상 불안정하다"라며 "어쩔 수 없이 호주 시민권자가 됐다. 법적으로 대한민국 국적을 잃었지만 나는 스스로 한국인이라 여긴다"라고 말했다.

제도 개선에 대한 목소리도 있다. 한국에 거주하는 한 지인은 내게 "분단된 나라에서 '통일'이라는 미래를 위해서라도 포용적인 시각으로 복수국적 허용 완화를 하되 악용 방지책을 마련하는 게 중요하다"고 말했다.

그는 "한국에서 복수국적에 대한 부정적 인식이 강한 건 '공정' 측면에서 상대적으로 박탈감을 갖는 사람이 많기 때문"이라며 "국적은 다른 나라에 두고 한국의 복지 혜택만 누리는 소위 '얌체족' 사례가 언론에 크게 보도되다 보니 그런 것 같다"라고 짚었다. 그러므로 "정부가 구체적인 대책을 세우는 한편, 복수국적자가 양국 교류의 가교 역할을 할 수 있도록 장려하는 정책도 동시에 펼쳐야 한다고 본다"라고 말했다.

어떤 이들은 내가 복수국적을 유지하려는 이유가 "한국에 와서 의료혜택을 받으려고 한다"고 비난한다. 하지만 영국이나 유럽은 미국과는 달리 국가의료제도가 있고 전혀 의료비가 들지 않는다. 한국 방문 시는 의료비가 보장되는 여행자보험을 드니 유사시에도 한국의 납세자들에게도 전혀 피해를 주지 않는다. 그럼에도 한국 국민 다수는 복수 국적자를 '배신자'나 그저 욕심많은 '기회주의자'로 보는 것 같아 마음이 아프고 답답할 뿐이다.

한 지인이 내게 보낸 답장을 인용하며 이 글을 마친다.

"한국 정부가 가지고 있는 제도가 여러모로 아귀가 맞지 않고, 어이가 없네요. 국적에 관한 우리나라의 문화적 감수성이 거의 단일민족주의와 북한 방문을 금기시하던 반공주의 시대의 유물이 아닐까 싶습니다. 국적을 삭탈하는 것 자체가 지닌 반인권적 성격을 생각하면, 이는 근원적 문제이지만, 이런 사태에 대한 일반 국민의 인식은 사실상 존재하지 않는 것처럼 보입니다. 언론 활동을 통해 이런 사태에 대한 인식을 일깨우고, 국적 관련 인권에 대한 새로운 지평을 열어내는 일은 반드시 필요하고, 지금도 어디선가 님의 경우와 유사한 일들이 도처에서 벌어지고 있지 않을까 싶습니다, 님의 글이 그런 점에서는 매우 중대한 의제의 제기이기는 하지만, 언론의 조금 더 폭넓은 기능에 비추어서 생각해보면, 님과 같은 형편에 내어 몰린 사람들에 대한 탐사보도를 한다면, 여론을 만들어 가기가 조금 더 쉽지 않을까 싶습니다."